逆転の教育

──理想の学びをデザインする──

逆転の教育

ラッセル・L・エイコフ／ダニエル・グリーンバーグ 著
呉 春美／大沼安史 訳

TURNING LEARNING RIGHT SIDE UP

RUSSELL L. ACKOFF • DANIEL GREENBERG

緑風出版

Turning Learning Right Side Up
: Putting Education Back on Track
by Russell Ackoff and Daniel Greenberg

目　次　逆転の教育——理想の学びをデザインする

パート2 教育に役立つもの

注：Rは、ラッセル・L・エイコフ、Dはダニエル・グリーンバーグが執筆。

序　この本はなぜ、生まれたか。どのように書かれたか

本書の共著者であるわたしたち二人が出会ったのは、「二一世紀の学び」をテーマとした会議でのことです。わたしたちはその会議の場で、互いの教育に対するアプローチの仕方に深く共鳴し、大きな喜びを分かち合ったのです。

わたしたちは、その大半が急進的《ラジカル》かつ非現実的とみなされていた教育観を掲げ、学校、大学、ビジネス（大企業もあれば小規模のものも）、非営利のＮＰＯといった場で、さまざまな年齢層の人びとと長い間、ともに過ごして来ました。

二人はそれぞれ、夢を現実化する努力を重ねて来たのです。二人が勇気をもって続けることができたのも、それだけわたしたちに対する周囲の支持があったのと、それぞれの成功があったからです。

そんなふうに生きて来たわたしたちですが、この会議で出会うまでは二人の道が間接的にも交差することはありませんでした。

会議で顔を合わせたわたしたちは、二人をつなぎ合わせる共通の関心事に気づきました。同じ目標を分かち合っていることにも気づきました。それでいながら、ずいぶん違った道を歩んで来たことにも気がつい

たのです。そうしてわたしたちは友だちになったのです。

　わたしたちはある日、ある関心事について議論を始めました。互いに遠くに住んでいるので、顔を合わせて議論するわけにはいきません。自分の考えを書いて送るようになったのです。メールを使ったやりとりでしたので、わたしたちの議論は最初から会話体で進みました。メールですから書き言葉の交換でありながら、対談のときのような素早い意見のやりとりができたのです。

　そうしてわたしたちはメールでチャットを重ねながら、わたしたちの人生を大きく包み込んできた教育をめぐるさまざまな側面に深く分け入るようになったのです。

　その結果として生まれたのが本書です。わたしたちは本書が、わたしたちと同じ教育の問題と格闘しているみなさんの関心を引くものと信じています。

　わたしたちは本書の本文の中で、わたしたちの声、わたしたちのアプローチが読者のみなさんにハッキリ、明確なものとして伝わることを望んでいます。これからみなさんがお読みになるのは、わたしたち二人が実際に交わした対話であって、別個の世界観の合体でもなければ同一化でもありません。

　以下の各章で、わたしたちそれぞれの意見に異なったアイコンをつけたのも、わたしたちの「声」の違いを区別してもらいたいためです。

　しかし本書の最後のセクション、「理想の教育」を語った部分でわたしたちは「ひとつの声」になりました。違いは消えたのです。

日本語版への序

本書が日本の読者の方々の手元に届くことは、わたしにとって大きな喜びであり光栄なことでもあります。わたしと日本との関係は古く、二〇年近く前には妻のハンナと日本国内の各地を講演で回りました。そのときに出会った人びとはいまも、わたしたちの友人であります。またそのとき、わたしたちのサドベリー・バレーと同じような学校が日本にあることを知って、とてもうれしく思ったことも覚えています。

本書の訳者である呉春美と大沼安史にも、そのとき出会いました。二人が本書を日本語に翻訳してくれたことに感謝しています。こうした翻訳作業がどれだけ大変なことか知っているからです。それでも二人は、この仕事を成し遂げてくれました。ありがたく思っています。

まず、本書の原書タイトルのことをお話ししたいと思います。共著者であるわたしたちが、どのような題にしようか話し合っていたとき、「学びを逆転する（*"Turning Learning Upside Down"*）」にしようと言ったのは、ラッセル・エイコフでした。

彼が言わんとしたのはもちろん、こういうことです。

彼とわたしが本書で語ったことは、教育の世界を支配している学びに関する言説と真逆な方向をとるものであり、そこにはそうした言説を裏返《リヴァース》そうとする狙いが込められていたわけです。

エイコフの案を考えているうち、わたしは「学びの正しい側を、逆転して上にする（*"Turning Learning Right Side Up"*）」のほうが読者にはクリアに伝わるのではないかと思い始め、原書では結局このタイトルで決まりました。

わたしたちの考えでは、現在行われている学びは間違った側が表に出ている代物なのです。ですから人びとがこれまで見て来たものは、すべて間違った側のものなのです！

本書は、これまで隠されていた正しい側をなぜ表に出さなくてはならないか、その理由を説明しようとしたものです。世界中の学校を表向き支えている、いくらたっても「正しさ」が証明されない間違ったコンセプトについて語ったものです。

たとえば学びは教え込みによるものでなくてはいけない、とか、子どもたちには重要な問題に責任をとる力がない、とか、子どもたち全員が大人になって成功するために知るべきことをすべて知っている賢い専門家がここにいる、とか（たとえば、五年後の世界がどうなっているのか言い当てることができる人がいないにもかかわらず、教育の世界では、こういうことが行われているのです）。

本書はまた、こうした状況の転換が可能であることを示したものでもあります。「正しい側をひっくり返して表に出す」ことは可能なことなのです。

可能などころかわたしたちは本書の中で、すでに五〇年近くも続いている、サドベリー・バレー校という学校の成功モデルを提示さえしました。サドベリーはいま、世界中で生まれている同じような新しい学校のインスピレーションの源になっています。

わたしたちがさきほど、本書の「序」で述べたように、この本はわたしとラッセル・エイコフの数年に及ぶ対話の中から生まれたものです。〔原書の出版の翌年、二〇〇九年に亡くなった〕ラッセル・エイコフは、わたしが出会った人びとの中で最もクリエイティヴでオリジナルな人物の一人でした。

そんなエイコフとの対話から生まれた本書が、日本の読者のみなさんにとって、友人や知人と学校や教育を話し合う対話の呼び水になることを望んでいます。

そして日本の読者のみなさんが、子どもたちの教育を喜びに満ちたものにしようとする人びとの輪に入りたいと心から思えるよう願っています。

二〇一六年二月

ダニエル・グリーンバーグ

はじめに　教育とは？

わたしにとって教育《エデュケーション》とは、その子の魂《ソウル》の中に、すでに在るものから導き出されるもの……。そこにないものを押し込んでいく……そういうものは、教育じゃないわ。それは、魂の不法占拠《イントルージョン》。

——ミュリエル・スパーク〔訳注1〕

D

教育を話し合う前に、一歩下がって考え直さなければならないことがあります。そもそも教育という事業の中心目的は何なのか、ということです。

これが最初に見定めなくてはならないことです。目標は何なのかをまず明確にしておかないと、どのような教育組織をつくるべきか、賢明な判断を下しようがなくなります。

教育とは何か？——こう問題を立てると、決まって次のような一般論が出て来ます。「学校」というものが存在するのは子どもたちに、この複雑な世界を生きていくための準備をさせるためだよ——と。

つまり「学校」イコール「教育」です。

教育とは、子どもたち（あるいは技能の未熟な大人たち、つまりその点で「まだ子どもっぽい」大人たち）に対して施されるもの。誰もがこの世界で必要な、ある特別の知識を得なければならない――そんな思い込み、決めつけのすべてが自明のこととされています。

それを前提に、そのためにどうしたらいいか、という議論に早速入っていきます。カリキュラムがどうの、評価がどうの、教授法はどのようなものであるべきか、最新の子どもや大人の発達論はどうのこうの、と。

辞書の『アメリカン・ヘリテージ・ディクショナリー』によると、「教育」とは「知識あるいは技能を伝達する行為、あるいは過程。組織的な指示《インストラクション》。教授《ティーチング》。……学校教育《スクーリング》」と定義されています。

この現代的な定義が「教育」のもともとの意味からどれほどかけ離れたものになっているかは、『オックスフォード・イングリッシュ・ディクショナリー（縮約版＝SOED）』にあたり、原義を知れば分かります。

その最初に「養い、あるいは育てる過程」とあり、続いてエデュケーションという英語の語源になった〈educere〉［訳注2］というラテン語の動詞を挙げ、その意味は「導き出す〈<lead out>〉」「連れ出す〈bring out〉〉」「誘い出す〈elicit〉」「取り出す〈draw forth〉」である――としています。

実際に古代ギリシャの哲学者たちは「教育」を、この意味で使っていました。彼らにとって教育とは、一人ひとりの中にある可能性のすべてを取り出していく、生涯にわたる過程を意味していました。

ただし、この潜在可能性がどこから来るものなのかは彼らにとって神話《ミス》に属する問題でした。そしてそれは、現代に生きるわたしたちにとっても神秘《ミステリー》に属するものとして在り続けています。

わたしたちアメリカ人は建国当初から、自分の人生目的は自分の中に確固として在ると考え、それをこの国をつくる礎石としてきました。あらゆる人びとに「幸福を追求する」「不可侵の権利」があるという考えは、「建国の父たち」にとって、この国の建国を正当化する核心にあるものでした。

彼らにとってこの「権利」とは、自分たちの存在理由を追求し実現する権利であり、それが彼らの人生に意味を持たせ、そこから喜びを引き出すことができるからです。

こうした権利の宣言こそ、この国をその他すべての国々から分かつものであり、わたしたちの「リベラル・デモクラシー」を独自のものにした、鍵を握るものです。わたしたちのリベラル・デモクラシーはこうして数世紀の歴史をたどるなか、世界中の人びとにますますアピールするものになったわけです。

わたしたちにとって教育とは元来、個々人の中に潜む有意義なものを自らの努力を通して発見していく過程を意味していました。機会をとらえ、たゆまぬ努力を続け、自分に専念できる、意味ある取り組みを見つけ出すプロセスを指していたのです。秩序と寛容と平和の共存、さらには未来への希望を生み出す政治形態《ポリティー》を創り出せるかどうかは、その政治形態をつくる個々人が自分自身の人生において、それぞれ「幸福を追求する」最大限の機会を得ることができるかどうかにかかっていました。この国の今日の教育を議論する上で、このことを理解し常に念頭に置くことは非常に重要なことです。

こうした理解から、いくつか重要な結論が得られます。そのうちたぶん最も明らかなものは、教育とはその性質からして子ども期に限定したものではない、あるいは主に子ども期に関するものでもない、ということです。それは一生を通したものであり、その人が最大限「自分自身を発見」できるようにするものです。その人を支えている――より正確にはその人を「養っている《ナーリッシュ》」――その人の環境によって、その人が高め

訳注1　ミュリエル・スパーク（Muriel Spark　一九一八〜二〇〇六年）エディンバラで生まれ、移住先のイタリアで活動を続けたスコットランド出身の女流小説家。引用は、映画化された小説、『ミス・ブロディの青春（*The Prime of Miss Jean Brodie*）』より。小説の主人公である「ミス・ブロディ」は、エディンバラの伝統校に勤務する女教師。

訳注2　e-（外へ）＋ducere（導く）

られていく過程です。

これは、これまで人類に与えられることのなかった新たな道筋を切り拓くものです。そしていま二一世紀の幕が開けたわたしたちの時代こそ、この道筋を生みだしていくものなのです。この点については、本書の中でさらに詳しく見ることにしましょう。

さて、以上の理解と結論から、さらに以下のような問題が提起されます。

わたしたちの社会ではなぜ、子どもたちを教育の主要な対象として分離しているのか？　昔から常にそうだったのだろうか？　仮にそうでなかったとしたら、どうしてそのような分離が起きたか？　将来、それはどうなるのか？

ここでとくに考えなければならないことがあります。それはこうした事態の推移に、「教育」の意味が本来の「導き出し《リード・フォース》」から「学校教育《スクーリング》」へ変化した問題が関係しているのではないか、ということです。

これらの問いに対する答えを、わたしたちは知っています。あらゆる子どもたちに対する「一斉教育《マス・スクーリング》」とは、たかだか一五〇年を少し上回る歴史を持つ新しい現象にすぎません。

人類史百万年のほぼ全期間、子どもたちは「学校」に送り込まれませんでした。そういう百万年の時間の流れの中で、先史時代・古代・中世・ルネサンス期、さらには前・近代と、豊かな文化が世界中で花開きました。

百万年の歴史を、人びとの圧倒的多数は小規模な地方、あるいは部族環境の中で暮らし続けて来たのです。そこで子どもたちはまだ幼い頃から、帰属する共同体に不可欠な役割を担っていたのです。〔原注1〕

子どもたちの「学校」が社会で重要視されるようになったのは、工業化こそ社会の柱だという挑戦的な認識の広がりの中で産業革命が確固たる地歩を固めた社会でのことでした。ただしコンピューターとロボット工学の現代世界に生きるわたしたちにとって忘れがちなのは、工業化が始まって以来、最初の二世紀において機械はたしかに人間の手作業とは比べものにならない驚くべき効率で製品を産み出すようになりましたが、機械とは本来、実際問題としてはむしろお馬鹿《ステューピド》なものだったことです。機械がうまく動いたのも、人間の側が機械力《マシーン・パワー》に繋《つな》がる努力をしたからこそ。人間は機械の部品と化さねばなりませんでした。正確に同じことを繰り返すだけの、心の萎《な》える作業に耐えなければならなかったのです。

虐げられた下層階級を長らく大規模に抱えて来た西ヨーロッパのような社会では、苦役の伝統を、さほど困難もなく機械や企業主への隷属に変えることができました。しかし米国の場合、厄介な事情がありました。そこには個人の自由を擁護すると自ら宣言した文化があったのです。個人の自由を実現する、無限の機会にあふれたような文化がありました。

しかし、にもかかわらず工場システムの支配を受け容れる従順な人びとを大量に生み出さなければなりませんでした。これは途方もなく難しいことでした。〔原注2〕この国の工業化（つまり近代化）に成功するにはもはや、

原注1　有史時代、つまり記録された歴史の中で、わたしたちが知る「学校」（スクール）とはもともと、成人を中心にあらゆる年齢層の人びとが集い、意見を交わしながら問題の答えを探り、世界を理解しようとする場所のことだった。こうした「学校」は、古代のギリシャやパレスチナでは普通に見られたものだが、その後ローマ帝国、ペルシャ帝国に広がり、さらに下って近代初期のヨーロッパで「大学」（ユニヴァーシティ）へと発展した。

原注2　個人の自由と産業文化の価値との相克に、ほかの誰より気づいていたのはトーマス・ジェファーソンだった。ジェファーソンにとってアメリカの理想とは、もともと農業で成り立っていた経済への産業の侵攻を拒絶するものだった。

〔補注〕**トーマス・ジェファーソン**（一七四三～一八二六年）は、いわゆる「建国の父」の一人。米独立宣言の主たる起草者、米国の第三代大統領。

人間の自由な精神を子ども期において破壊するしかない。それが明らかになったのは一九世紀の初期のことでした。

しかしこれは人間に対する邪悪な秘密の陰謀では決してありませんでした。その反対に、当時の指導的な思想家らがオープンに率直に話し合って進めたプロジェクトでした。彼らは子どもたちを訓練し、従順で命令に従い、反抗することもなく、ひどく単調な任務に耐える者に育てる環境づくりに着手したのです。

これは教化《インドクトリネーション》と訓練の期間、子どもたちをその場に閉じ込めるに等しいことですが、子どもたち自身の将来のためにも必要なこと、と説明されたのです。子どもたちはやがて富める大人になり、それによって国家も繁栄し、その子孫も輝かしい前途に恵まれる、と。

こうして近代の「一斉教育《マス・スクーリング》」の創始者たちは、子どもたちが「学校」で過ごす時間を、知識や技能を伝達する時間にしてしまったのです。産業の役に立ちそうなドリルやスキルを際限なく繰り返すことを考え出したのです。

読み（reading）・書き（writing）・算数（arithmetic）の「3つのR」は、文書による基本的な指示を読み取り、書き言葉のコミュニケーションもできて、かんたんな事務もできる労働力を産みだすものと見なされました。結果として実際、技能を身につけた大量の労働力が創出されたわけです。

この国の「一斉教育」は産業的な尺度でみて劇的な「成功」を収めました。田舎の後進地にすぎなかったのが、前例のない生産力と富を産みだす工業国家の先頭へ一気に躍り出たのです。こうして「一斉教育」の方法論は有効なものと見なされるようになり、先進世界のモデルになっていったのです。

さて、わたしたちはいま理想の教育環境をどう創り出すかを話し合おうとしているのですが、わたしたちの前には、以下のような根本的な問題が横たわっています。

「教育」というものの本来的な意味を——すなわち、その人個人の生涯にわたる自己発見のプロセスを——二一世紀のリベラルなデモクラシー国家において果たして再興することは可能か、という根本問題がそれです。そして、それに付随して、ではわたしたちの文化においてどのような変革《トランスフォーメーション》が可能なものとして求められているのか、という問題が出て来るわけです。

R

いま行われている教育には、さまざまな目標が設定されています。わたしたちが当たり前に思っている目標もあれば、普段わたしたちが意識していない目標もあります。

そういう、わたしたちの意識に滅多に上らない教育目標のひとつに「現状《ステータス・クオ》」の維持・存続を確かなものにする、というものがあります。ここで言う「教育」とは、社会のあり方の根本をとにかく変えようとしない社会的なメンバーを産みだす狙いのものです。

生徒も学生も教師も、たしかに現行の教育には改善《インプルーヴメント》の余地があることに気づいてはいます。改善したほうがいいと思っています。しかし改善するにしても、小さく、少しずつといったものになりがちです。抜本的なものにはなかなかなりません。世間でよく言われる、余計なことはするな、波風を立てるな、成り行きにまかせろ、〔訳注3〕という考え方があるからです。行動が求められたときも、最低限の対処にとどまりがちです。

訳注3　この格言の原文は以下の通り。Let well enough alone, don't rock the boat, and let nature take its course.

教育にはしかし、学生たちの人生に意味を与えるという目標があります。自分の生きる意味を知るには、ほかの人たちのために創造する自分の価値に気づかなければなりません。どうしたら他者の役に立ち、他者から価値あるものと見なされるか、それに気づかなければなりません。

これこそ教育の第一目標であるべきだと、わたしは信じています。教育とは学生たちが自分自身を発展《ディヴェロプ》させ、自分がその一端を担う社会の発展《ディヴェロプメント》に貢献できるようになることです。

問題は「発展」が不幸にも「成長《グロース》」と同じ意味と一般に考えられていることです。「発展」と「成長」は同じものではありません。別々に起き得るものです。たとえばゴミの山は積もり積もって大きなものに成長はしても発展はしません。アインシュタイン博士の場合でもそうです。体の成長が止まったあと、理論的な発展を遂げたわけですから。

「成長」とは大きさ、あるいは数の増大です。人は自分の使える資源の量を成長させることができます。そしてそれを生活の基準という尺度で考えることもできます。

これに対して「発展」は、持てる量の問題ではありません。何を持っていようと、それをどう使いこなすかが問題です。

これは生活の質を意味します。「発展」で言えば、あのロビンソン・クルーソーのほうがJ・ピアポント・モルガン〔訳注4〕より、モデルとしてはふさわしいわけです。

発展するとは、自分自身の必要と、自分自身および他者の正当な欲求を充たす、自分の欲求と能力を増大させることです。正当な欲求とは、その充足が他者の発展の欲求ないし能力を減少させないものです。

発展とはつまり、その人の力《コンピタンス》を増大させる学び《ラーニング》の問題です。人は他者の代わりに学ぶことはできません。

だから、可能な発展とは唯一、自己発展《セルフ・デヴェロプメント》ということになります。教育システムといった本人の外にある存在は、学生たちの自己発展を励まし促進できるだけですし、そうあるべきです。

「発展」には四つの側面があります。科学的、経済的、倫理的、美的の四つです。科学は自然現象を理解しようとする追究です。科学が産みだしたものの応用がテクノロジーです。こうした科学とテクノロジーの産物を広く伝える主たる手段、それが教育です。

経済とは人びとが科学とテクノロジーの産物を利用できるように資源を提供することで豊かさを追求することです。

倫理とは善なるもの、地上の平和、心の平和の追求に関心を置くことです。ここから、他者の発展を阻害してはならない（逆に言えば、他者の発展を促進しなければならない）ということが出て来るわけです。

最後の美的とは、美しいこと、楽しいこと《ファン》の追求に関することです。美と悦び《ファン》は創造的《クリエイティヴ》な活動および再生《リクリエイティヴ》活動の産物です。

これら四つの側面がひとつになって、発展の持続的追求が可能になります。その追求が向かい続ける最終目標は《全智全能《オムニ・コンピテンツ》》ともいうべきゴールですが、それはもちろん到達できるものではありません。そこに向かって少しずつ接近できるだけです。

角度を変えると、教育には外的と内的の両面の働きがあります。

教育の外的な働き、あるいは道具的な機能とは、学生たちに外側から働きかけ、その発展を励まし、促

訳注4　J・ピアポント・モルガン　米国の財閥、モルガン家の創始者（一八三七〜一九一三年）。陸運（鉄道）と海運を手中に収め、金融と産業界に君臨した。

進し、学生らが他者の役に立つ、独り立ちした社会の構成員になるのを手助けすることです。教育の外的な機能とはつまり、学生たちが知る必要のあることを学ぶことができるようにしなければならない、ということです。学生たちが自分もその一部である共同体の存続に貢献しながら自活の道を見つけることを可能とするものでなければなりません。

これに対して教育の内的な働きとは、その主体者をして、道具的な価値のないもの——たとえば音楽やアート、文学を楽しみレクリエーション活動に勤《いそ》しむことから充足感を引き出せるようにするものです。

この国の産業化と都市化は主に、一九世紀初期の科学的、テクノロジー的、経済的な躍進によってもたらされました。教育が経済成長の側面にばかり焦点を当て、倫理や美学に注意を払わずに来たのは、このためです。その結果として、この国の産業革命は、大いなる害悪と醜悪さを産みだしました。わたしたちはそれを見落とすか軽視しがちでした。

一九世紀の初期、この国は農家と小さな村が広く散らばる場所でした。産業化を支えるだけの大きな市場《マーケット》はありませんでした。ヨーロッパではすでに地理的な近接地で人口の集中が起きていましたが、この国はまだそこまでいっていませんでした。

産業化する前に、テクノロジーによる発展が二つ起きる必要がありました。一つは、小さな町や村をつないで大きな市場をつくる輸送でした。そこで鉄道ができたわけです。二つ目は、そうした市場をすばやく、効果的につなぐコミュニケーションでした。電報の発明がこれを実現しました。電報はやがて電話や無線機器に引き継がれました。

機械《マシーン》は人力、筋力に取って代わり、時代の偶像《アイドル》として崇拝されました。そのありさまは、人間の手仕事を解析し、一連の単純作業へと分解し、機械のような反復動作を非熟練労働者に求めたフレデリック・W・

テイラーの仕事の中に、見事に描き出されています。〔原注3〕

産業化が進むにつれ、労働と機械化はますます複雑なものになっていきました。労働者により多くの技能と知識を求めるようになったのです。この挑戦に応えようと、学校づくりが拡大されました。技能学校、専門学校が生まれ、盛んになったのです。

産業化の進展、とりわけ両大戦での労働需要は女性を労働の場へと引き込みました。女性たちは解き放され、子どもたちは他人および教育システムの手にゆだねられました。学校に新たな機能が付託されたのです。「子守り《ベイビー・シッティング》」の務めがそれです。

機械生産による経済的な成功は、「工場」コンセプトの社会的な地位を高めました。地位を高めた「工場」コンセプトは教育者たちに、できるかぎり「工場」に似せて学校をつくり動かすよう求めました。子どもたちは機械的に処理され、「売れる」最終製品に変わるべき原料とみなされるようになったのです。

そしていまわたしたちの社会は「ポスト産業期」〔訳注5〕とも呼ばれる、新しい時代に入っているわけです。しかし、この時代の変容に教育システムは追いついていません。

こうした時代の様変わりの本質をたぶん最も的確にとらえたのは、アインシュタイン博士の以下の言葉

原注3　フレデリック・W・テイラー、*Principles of Scientific Management*（New York : Harper & Brothers, 1911）参照。

〔補注〕邦訳は『科学的管理法』（有賀裕子訳、ダイヤモンド社）。フレデリック・W・テイラー（Frederick W. Taylor　一八五六〜一九一五年）は米国の技師、経営コンサルタント。製鉄所の現場での経験をもとに、工場管理のアドバイザーとして活躍、「効率運動（Efficiency Movement）」を進めた。

訳注5　ポスト　「……の後」を意味する英語の接頭辞。ラテン語由来。

です。

「警戒しなければならないのは、これまでのやり方での成功を、これが君たちの人生の目標だと言って若い人たちに説教することです。学校でも人生でも本来最も大事な動機は、仕事をする喜び、その結果に対する喜び、その結果が社会にもたらす価値を知ったときの喜びです」

こうした普遍的な真理も、たぶん時代がポスト産業期に変わった今だからこそ、初めて言えることかもしれません。

パート1　教育システムのどこが間違っているのか

石鹸と教育は虐殺ほど即効性はないが、長い目で見たらもっと命取りだ。

―― マーク・トウェイン

1　学ぶこと　教えること

教育は尊ぶべきことだ。しかし折に触れ、思い出すがよい。学ぶに値する何事も、教え込まれて得られるものではない。

——オスカー・ワイルド

教え込むことで学びは混乱する　R

これまでの《トラディショナル》教育の焦点は「教えること《ティーチング》」に向けられ、「学びぶこと《ラーニング》」には向けられて来ませんでした。だから今も、こんな誤った考えがまかり通っているのです。これだけしっかり「教えた」のだから、教えられたほうはそれだけしっかり「学んだ」はずだ、と。

しかし実際のところ、わたしたちが「学校」に入学する前・在学中・卒業してから学んだことの大半は、教え込まれずに学んだことです。子どもたちは歩き方・話し方・食べ方・着方といった基本的なことを、教え込まれずに自分から学んでいます。大人もそうです。仕事をしている時も気ままに自由な時間を過ごしている時も、その場その場で取り組んだものから学んでいるのです。

ですから「教室」などで「教え込まれた」ことはほとんど忘れてしまい、思い出すことといえば、どうでもいいことばかり、となるわけです。

大半の「学校」では、暗記が学ぶことだと誤解されています。覚え込まされたことは、短い間しか覚えていられず、すぐに忘れてしまいます（昔、学校で習った「平方根」を今も覚えている人は、どれだけいるでしょう？　今でも「平方根」の解法が必要な人は、どれだけいますか？）。

子どもたちも、分かっているのです。パソコンや録音・録画機、カメラなどを使えば、学校で教わるやり方より、もっと効率的にやれることを。

機械や機器の代わりにもならないことを、子どもたちはさせられているのです。子どもは――あるいは大人も、パソコンその他を使えば上手にやれることを、どうして自分でやりなさいと言われなければならないのでしょう？

教育はなぜ、機械よりも人間のほうがうまくやれることに焦点を合わせないのでしょうか？

人に教えた経験のある人に、自分のクラスで自分を含め、誰が一番学んだか聞いてみたらよいのです。ほとんど全員が、こう答えるでしょう。それは、教えたわたし本人、つまり「教師」です、と。

教育経験のある人にとって、教えることが教えられるより、よりよく学ぶ道であることは分かりきったことです。教師は教えることで、教えられる側の問題に対する考え方を発見できるようになるのです。

今の「学校」はつまり、真逆にひっくり返っているのです。子どもたちこそ本来、教えるべきです。そして本来、学ぶべきは教師の方ではないでしょうか〔原注1〕。

あるメジャーな大学で学部の学生に教えていた時、講義後、学生が一人、わたしをつかまえ、質問を浴びせに来たことがあります。その男子学生は自己紹介も早々に、こうわたしに聞きました。

「最初に教えたのは、何年前のことです?」

わたしは答えました。「〔院生になったばかりの〕一九四一年の九月だったね」。

「ワオー」と男子学生は叫びました。「じゃぁ、六〇年以上も教えているんだ」。

「そうだよ」

次の質問は、ちょっと難しいものでした。

「先生が学部の学生だったころに勉強した科目を、先生が最後に教えたのはいつのこと?」

少し考えて、答えました。「一九五一年の九月」。

「ワオー、だったらもう五〇年以上も、大学で習わなかったことを教えているんだ! 自分で学ばなければならなかったんでしょう?」

「その通り」

「ということは、先生、かなりうまい学び手《ラーナー》〔学習者〕だったんだ」

そう言われてわたしは控えめに肯きました。

すると男子学生は次に、こう言い放ったのです。

「同じくらい教え方のうまい先生だったらよかったのに!」

男子学生は、正しいことを言っていたのです。ほとんどの大学教師にとって、得意なことがあるとすれば、それは学ぶこと。教えるよりも学ぶことの方が上手なのです。

教室が一つしかない、昔の小さな学校のことを考えてみてください。そこでは子どもたちが子どもたちに教えていたのです。教師は学習のガイド役を務めるか、学習の資源《リソース》になるか、でした。間違っても、子どもの心に学習コンテンツを無理やりのみ込ませるような真似はしなかったのです。

学びの方法はさまざまです。たくさんあります。教えて学ぶはそのひとつにすぎません。

わたしたちは独りで学んだり遊んだりする中で、自分自身でたくさんのことを学んでいるのです。

わたしたちは気安さ《インフォーマル》の中で互いに学び合っています。自分が学んだことを相手に分け与え、相手が学んだことを自分に分けてもらいます。試行錯誤を通して、実際に自分で試して学んでいるのです。

わたしたちの知る「学校」ができるずっと前から「徒弟制《アプレンティスシップ》」というものがありました。師匠の指示に従い、やり方を身につける学び方です。

それから、建築をきちんと学びたいなら、科目の勉強をするより、自分で図面を引いて自分の家を自分で建ててみる方がよほど学べます。

原注1　わたし〔エイコフ〕自身の経歴も、この観察の正しさを裏付けるものだ。わたしは大学院に入った最初の学期に、兵役にとられた。第二次世界大戦のせいだった。

しかし四年の軍務の間、実際に戦闘に参加したのは、わずか六ヵ月のこと。わたしは自分の論文書きに集中し、除隊前に書き上げることができた。わたしはまた軍隊にいる間、本をかたっぱしから読み漁った。

一九四六年の除隊後、わたしは大学院に戻り、必須科目の登録をした。大学院の院長から呼び出しがあった。わたしは大学院の教授陣を脅かす、やっかいものになっていたのだ。わたしは履修科目の内容をはるかに超えるものをすでに読破していた。院長はわたしに、こう提案した。単位を取りたい分だけ、ほかの院生を教えてくれないか。教えてくれたら、その分、単位をあげる、と。

わたしはそうして教えることを始めたのだった。

教える経験はすばらしい学びの経験だった！　わたしは知らないことを学び取り、その知識をどうまとめ、どう組織化するか学んでいった。

わたしは、自分がまだ何も知らない科目を教えるようにも言われた。なんとも素晴らしい機会に恵まれたものだ。結局、わたしは大学院で何も教えられなかった。

医者たちにも聞いてみてください。大学での講義とインターンで学んでいた時と、どちらが身になったか、と。全員が「インターン」と答えるはずです。

教育プロセスの途上《とじょう》にある学生たちには、多彩な学習法が幅広く提供されてしかるべきです。その中から選んだり、試したりできるようにするのです。同じやり方で、いくつも違ったことを学ばなければならない、ということもありません。

「学校教育」を始める子どもたちはまずもって、どうやって学ぶか、そのやり方の大部分は本来、自分たちの責任で決めることだということを学ばなければなりません。学ぶための手助けは、求めることがあっても押し付けられてはなりません。

教育の目標とはですから、学ぶことであり教えることではありません。

D

「教えること」が「学ぶ」ための強力な道具になる道は二つあります。

ただし「教える」というこの言葉には残念ながら「話して聞かせる」とか「講義する」に近い一方的な偏りがあるので、ここでは「それを知りたがっている人に説明する」という、ややくどい言い方にしてみたいと思います。

何かを相手に「説明する」ひとつの側面として、こういうことがあります。

説明する中身が何であれ、説明する側はそのことに関して一定の水準を超えていなければならない、ということです。たとえばわたしがニュートン力学について自分なりに知識を整理していない限り、それを相手にうまく説明することはできません。

これは何か説明を求められたとき、常に直面することです（たとえば妻に「ヴァレー・フォージ〔訳注1〕まで、どうやっていくの？」と聞かれた夫がいたとします。面子《めんつ》もあって知らないとは言えない夫なら、ちょっとごめんと言ってバスルームにこもり、グーグル・マップ・クエストですばやく道路検索をするはずです）。

この場合、最も学んだのは、説明しようとするその人です。相手のほうは説明を受けたことさえ忘れてしまいがちですが、説明した側はそのことを長い間、覚えているものです。なにしろ相手にちゃんと伝わるよう、そのことについて理解しようと努めたのは説明をした側であるのですから。

相手に何かを説明することによって自分の理解がさらに進み、自分自身が豊かになる——これには、もうひとつの側面があります。相手に納得してもらうには——「なるほどそうか、分かった」と相手に肯《うなず》いてもらうには、説明する事柄を自分自身の「世界観《ワールドビュー》」の中にぴったり収める（すなわち「世界」を個々人が自分なりの仕方で理解している、その枠組みの中に収める）だけでなく、それを伝える相手の世界観の枠組みについても思い致さなければなりません。わたしは自分の説明を、相手にとって意味あるものとして受け取ってもらう必要があるわけです。つまり説明する側はいわば相手の心《マインド》の中に入る努力をしなければならないことになります。

実はこの点に、あらゆる「学び」の核心が潜んでいるのです。自分の心と他者の心をつなぐ繰り返しの

訳注1　ヴァレー・フォージ　米国の独立戦争の史跡観光地。ペンシルバニア州にある。ワシントン率いる一万二千の独立軍兵士たちは、一七七七年の暮れ、フィラデルフィアの北西三五キロのこの地、Valley Forge に入り、一冬を過ごした。

中で、わたしは自分を包み込んでいる文化の中から何事かを学びとる「学びの技《アート》」の、まさに核心にいき着いているのです。

もしもわたしにこの技がなければ、わたしはわたし自身の直接経験からしか学ぶことができません。しかしこの技があれば、わたしを包む世界全体の「経験」から学ぶことができます。こうしてわたしは誰かに何事かを説明しようと努め、説明に成功するたび、他者から学ぶ力をも向上させているのです。

この「説明による学び《シェイム》」は、教育を語る人《コメンテーター》のほとんどがこれまで見逃してきたことです。これはまことに遺憾なことです。

その理由は、これまで見逃されて来た「説明による学び」のこの二つの側面こそ、わたしたちの世界の現実のあり方である「年齢ミックス」というものを教育の貴重なツールにするものであるからです。

「年齢ミックス」とはたとえば年少の子どもたちが年長のこどもたちから、何事かの「答え」を常に得ていることです。ほんの少し年上の子から答えを得る（たとえば七歳の子が二歳年上の、それだけ経験豊かな九歳の子の見識から学ぶ）こともありますが、たいていはもっと年上の子から学んでいます。

年上の子どもたちは、年下の子に説明するのが大好きです。年下の子とのやりとりの中で、年上の子の能力は力強く引き出されます。年下の子から提起された問題について、自分の理解はどうなのか考え出さねばなりません。そしてその自分の理解を年下の子に理解してもらうにはどうしたらいいか考え出さねばなりません。

このプロセスは実は世界中のあらゆる場所で起きていることです。共同体がさまざまな年齢層によって維持されていることは重要なことです。にもかかわらず（子どもたち、そして高齢者を）年齢の違いで差別し分離している今のやり方は、学びというものに対して、あるいは社会の文化全般の発展に対して破壊的な作用を及ぼすものです。

昔は教室がひとつだけの小さな学校がありました。そこでは、わたしがこれまで話して来たようなことがかなり起きていたように思われます。しかし、それではそこにいた、たった一人の大人の教師があらゆる問題で最高の権威者であったかとなると、そうは言い切れません。

ずいぶん前のことですが、わたしはこの点に関し、目からウロコの体験をしたことがあります。当時、わたしの長男は八歳で、アーニーという科学が大好きな一三歳の子にまとわりついていました（崇拝さえしていました）。

そんなある日、長男がわたしに、あることを聞いて来ました。質問事項はいわゆる「物理学」の領域に属する物理現象。そして彼の父親であるわたしは物理学の元教授。わたしは質問する相手にふさわしい人物とみなされたわけです。

わたしは早速、答えを返しました。教科書に書いてあるような「正しい」答えを。

長男はしかし、わたしの答えを聞いてすっかり困ってしまいました。そして、こう叫びました。「それ、間違っている！」。

驚いたわたしはなぜそう思うか長男に聞きました。答えはすぐ返って来ました。「だってアーニーが言ったことと違う。アーニーは、ちゃんと分かっているんだから」。

そのとき、わたしは気づかされたのです。うれしい気づきでした。

長男のアーニーに対する信頼は、時間をかけて培われたものでした。アーニーは自分の心と、わたしの長男の心の間に、ゆるぎない橋を架け終えていたのです。すくなくともある特定の分野では、父親であるわたし以上に。

こうして見てくると、学びとは一方的な教え込みの結果だなんて、いったいどうしてそんなことになってしまったの、と訝《いぶか》る人も出てくることでしょう。

つい最近まで、世界の偉大なる師《グレート・ティーチャー》といわれた人たちとは、その言葉に興味を持って耳を傾ける人がいる、新鮮なメッセージを持った人びとと理解されていました。

モーゼもソクラテスもアリストテレスもイエスも、自分のオリジナルな洞察を備えた人でした。だからはるばる遠方から多くの人びとが、その深い叡智を聞きに集まったのです。

プラトンの対話篇を読めば最高の深さで、その意味を理解できます。プラトンによれば、ソクラテスのもとに人びとが集まったのは「哲学一般を学ぶ」ためではありませんでした。ソクラテスの考えるソクラテス流の哲学を（そして彼の他の哲学者に対する、見事に機知に富んだ攻撃を）聞きに集まったのです。それは人びとが他の哲学者たちの、彼ら流の哲学を聞きにいくのと全く同じことでした。

言い換えればこうなります。

そこでの「教える」とは、その人の個人的な見解を公共の場で曝け出すこと、と理解されていたのです。その見解を受け容れるかどうかの取捨選択はあくまでも聞く人しだいでした。

哲学者とされる何者かが書いた哲学の「コース」を学ぶしか哲学者になる道はない、などと考える人は一人としていませんでした。もしも哲学者という肩書に憧れるなら、自分自身のオリジナルな世界観をもって世に問いなさい――期待されていたのは、これでした。

これは哲学にかぎらず、ありとあらゆる知識において求められることでした。

自分で自分の学び方を考え出すのです。そして聞きにいくのです。自分の考えをすすんで公の場で明らかにしている人のところに聞きにいって、それが自分にとって価値あるものであるかぎり、その人の考えに自分自身を浸します。

ヨーロッパの中世に形成された「大学」の基礎にあったのは、こういうことでした。そこでは思想家は自分の時間を使って、自分の考えをすすんで公開していたのです。大学に教師として居続けることができた人は、他の人びと（すなわち、学生たち）が各自の知的探求との関連で、この人の意見は聞くに値すると考える者に限られていました。

ここで話はすこし逸《そ》れますが、こうした「教える」に対する態度は、すでに完全に消え去り、過去のものになってしまったわけではありません。「量子論」が発展した二〇世紀の第二四半期、探究心を抱いた素粒子論の物理学者らは、独自の理論を展開する物理学者を訪ね、旅に出たものです。自分の探求する方向と根本的に異なる理論の持ち主であっても、訪ねていく。そういうことがけっこうありました。学生たちはボーア〔訳注2〕の量子論を知るため、コペンハーゲンの彼の研究所を訪ね、続いてハイゼンベルク〔訳注3〕のドアを叩き、アインシュタイン、シュレディンガー〔訳注4〕、ディラック〔訳注5〕、その他、物理の先達《せんだつ》を訪ね歩いたのです。

これは何も、物理学に限ったことではありません。美術でも建築でも、何にでも見られたことです。そ

訳注2　**ニールス・ボーア**　デンマークの理論物理学者（一八八五～一九六二年）。ノーベル物理学賞を受賞。量子力学の確率に寄与

訳注3　**ヴェルナー・ハイゼンベルク**　ドイツの理論物理学者（一九〇一～一九七六年）。ノーベル物理学賞を受賞。行列力学と不確定性原理で、量子力学に寄与。

訳注4　**エルヴィン・シュレディンガー**　オーストリアの理論物理学者（一八八七～一九六一年）。ノーベル物理学賞を受賞。量子力学の基本、シュレディンガー方程式を考案。

訳注5　**ポール・ディラック**　英国の理論物理学者（一九〇二～一九八四年）。ノーベル物理学賞を受賞。量子力学のディラック方程式を考案。

してそれは今なお、そうあり続けています。

I・M・ペイ〔訳注6〕のところを訪ねる者は、「建築学一般」を「学び」にいくのではありません。そうではなく、I・M・ペイがいかに彼自身の建築をしているかを学びに出かけているのです。彼自身が建築へのアプローチの仕方を語り「教えている」姿を見に出かけているのです。

学校とは本来、人びとが自分から行きたいと思う場所であって、他人が誰かを行かせたいと思う場所ではないのです。

問題はしかし、「一斉教育《マス・エデュケーション》」が始まった時に起きました。「一斉教育」は以下のことを必須のものとしたのです。

- ■工業化時代の先進国の生産的な市民として身につけなければならない技能、知識を決定する。
- ■それに関する情報を、産業文化が要求する標準化に合わせ、確定し一律化する。
- ■それらの標準化された情報を著述し伝達する手段を開発する（教科書、カリキュラム）。
- ■標準化された教材を理解する訓練を施し、その伝達法をマスターさせる（教師の養成、教授法）。
- ■訓練生《トレーニー》（子どもたち）と訓練者《トレーナー》（遺憾ながら「教師」と呼ばれる人びとである。彼らにふさわしくない地位を与える言葉だ）が対面する場所をつくる。それがいわゆる「学校」と呼ばれている場所である（この「学校」もまた盗用である。それにふさわしくない威厳を付与する呼び名である）。
- ■こうした文化的、社会的な大転換の遂行に必要な強制的支援を行う。

こうした戦略を考え、実行に移した社会的なエリートたちは、歴史に残る社会秩序の革命的転換のすべてにおいて行われたように、言葉を捻じ曲げてみせたのです。尊敬の念を引き寄せる言葉の意味を転倒させ、何がなんだか分からないうちに、いつの間にか新しい社会秩序を快いものに感じさせたのです。「教師」「学生」「学校」「規律」などなど――すべては本来の意味とは真逆《ダイアメトリカリー・オポーズド》なかたちで使われるようになりました。

私事になりますが、最近こんなことがありました。一緒に考えていただきたいことなので紹介します。学校カウンセラーの会議に参加する機会を得たのです。会議では、学生や生徒のカウンセリングに関する最新理論のプレゼンテーションが行われました。

わたしが出席したのは「自己規律と責任」に関する分科会でした。いま「学校教育」の渦中にある人びとに「自己規律と責任」のコンセプトは、いったいどんな意味で受け取られているのか、そんな興味もあって参加しました。

わたしにとって「自己規律」とは自分が決めた目標を外部から強制されずに追求することであり、「責任」とは外部から急《せ》き立てられることなく、自分自身の主導権でもって適切な行動をとることです。しかし分科会でプレゼンした人たちの考え方は違っていました。

「自己規律」も「責任」も、クラスの中で与えられた課題に取り組む子どもたちの能力に関することとされていたのです。宿題を言われた通り、時間内に効率的に済ませてしまうのが「責任」ある行動であり、「自己規律」とは宿題をやり通す決意の問題であると、子どもたちに理解させる――それがガイダンス・カウンセラーの正しき役割であると。

訳注6　I・M・ペイ（Ieoh Ming Pei）　世界的に活躍する中国系アメリカ人の建築家（一九一七年～　）。ルーブル美術館のガラス・ピラミッドや、ボストンのジョン・F・ケネディ図書館を設計した。

部屋の片隅から、あのジョージ・オーウェル〔訳注7〕が意味深なウインクをしているような分科会でした。

世界はいま二つに分かれています。同じ「教育」という言葉を正反対の意味で使う二つの世界があるのです。

一方の世界は標準化が広がる「教育複合体《エデュケーション・コンプレックス》」の学校、大学（そして大学院さえも）から成り立っています。そこでは産業訓練のためのメガ施設が「二一世紀のために教育された人びと」の複製品《レプリカ》を吐きだし続けています。

しかしその一方で、もうひとつの情報と知識と知恵の世界もまた、存在しているのです。そこは、学校の幽閉から逃れたリアルな人びとが息づいている世界です。

その世界では昔ながらに「学び」がいつもの姿で生起しています。そこでの「教える」は何より、聞きたがっている人びとに対し自分の知恵を分け与えることで成り立っているのです。

R

「教育」を語る「用語」がいくつかあります。わたしはそうした用語の意味をわたしなりに、以下のような意味で考えています。

■「教える《ティーチング》」とは情報、知識、理解、あるいは知恵《ウィズダム》を、「話し言葉《スピーチ》」（ふつうは講義のかたちをとる）や

「書き言葉《リトン・ワード》」（教科書のような）でもって相手に伝えること。これは基本的に一方通行のコミュニケーションである。

この関係で言えば、「Q＆A」は互いに議論し合うことではなく、いま述べた意味での「教える」の、ひとつの発展形である。

「教える」は情報を伝え、指示し、説明し、あるいは啓発する。

説明は理解を伝える。啓発は知恵を伝える。

■「指示《インストラクション》」とは知識を、口頭、あるいは書き言葉で、しばしば挿絵《イラストレーション》（インストラクターが描いて見せた絵）を使って伝えること。

■「訓練《トレーニング》」とは、ある特定の、あるいは一群の動作を繰り返すことができるよう教え込む《インカルケート》こと。口頭、あるいは書き言葉で、しばしば実際にそうして見せる例示でもって行われる。

■二人以上の当事者が話し合いながら、自分たちの知識や理解を共有している時のことを、わたしは「露出《エキスポージャー》」と呼ぶ。相手に受け容れてもらうため、拒否してもらうために、何事かを提示することを「議論する《ディスカス》」と言う。

■「知恵《ウィズダム》」は教えられることも、指示されることも、訓練されることもできない。伝えられたことを、自らつかみとることだ。教え込まれ、暗記で身に付くものではない。

「教育《エデュケーション》」とは以上のすべてを含むものです。教育はふつう言葉で行われますが、必ずしも言葉を必要とし

訳注7　ジョージ・オーウェル　英国の作家（一九〇三～五〇年）。全体主義の管理社会を描いた『一九八四年』の作者として知られる。

ません。徒弟修業（たとえば、画房や彫刻スタジオなど）での「学び」は、じっと見て取ることで生起します。言葉は、そうした観察を補足するものです。

また「知性《インテリジェンス》」とは、学ぶことができる能力。どれだけ学んだかを量る尺度ではありません。

学びたいと思い始める R

「教える」が、あるいは「学ぶ」機会がどれほど〝良い〟ものであれ、学ぶ動機《モチヴェーション》のない者は何も学ぶことができません。動機のある子どもや大人は教えられずに学びます。自分で選んだやり方で学びます。

例を挙げましょう。「米国統計協会」が会員アンケートをしたことがあります。会計学の分野における最大の貢献者を四人挙げなさいと質問し回答を求めたのです。選ばれた四人は協会の年次総会の場で栄誉をたたえられたのですが、一人として学生時代に統計学を学んだ者はいませんでした。四人はいずれも自分が抱えていた問題を解こうとしただけのことです。しかしそのとき問題を解くのに必要な統計手法はありませんでした。だから自分で考え出さなければならなかったのです。

「動機の力《パワー・オブ・モチヴェーション》」というものを例証する、以下のような実話があります。

都市部の貧困地域でのことです。マイノリティー（非白人少数派）の子どもたちの圧倒的多数が、小学校を終えながら読み書きできないことに地域の指導者が気づいたのです。教育委員会の識字教育専門チームがすでに投入されていた地域でしたが、何の効果もありませんでした。

指導者は地元の大学の教授に助けを求めました。教授は子どもたちの読み書きの問題に何の経験も持たない人でした。指導者はこの教授に頼んだわけを、こう説明しました。識字教育の専門家が問題解決の助けにならなかったのだから、専門家でない人なら逆に助けになるかもしれない、と。

実は教授はほかの問題で、その地域に入って研究活動をしたことのある人でした。だから地域の若者たちがバカじゃないことを知っていました。それどころか過酷な都市環境を生き抜いていける、驚くほど頭のよい若者たちであることを、教授は知っていたのです。

教授は地域の若者たちが読めないのは、読もうとする動機がないだけではないかと考えました。大学院生の力を借り、地域の世帯を一戸ずつ調べました。一冊でも本がある家がどれだけあるか調べたのです。その結果、六五％以上が「本のない家」でした。それだけでなく、ほとんどが小学校にあがる前、親や大人から、読み聞かせられたことがなかった（誰かが本を読んでいる姿すら見たことがなかった）子どもたちでした。

つまり地域の若者たちが育った文化は会話志向《オーラリー・オリエンティド》のもので、読み書き志向《リテラリー》のものではなかったわけです。ラップとは、こうした文化の産物であるわけですが。

さて教授は「シアーズ財団」から助成を受け、チャップリンの無声《サイレント》映画のフィルムを一式購入し、地域の小学校の講堂で毎日、上映会を開くようになりました。観たい子だけが観に来る映画会でした。すると間もなく、学校中に読み書きしたいという意欲がみなぎるようになりました。子どもたちの「学び」が始まったのです。チャップリンの無声映画の画面中央に出てくる「字幕《タイトル》」の意味をなんとしても知りたい、そう思うようになったのです。

わたしたちは自分が感心し尊敬し愛する人（たとえば、親）が満足げに活動する姿を見て、それを学びたいと思うのです。真似たいと思うのです。

教師たちは、そうした役割モデルを果たすことができます。教師たちが子どもたちの学びを動機づける、もっとも優れた存在になりうるのは、こうした意味でのことです。しかしこの時、教師たちは「教えている」だけではありません。彼ら自身が、その時「学んでいる」のです。

こうしたことは今日、大学の教師が学生と一緒に進めている研究活動でよく見られることです。しかし、これをどうして高等教育のためにだけ、とっておいているのでしょう。

学ぶ意欲を持たない教師は、子どもたちの学びに何のかかわりも持たない者なのです。

D

「心の内なる動機」から生まれた自発的な学びこそ、最も効果的で最善の持続可能な学びであることは疑い得ないことです。こうした学びは、難しさに負け壁の前で挫ける可能性が最も小さなものです。しかし学ぶ動機がどこから生まれるものなのか——という点になると議論は分かれます。重大な意味を持つ問題ですが、決定的な答えはまだありません。

過去一五〇年の間続いて来た、ほとんどすべての教育事業の土台となる、動機に関する一般的な考え方があります。それは動機とは、外側から、洗練された教授法を持つ教育家が注入しないと生まれないものだという考え方です。

教育とは、ある特定の社会的な課題を子どもに強制するものだと考えれば、そんな考えが出て来るのも理解できます。

しかし強制は不可避的に反発を引き起こすものです。そうと分かっているので、「それを学ぶことは、君たち自身の課題を学ぶことだよ」と、子どもたちに信じ込ませる必要が出て来たわけです。動機を持たせることで初めて、子どもたちは効率的に学ぶことができる、というわけです。

こうして教授学が学校教育の基本になりました。学校の当局者の望んだ通りのことを、子どもたちがすすんでするよう動機を注入することが最重要の教育活動になったわけです。

これが結局のところ、とくに情報時代《インフォメーション・エイジ》の進展の中で、みじめな失敗に終わっています。そのわけは、誘惑というさもしい手段によっては、長期間にわたる結びつき――この場合は、その子と学習領域との結びつき――は維持されないからです。

この点に関し、わたし自身に身を切られるような思い出があります。わたしは以前、人学で物理学を教えていました。若かったわたしは、学生たちに物理を勉強する気になってもらいたいと、自分なりにおもしろい講義を心がけていました。大学に入ったばかりの大半の学生にとって物理学は難しすぎて、つまらない科目でした。そういう学生たちを動機づけようと、わたしは講義に工夫を凝らしたのです。

ある日、わたしの研究室に最終学年の学生が現れ、わたしと話をしたいというのです。学生は怒りよりも悲しみのこもった声で、こう言いました。「あなたは、わたしの人生を狂わせてしまった……」。

わたしは聞き返しました。「どのようなふうにダメにしてしまったの？」。

答えはこうでした。「わたしは大学一年のとき、あなたの物理学の授業を履修しました。その授業がとてもおもしろかったので、わたしは物理学を専攻することにしたのです。でも四年生の今になって、ほんとうは物理学に興味がないことに、ようやく気付いたのです。わたしの才能とか目標は別の分野にあることが分かりました。だからあなたが、わたしの大学でのキャリアのすべてを台無しにしたのです」。

実際問題として、教授法の工夫でうまく誘惑できるのは例外的なことです。工夫したから必ずうまくいくわけではありません。たいていの場合、最初から失敗してしまうものです。

それでは、心の内なる動機は、それが外部から注入を図ろうとする者から生まれるものではないとして、どこから来るものなのでしょう。

この重要な問題に答え切るだけの知識を、今のわたしたちは持ちあわせていないのが実情です。

わたしたちの内面において人生目標、情熱として生まれ来るものの根源に何があるか、いまだ謎に包まれています。遺伝学的に探る人もいますし、親や家族の影響だとする人もいます。いや仲間だ、役割モデルだ、人生経験のランダムな経験だ、超自然的な霊感によるものだ、とさまざまに言われています。

しかし何が根源にあろうと「内なる動機の実在」を否定することはできません。そして内なる動機は、早くも子ども期の最初の段階から、目に見えるかたちで現れることもしばしばです。

以下の出来事を考えてみてください。わたし自身が目の当たりにしたことです。

息子は二歳でした。わたしたちは彼を動物園に連れていったのです。息子が喜ぶに違いないことをあれこれ計画して出かけました。

動物園に行きたがらない子はいるわけがない、と思っていました。息子も本で、動物の写真を見るのが大好きでした。彼自身、今日は動物園で生きた本物の動物たちに会えると分かっていたのです。

しかし動物園の前でバスを降りたとたん、息子は動物園の入口に続く玉石の歩道に目を向けました。すぐさま歩道にしゃがみ込み、じっと目を凝らし始めました。

どうも歩道の玉石が描くパターンを観察しているらしいのです。一時間以上も見続けています。

結局、わたしたちはその日、動物園に入らずに帰って来ました。

玉石のパターンに対する息子の情熱は、どこから来たのでしょう。たしかなことは、わたしたちが知る限り、息子はその時初めて、それに出会ったのです。息子は全くの偶然から、新しい喜びを見つけました。それは彼の心の深いところにある何かと響き合うものだったようです。

息子は結局、多彩なパターンに関心を寄せる芸術写真家になりました。その決然たる内なる動機は、それにしてもどうやって生まれて来たのでしょうか。

これほど奇抜でなくても、似たような経験は誰にでもあるようです。ここから教育機関として、子どもたち自身の関心を育てていく役割が出て来ます。それは子どもたちそれぞれの、内なるさまざまな動機が行動的な探求へと花開いていく環境を確保することです。子どもたちの中にある動機を、大人の望んでいることにすり替えてはなりません。

さて、先ほどのチャップリンの無声映画が子どもたちの学びを動機づけた話ですが、わたしたちがそこにほんとうに見るべきことは何なのでしょう。すこし注意して状況に目を凝らせば、違ったものが見えて来ます。

チャップリンの無声映画を上映した大人たちは、子どもたちが読みたくなる動機づけの方法を見つけようとしていました。理由は、ふたつあります。ひとつは、地域の小学校の教室が識字力を子どもたちに注入しようとして失敗していたこと。ふたつ目は、そうした大人たちに以下のような強固な確信があったことです。この世界を生きていくには最低限、読み方を知る必要がある、だから、子どもたちを読めるようにする積極的な働きかけがなければならない——。

第一点の学校の教室での試みが失敗に終わった理由については、もうお分かりのことだと思います。しかし、二番目の理由についてはどうでしょう。

これが出て来るのは、子どもたちを放っておくと、今の大人社会がそれで成り立っている、この識字という重要な要素を自分から見つけ出すことができない、という思い込みがあるからです。

大人には見えるけれど、子どもたちには隠されていて見えない……。そんなものがあるなんて、ミステリーじみて不思議な気がします。

考えてみてください。チャップリンの無声映画を観た子どもたちとは（教室での教科に声も出ないほど飽き飽きした子どもたちなので、そこから逃れることができただけで大喜びだったはずです）、その日の時間を、教室の椅子に無理やり座らされずにすんだ子どもたちなのです。自分の周りの世界と自由に出遭える子どもたちであったわけです。

もしも一定水準の「読み」が世界を生きていく上で不可欠なことであるなら、それを子どもたちが自分の力で見つけ出すことができないなんて、あり得ることなのでしょうか。子どもたちは、それこそ無数にある大人生活の技（人に向かって話をするとか、電話をするとか、パソコンを使うといった社会的な技）を自分なりに考え、習得しているのではないでしょうか。

「読み」とは結局のところ、話し言葉を表示するいくつかのシンボルを解読するだけの、かんたんなことです。なのにどうして、自分の力で読みこなす必要に迫られ、読んでみようと内なる動機が生まれているその時において、自分自身の主体性で読み始めるのが不可能なことだとされてしまうのでしょうか。

自ら深く動機づけられた時、子どもたちは書かれ、印刷されたものへのアクセスを求めるものなのです。〔原注2〕

実際問題として、全く「読み方」を教え込まない学校もまた、数多く存在します。そうした学校では、子どもたちが自分で求めた時に自分で読み始めます。そして子どもたちはみな、遅かれ早かれ読めるようになります。

これは驚きでもなんでもありません。四歳で読み始める子もいれば、一二歳で読めるようになる子もいます。いわゆる「読書障害《リーディング・ディスオーダー》」も、こうした学校では極めて稀です。

パソコンと教育 D

パソコンがあって、インターネットにつながっている。そんな学校のことを、教育者たちは称賛します。コンピューターは「未来に向けたツール」だと聞かされているし、彼らとしても、自分たちのしていることが最新式とか現代風だと思われたいからです。

それでパソコンを学校に導入しているのです。持ち込んで何をしているかというと、教科書とか、昔ながらのワークブックと同じように、もうひとつの教科書、ワークブックとして使っています。子どもたちのアクセスに厳しい縛りをかけているのです。いつ、どこで、どのように使うか、何のために使うか指示しているのです。

現実は変わりました。あらゆる年齢層がいまや直接、サイバー世界に自分をリンクできるようになっています。どのような問題でも、最も新しい情報ソースに自分をつなぐことができます。

言い換えれば、何かを探したいと思うだけで、ワールドクラスの専門知識を探り当てる力を今や、誰も

原注2 読み聞かされることが多かった子どもほど、動機がより多く生まれる、ということも言える。

が持つに至った、ということになります。自分の意志で、あらゆるものにアクセスできます。意欲しだいで、どのようなレベルへも達することができます。どのような専門の教師であれ、圧倒的多数の教師が、どうにも子どもたちに対抗できない状況が生まれているのです。子どもたちが自分で選んだ情報ソースから自分の意志で受け取ったものには勝てないわけです。

それだけではありません。いまや誰でもネットを通じ、世界中の、同じ関心を持つ人とつながることができます。お互いを高め合う会話を続けることができます。そうしてその問題をめぐる会話に参加した人すべての理解がさらに深まっているのです。

もうひとつ重要なことは、子どもたちのすべてに、人間の活動、および関心事に対する、ほとんど無限のアクセスが生まれている現実です。これは匿名の教育者たちが、これこそあらゆる生徒にふさわしいものだと選んだ、ひとにぎりの教科が提示する狭苦しさとは、まさに正反対の多様性を持つものです。

インターネットやCD、DVD、その他情報保存メディアによる多様性の豊かさに比べ、昔ながらの教育世界は、絶望的なほど不毛で難解で無意味なものでしかないようです。ネットをサーフしたあと、そこで感じたサイバー世界での興奮と教室の無味乾燥を比べることなく、教科書の退屈な頁へ、干からびた学科へ戻れる人は一人もいないはずです。

さらに重要なことがあります。サイバー世界では年齢というものが全く意味を持たないことです。ログインするとき自分の年齢を開示することはありません（性別、宗教、人種、出身民族、その他、これまで長い間、ひとりの人間が自分の周りの世界との関係を結ぶ際、大きな役割を果たしてきたすべてのものさえも）。

サイバー世界では誰もが、ひとりの人間。そこで何を言おうと、ほかのすべての人のコミュニケーションと同じに扱われるだけのことです。

しかし、こうした新しい電子宇宙の中へ、どう学んだら参加できるのでしょう。ここでもまた、特別なテクニックを教え込まれる必要があるのでしょうか。

わたしたちはいまや再び「指示《インストラクション》」でなく「アクセスできること《アクセサビリティー》」を眼目とする環境整備の重要性と直面しています。そしてそれは数年前、インドで行われた以下の驚くべき実験で最も明確に実証されたことです。デリーの「インド・テクノロジー研究所」の研究開発部長、物理学者のスガタ・ミトラ〔訳注8〕による実験です。

実験は〔ネット時代を知る〕三〇歳以上のわたしたちの大半が同じ思いをする、ある経験を考えることから始まったのです。

スガタ・ミトラ自身の言葉をかりれば、こうです。「パソコンを子どもに買い与えた親はみな、一人の例外もなく口をそろえて言うのです。パソコンを買い与えて間もなくすると、この子はパソコンの天才だと、どの親も異口同音に言い出すのです。調べてみたら、分かりました。親たちが理解できないパソコンを、子どもたちが平気で使っている、ただそれだけのことでした」。

この事実に気づいたスガタ・ミトラは、以下のような風変りな実験を思い立ちました。彼の研究所の建物は、デリーの中でも最悪のスラムに隣接していました。

研究所の外壁に穴を開け、ネットと高速で接続するパソコンを一台、スラム側に向けて置いたのです。キーボードのない、タッチパッドだけのパソコンでした。パソコンは、「MSNコム《マイクロソフト・ネットワーク》」の画面を立ち上げたままで放置されたのです。スラムにはパソコンの使い方を教えることのできる大人はおらず、取り扱い説明

訳注8　スガタ・ミトラ　Sugata Mitra　インドの物理学者（一九五二年〜　）。英国ニューキャッスル大学教育大学院で、教育テクノロジーの教授も務める。デリーでの「壁の穴実験（"Hole in the Wall" experiment）」（一九九九年）で世界的に知られる。

書もありませんでした。

しかしスラムの子たちは素早く反応しました。自分たちの世界に突如侵入して来た、この奇妙な機械に探りを入れ出したのです。パソコンを見たこともない子どもたちでした。パソコンとは何かを知らない子どもたちでした。

彼らにとってパソコンは、突然出現した謎の物体でした。それがいつものように彼らの好奇心と探究心を誘ったのです。スラムの子の大半は読み書きできない子どもたちでした。英語のわかる子は一人もいませんでした。

結果は目をみはるものでした。スガタ・ミトラ自身の言葉でいえば、「コンピューター・リテラシーの基本レベルなど、ほとんど瞬間的に使いこなせるようになりました。……マウスを動かす、ポインターを当てる、ドラッグする、ドロップする、コピーする、ネットをブラウズする。みんなすぐできるようになりました」。どんなふうに、すぐできるようになったのか。これがまた実におもしろい話です。

スガタ・ミトラはこう続けます。「この子たちは、自分たち流のメタファーを創り出していたのです。どういうことかと言うと、ある女性ジャーナリストがやってきて、ある子に、『どうやって、パソコンの使い方、分かったの?』と聞いたそうです。答えは女性ジャーナリストにとって、とても不可解なものでした。なにしろ『パソコンって何?』と聞き返されたほどですから。パソコンの部位の正式な名称よりも、彼らが生みだしたメタファーのほうが実は重要なことだったのです」。

子どもたちは、探りを入れているうちにつかんだものに自分たち流の名前を当てていたのです。マウスで当てるポインターは、ヒンドゥー語で「針」と呼んでいました。処理プロセス進行中の表示である砂時計マークは、インド神話にある、あの「シヴァの太鼓」だと……。

子どもたちは『マイクロソフト・ペイント』のアプリまで見つけて、それでお絵描きさえしていました。そのうちに、あのマイクロソフト・ワードの中に埋もれていた（あまり知られていない）キャラクター・マップまで探り当て、キーボードを使わず、画面に文字を出せるようになっていました。スラムの子どもたちはこんなふうにして、パソコンを使いこなしていたのです。

スガタ・ミトラは、このシンプルな実験が途方もない可能性を秘めたものであることに気づきました。彼はこのアプローチの仕方を「最小侵害教育《ミニマリー・インヴェイシブ・エデュケーション》」と名付けました。そしてその意味を「子どもたちはすでに、たとえば2と2を足すことを知っている。そう想定するところから生まれる教育である」と指摘したのです。そしてこう付け加えました。「教育コンテンツをつくることが重要なことではない。そのためのインフラとアクセスこそが重要なことだ」と。

R

もう二五年も前のことになりますが、ＣＡＩ（コンピューター支援教育《アシスティド・インストラクション》）が教育の救世主と考えられていた時期がありました。熱狂はしかし、一時的なものに終わりました。学生たちもコンピューターに最初のうちは魅せられましたが、そのうちコンピューターで教えられることにウンザリするようになったのです。それどころか、自分たち以上のことを知っていて、自分たちを管理《コントロール》してくるマシーンに腹を立てるようになったのです。

コンピューターというマシーンに操作されている——そんな自己像《セルフ・イメージ》を持ってしまったらどうなるか、考えたら分かります。それにしても他に、別のやり方はどうして考えられなかったのでしょうか?

別のやり方は、実はあったのです。子どもたちにコンピューターをコントロールさせる方法です。それによって、生身のこどもたちがコンピューターに教える教師に変わるわけです。

たとえば一九六〇年代に、こんなことがありました。ケース工科大学(クリーブランド)のスチュアート・クック教授が小学二年生の子どもたちに、コンピューターに対して教えさせたのです。コンピューターに、子どもたちが算数を教えたのです。

もちろん自分で分からないことを相手に教えることはできません。ですから子どもたちは、コンピューターに学んでもらう内容を自分たちで学び、その上で設計しなければなりませんでした。そして彼らは、やり遂げたのです。そばに教師たちがついていましたが、「これを教えたい」と思う子どもたちを助けるだけの、あくまでリソース役に徹していました。

こうして子どもたちは充実した時間を過ごし、実際にコンピューターに教えるその日が来るのを待ち焦がれるようになりました。

クック教授はこの子たちと、ただ単に算数を教え込まれただけの子どもたちを比較しました。コンピューターに教えようとした子どもたちの方が、ただ教え込まれた対照群の子どもたちより素早く算数を学んだうえ、学んだことをより長い間忘れずにいました。

コンピューターはまた、子どもたちが互いによりよく学び合えるよう、学びの促進役としても実は利用されてきました。パソコンを利用して英語の文法を一緒に学んだ、以下のような実験もあります。

三角形の各頂点の位置に、デスクトップ型のパソコンを置いた机を三つ配置します。そこに一人ずつ、全部で三人の子どもたちが座ります。お互い、ほかの二人の顔を見ることができますが、ほかの二人のパソコンの画面を見ることはできません。

三人のパソコンには、文法的に間違った例文が表示されます。たとえば、《The boys is hurting each other.（男の子たちが傷つけ合っている）》。そして間違ったところをライトペンでタッチし、正解候補の中から正しいものを選びます。

もし三人とも正解なら、パソコンの画面に新しい例文が表示されます。三人とも正解でなければ、パソコンにその旨表示されます。しかし誰が間違っているか、何人間違っているかは表示されません。こうなると三人は議論し合い、照合しなければなりません。そうして三人が三人とも正解に達したとき、パソコンは次の例文を表示するのです。

こうして三人はひとつのチームを組むことになったのです。そしてほかの分野でも一緒に学び合うことができるようになったのです。

何を学ぶのか　R

人間精神《ヒューマン・マインド》のコンテンツは——ということはつまり、わたしたちが学ぶことができることは——次の五つの階層《クラス》に分かれます。データ、情報《インフォメーション》、知識《ナレジ》、理解《アンダスタンディング》、知恵《ウィズダム》の五層です。

しかし、この五つは同等の価値を持つものではありません。以下のような格言めいた、たとえ話で考えてみたいと思います。

■1オンス〔訳注9〕分の情報は、データ1ポンド分の価値がある。
■1オンス分の知識は、情報1ポンド分の価値がある。
■1オンス分の理解は、知識1ポンド分の価値がある。
■1オンス分の知恵は、理解1ポンド分の価値がある。

これはもちろん冗談ですが、このオンスとポンドの一六倍法の計量法を使うと、1オンス分の知恵は、「データ」65536オンス分、あるいは「情報」4096オンス分になります。「知恵」にはそれほど価値がある、ということになるわけですが、にもかかわらず、わたしたちの教育システムはほとんどの時間を「情報」、すなわち「知識」のかけらの伝達に費やしています。ほとんど何の「理解」も得られず、「知恵」に至っては全く何も教えられていません。

さて、ここでいうデータとは、モノやコトの特性を表すシンボルで構成されるものです。たとえば、ある建物の住所は、数字と、建物の地点を表す言語シンボルでもって示されるわけです。「情報」は有効なものへと処理された「データ」から構成されます。したがって「データ」の「情報」に対する関係は、鉄鉱石と鉄の関係として見ることができます。鉄鉱石から生まれたものは鉄にならない限り、何の役にも立ちません。「情報」は解説《ディスクリプション》の中に含まれるものです。誰《フー》が・何処《ホウェア》で・何時《ホウェン》・どれほど《ハウ・メニー》、といった言葉で始まる問いに対する答えがそれです。「知識」は「どうすれば《ハウ・ツー》」の問いに対する答えでもって構成されます。知識は指示《インストラクション》の中に含まれるものです。たとえばニューヨークはフィラデルフィアの北九二マイル、そのすこし東寄りのところにある、というのは「情報の提供」です。車で行くにはフィラデルフィア有料道路とニュージャージー有料道路を使うと便利だ、というのは「知識の提供」です。そこには「どうすれば」そこに行けるかということが含まれているからです。

「理解」は説明《エクスプラネーション》の中に含まれます。「どうして（なぜ）」の問いへの答えです。フィラデルフィアからニューヨークへの行き方を指示している人が「どうしてニューヨークに行きたいのですか」と聞いた時、その人は説明を求めているわけです。行き方を訊《き》かれた理由を理解しようとしているわけです。

説明は行為や（モノ・コトの）特性についての「理由《リーズン》」でもって構成されるものです。

その「理由」には二つのタイプがあります。遡及的《レトロスペクティブ》なものと予期的《プロスペクティヴ》なものです。説明すべき行為や特性を産みだしているものは何かを特定します。たとえば「男の子は店に行こうとしている。母親にお遣いに出されたからだ」は、理由の遡及的な説明です。「男の子は店に行こうとしている。夕ご飯の食材を買いに」は予期的な説明です。

「知恵」は、データ、情報、知識、理解と質的に違うものです。

データ、情報、知識、理解はすべて《効率《エフィシャンシー》》と関わっています。自分が求めるものの獲得に成功する確率と、獲得するための努力の総量が問題とされます。

価値と関わるものではありません。獲得するに足るものかということとも無関係です。

これらの探求は、とても悪いことにもなり得ます（たとえば、より効率的に虐殺を行うためのデータ、情報、知識、理解）。

これに対して知恵は探究する事柄の価値を考慮するものです。この違いを、ピーター・ドラッカー[訳注10]は、以

訳注9　オンスは、1ポンドの16分の1、すなわち0・0625ポンド（28・3495231グラム）。逆に1ポンド（435・59237グラム）は16オンス。

下のように区別しています。それは「物事を正しく行うこと（《効率《エフィシャンシー》》）」と「正しいことを行うこと（《効力《エフェクティブネス》》）」との違いであると。

知恵は長期的な結果と短期的な結果の両方に目を向けます。ですから長期的に得られるもののために、短期的な犠牲を払おうとします。瞬間的な満足を得ようとするプレッシャーを消します。そうして理想や長期的な目標の追求を可能なものにします。

わたしたちの教育システムはこうした区別を無視しているのです。結果として知恵を育てる機会をほとんど与えていません。

これが、なぜ重大な問題であるか。それは何よりもまず、わたしたちが直面する深刻な社会的・制度的な問題が、間違ったことを「正しく」しようとし続けた結果、現れたことだからです。わたしたちの社会の欠陥を修正するには、知恵を獲得することが先決です。

たとえば、米国の保健医療システムを考えてみてください。さまざまな点で機能障害に陥っていることは広く知られたことです。ドクター・ウェルチ、シュヴァルツ、ウォロシンの三人の医師はこう言っています。「アメリカ人の大半にとって最大の問題は、鳥インフルエンザでもなければ西ナイル出血熱のウイルスでもなく、狂牛病でもない。それはこの国の保健医療システムである」〔原注3〕と。

この国ではいま四七〇〇万人もの人びとが医療保険に入っていません。そして医療コストは国富の生産を上回る速さで増大しています。医療費はつまり、米国で生み出される富をますます食いつぶしているわけです。どうしてこのようなことになっているのでしょう。それは主に健康な人びとではなく、病人や障害を持った人たちを対象として、それらの人びとに対するサービスから収益の（全部ではなくとも）大半を引き出しているからです。

こうしたやり方が間違っているのです。これが続く限り、医療システムの機能障害もまた続いていくことでしょう。

保健医療の供給者《プロバイダー》たちは、人びとの健康を維持することで報酬を得るべきです。自分たちがサービスを提供する人びとが病気や障害に苦しむようになったときは、それに関連するコストの支払いを求められるべきです。これが今の保健医療システムに欠けていることですが、こうしたやり方に切り替えれば（人びとが病気や障害で苦しみ、「治療」するようになるまで待つ代わりに）人びとの健康を維持しようとする強力な刺激《インセンティヴ》が生まれることでしょう。〔原注4〕

D

正しいことを「間違って」行うのではなく、間違ったことを「より正しく《ライター》」し続ける……。この間違った

原注3　H. Gilbert Welch, Lisa Schwartz and Steven Woloshin, What's Making Us Sick Is an Epidemic of Diagnoses , *New York Times*, January 2, 2007
↓http://www.nytimes.com/2007/01/02/health/02essa.html?_r=0

原注4　このような形で、米国の保健医療制度を再設計する試みは、たとえば以下を参照。Sheldon Rovin *et al.*, *An Idealized Design of the U.S. Healthcare System* (Bala Cynwyd, PA : Interact,1994), pp2-5

訳注10　ピーター・ドラッカー　ウィーンに生まれ、米国で活躍したオーストリア人経営学者（一九〇九～二〇〇五年）。「マネジメントの父」と呼ばれ、現代経営学を確立。日本の実業界、学界にも、大きな影響を与えた。

ことを「より正しく」し続けることと、失敗から学ぶことの違い〔原注5〕を際立たせた歴史的な事例があります。それは第一次世界大戦に参加した国々の、それぞれ最高度に教練された軍人によって続けられた、ある作戦アプローチのことです。

これはアメリカの独立戦争においてすでに、行き詰まった軍事ドクトリンであることがハッキリ分かっていたことです。にもかかわらず欧州の将軍や作戦参謀たちは、自分たちの「旧世界」から離れた文化的後進地のアメリカで、その戦法がとっくに滅んでいたことに何の注意も払わなかったのです。

第一次大戦の主戦場、西部戦線では塹壕戦が膠着状態に陥りました。フランス、ドイツ、オーストリア、ドイツの陸軍首脳は間違ったことをひたすら「よりよく《ベター》」行うことで事態の打開を図ろうとしたのです。

この作戦アプローチは欧州に、言葉で言い表せないほどの惨禍をもたらしました。大戦の四年間、最も進んだ文明を自認し自らを文明の旗手とする戦争当事国は、自分の国の若い世代のかなりの部分を戦死に追い込んだのです。

フランスなどの連合国、ドイツなどの中央同盟国が掘削した塹壕線は、スイスの山中から海岸線まで、すべてのフランス国境線に沿って張り巡らされました。伝統的な正面戦（側面攻撃は顧みられませんでした）の戦略と、これまた伝統的な総攻撃の戦術が、ひたすら繰り返されました。歩兵の火力が強力なものになり、砲撃の威力が増大し、地下防御テクノロジーが進歩しているにもかかわらず、昔ながらの戦法が踏襲されたのです。毎月、毎年、敵陣に向かって総攻撃が繰り返されたのです。

重砲で砲撃を加えてから総攻撃もしました。人員を増やして総攻撃もしました。でも結果はいつも惨憺たるものでした。〔フランス北東部〕ヴェルダンの戦いひとつとっても、西部戦線の一角を占めるにすぎないのに、一年以上続いた戦果なき戦闘で両軍合わせ一〇〇万を超す死傷者が出たほどです。

間違ったことを「よりよく、もっとよりよく」続けたことで、状況は悪化の一途をたどりました。どうにも避けられない結果に行き着くだけでした。

こうした状況下、いまなすべき正しいことが考え出され、発展し現実化するには、それをやりとげようとする、創造的ながらひどく人気のない異端の政治家が出なければなりませんでした。あのウィンストン・チャーチル〔訳注11〕がその人です。

チャーチルは戦車に目をつけ、熱心な支持者になりました。戦車は塹壕を越えて前進できる、動く要塞だったからです。

しかしそんなチャーチルを、英軍エスタブリッシュメントのほとんどすべてが嘲笑いました。それにもめげずチャーチルは、当時としては突飛な新兵器、戦車の開発を支援し、前線の将軍たちにこれを使用せよ

原注5 「経験こそが最高の教師であることを思い出すべきである。わたしたちは、物事を正しく為したことから学んではいない。すでにやり方をわかっているからだ。それはすでに知っていることを再確認しただけのことにすぎない。そこにたしかに価値を見ることはできる。しかし、それは学びではない。わたしたちはただ、失敗から学ぶことができるだけである。失敗を特定し、失敗の原因を突き止め、訂正することから学ぶことができるだけだ。さらに言えば、わたしたちは他人の成功よりも、自分の失敗から学ぶものだ。偉大なる作曲家のストラヴィンスキーは、この点を見事にこう語っている。『わたしは作曲家としての全人生を通して、他人の知恵や知識に自分の身を曝すことからではなく、わたし自身の失敗から、間違った思い込みから学んで来たのです』と」 Russel Ackoff, "Ongoing Discussion"Thought Piece"(Pratt&Whitney Rocketdyne's Enterprise Thinking Network, January 2006), p9.

訳注11 ウィンストン・チャーチル 英国の政治家、軍人、文筆家（一八七四〜一九六五年）。第一次大戦では閑職ポストの政府閣僚を辞任し、陸軍少佐として西部戦線で軍務に復帰、シラミ退治やブリキ風呂での入浴など塹壕生活の環境改善に努めるとともに、塹壕を突破する戦車（タンク）の開発を促す覚書を書き、ロンドンの政界に戻って軍需大臣になると、戦車開発の陣頭指揮を執ったことでも知られる。

と無理強いも同然に迫ったのです。

しかし、正しくも戦車が投入されたのに、最初はうまくいきませんでした。戦争の流れを変える、決定的な新兵器であるはずの戦車が正しく使用されなかったのです。

戦車は敵に対する驚き《サプライズ》として、出し惜しみしないで一度にどっと使うところに意味があったのに（チャーチルは、このことをちゃんと分かっていました）、戦車を使うことに抵抗感のある前線の将軍たちは、この正しいことを正しくしようとしなかったのです。彼らはたしかに戦車を奇襲攻撃《サプライズ》に使いはしましたが（とにもかくにも敵を驚かすことになったのは、敵も味方も、この新兵器を見たこともなかったからです）、最初は「テスト」と称してわずかな数しか出動させなかったのです。正しいことを間違ったやり方でしたわけです。

この正しいやり方は戦術的にも戦略的にも、やがて新世紀（二〇世紀）の軍事学の中に入り込み、装甲戦《アーマード・ウォーフェア》は新たな軍事ドクトリンとして受け入れられることになりました。これによって戦争そのものも、軍事力を国際関係上不可欠な道具とみる考え方もなくなりませんでしたが、戦闘期間は大幅に短縮され戦場での戦傷者数も急減したのです。

さて今日の教育世界でも、賢い「知恵」を育てる努力はほとんどなされていません。今の教育の中軸にあるのは「情報」です。大量の情報です。その情報が「知識」にとって不可欠なものとして提示されているのです。知識はそれ自体として高く評価されるべきことなのですが、情報が不可欠とされています。「理解」は時に考慮されますが、「知恵」ときたらもう全くといっていいほど考慮されません。これは決定的な誤りです。

結局のところ、わたしたちが何より求めなければならないものは知恵です。そしてそれは同胞市民に最も持ってもらいたいものです。その知恵でもって価値ある判断を下せるようになりたい。自分たちの（そして他の人たちの）行為がどのような結果を生んだかを知り、失敗から学べるようになりたい。わたしたちはそう望んでいるのです。

自分の行為の価値、そのための判断力を養うには、毎日の生活の中で自分の価値観を適用しながら判断力を鍛えていくしかありません。知恵とはそうして身につけるものです。誰かが学習コースを設けて教えることができるものではないのです（賢者だと認められている人の講義をただ聞いただけで、そうなるものでもありません）。

もし尊敬する人の知恵の源をほんとうに探ろうとすれば、その人の人生そのものである、その人の経験なり人生態度のいくつかを自分の中に吸収しなければなりません。

知恵深いとは結局、他人の知恵ではなく自分自身の知恵を持つことです。そのためにわたしたちは、知恵の実践と適用が求められる場面と常に向き合わなければなりません。

それは学校でも仕事でも、さらには人生全般を通しても必要なことです。

2　教室という環境

教育がしがちなことは何か。曲がりくねりながら自由に流れる小川を、まっすぐな溝にしてしまうこと。

――ヘンリー・デイヴィッド・ソロー〔訳注1〕

テストとは R

教室の外の世界、つまり現実世界では、人の能力《コンピタンス》を試験《エグザミネーション》で決めることはほとんどありません。雇われた人はふつう、どのような仕事ぶりかで評価《エヴァリュエート》されます。リアルな状況に対処して知識を使いこなす力こそ、人びとが評価されるふつうの方法です。教え込まれたことをどれだけ吐き出すかで評価されるわけではありません。

学校というものはあらゆるレベルで、生徒・学生がどれだけ学んだかを試験（「測定」という言い方が嫌なら）でもって決定します。だから生徒・学生には、答えるべき設問《クエスチョン》が、完全にこなさなければならない練習問題《エクササイズ》が、解決すべき問題《プロブレム》が与えられるわけです。

与えられたものを自分の頭で、ほかの学習資源《リソース》にアクセスしないで答えろ、と迫られるわけです。人の答えを見るなど（カンニングだとされて）一切、許されません。生徒・学生は事実上、独房の監禁状態の中で試験されるわけです。

このように教育世界で繰り返し演じられているシナリオは、現実世界で期待されていることの真逆を行くものです。

大人が問題を与えられたとき、人の助けや外部資源を使わずに問題を解決することはほとんどありません。大人に期待されているのは、問題を解決するのに必要なものは何であれ、それを見つけ出して使いこなすことです。

学校での「ズルする」は、学校の外に出た途端、「外部資源の有効活用力」として非常に価値あるものと見なされます。自分ひとりでは問題をあまり解決できなくても、ほかの人の助けさえあれば問題を数多く解決できるなら、そういう人のほうがその逆の人よりも価値がある、とされます。

学校の子どもたちは、外部資源を利用してリアルな問題を解決する機会を与えられていません。こっそり学ぶしかないのです。

これだけみても、次のことが言えます。学校は「現実」に対処する外部資源の活用法を学ぶことを奨励

訳注1　ヘンリー・デイヴィッド・ソロー　米国の作家、思想家（一八一七〜六二年）。代表作は、マサチューセッツ州のウォールデン池畔の森の小屋での思索の日々を書き綴った『森の生活　ウォールデン（*Walden : or, the Life in the Wood*)』（邦訳は、飯田実訳の岩波文庫版など）』。奴隷制、メキシコ戦争に反対して納税を拒否して投獄されたことも。環境保護の先駆者としても知られる。

し促進すべきです。

学校の生徒・学生は、そこで出される「問題・練習問題・設問」が実は現実とは非常に異なったものであることを学んでいません。問題・練習問題・設問のいずれもが、現実の単なる抽象であることも学んではいません（この点については、本章の「問題を解決する」の部分で後述します）。

実社会に入るための準備だと言って、こうした抽象的なものにばかり目を向けさせるのは、片腕を背中で縛り、残る一本の腕でボクシングさせるようなものです。これではいくらトレーニングを積んでも、両手を自由に使える相手とリング上で闘うことはできません。相手がどんなに下手なボクサーでも、ひどい目に遭ってしまいます。

D

ワシントンの連邦政府が最近、「教育スタンダード」なる基準一式を導入しました。この「基準《スタンダード》」をクリアした学校だけが、連邦政府の財政支援を受ける資格があるというのです。

基準には、その学校の「試験の平均スコア」が含まれています。あらゆる学校がいくつかの学年で判定試験を受け、生徒の得点が平均化されます。〔原注1〕その平均点が「基準」に届かない学校は、連邦政府の財政支援を受けることができません。つまり「懲罰」を受けることになるわけです。

テストをすれば、子どもたちがそれまでどれだけ学んだかを測ることができるという思い込みがあるので、こんなことが起きているわけです。

この思い込みは、以下の前提に立つものです。子どもはみな誕生から成熟に向かう中で、同じ基本速度で、同じ発達過程を続けるものだという前提があるのです。

それで、あらゆる一年生が、あらゆる二年生が、すべて同じ活動をさせられているのです。学年ごとに教材のセットが与えられ、テストが続いていきます。三年生になっても、四年生になっても。

こうした学校のやり方を基礎づける前提《ストラテジー》は、子どもの発達の経験的な現実《エクスペリエンシャル・リアリティー》と全く反するものです。それでは、子どもたちの発達のリアリティーとは何なのでしょうか。

子どもというものは一人ひとりが、それぞれ自分自身の、非常に特別な、オリジナルなやり方で成長していくという事実です。子ども期に全く同じ発達を遂げた一組の兄弟も一卵性双生児もおりません。子どもの多様性は誕生のときから——母親の胎内にいるときから、すでに——始まるもので、わたしたちが死を迎えるその時まで決して止まないものなのです。

この多様性を否定することは個人性《インディヴィジュアリティー》の実在そのものを否定することです。この多様性を認めながら、それでも同じような発達をするものだと言い張ることは、子どもたち一人ひとりがその個人性を最大限発揮しながら成長していく権利を否定するものです。

子どもたちをロボットのように扱い、指示に従わせるのは産業期で行われたことです。子どもたちをま

原注1　「わたしたちは今、計量というものに魅入られ、取り憑かれてしまいがちである。終わった後に確かめることができて、成功と失敗、進歩と退化の判定に使用できる、計測可能な表示である計量という仕掛けに、わたしたちは傾斜しがちである。教育の一領域が……基準や結果責任を引き上げるため、計量や測定への依存を増大、発展させて来た。それに伴い、生徒たちの時間が、学習ではなく受験にますます使われていく状況が不可避的に生まれた。『豚はなんど量っても、重くはならない』——こんな、ことわざがあるにもかかわらず」Eamonn Kelly, *Powerful Times* (Upper Saddle River, NJ : Pearson Education, 2006), p.51.

るで無人機《ドローン》のように操る「ドローンの時代」は過ぎ去り、終わりを告げているのです。

「基準を引き上げる」の名の下、「教育改革運動《エデュケーション・リフォーム・ムーヴメント》」が、これまでこの国をがっちりつかんで離しませんでした。一斉歩調《ロック・ステップ》、歩幅で進めていく「教える《ティーチング》」が最も厳格なかたちで制度化されました。これは教育世界においてかつて見られなかったことです。

こうした「新教育秩序《ニュー・エデュケーショナル・オーダー》」はさらに、子どもたちが自分自身の関心を追求する可能性をほとんど一掃してしまいました。ほかの子と違ったことを学ぶ可能性を、同じ年齢の子とは違った進度で学んでいく可能性を、そのほとんどすべてを奪い去ったのです。

新教育秩序はさらにまた、教師たちの教える機会をほぼ一掃しました。自分の力で教えていく、自分が特に熱中していることを教えていく、生徒たち一人ひとりと多様で特別な人間関係を育てていく、こうした機会のほとんどすべてが奪い取られてしまいました。才能ある校長や学校管理者は、有意義な教育実験に乗り出す可能性を、地元の教育委員会は特定の教育状況の中で新しいアプローチを試す可能性を、ほとんど失ってしまったのです。

「教育改革」の名の下、もはや誰も創造・革新・個人性を育てなくなりました。標準《スタンダダイズド》テストの結果がよくないと、あらゆる当事者にツケ《コスト》が回る仕組みができあがったからです。

標準テスト運動の土台にあるのは、テストに対する確信です。テストとは、重要な物事にどれだけ熟達しているかを測る有効な道具《ツール》であるという思い込みです。テストで、子どもたちの重要なことを評価できるという思い込みです。

いまの学校も、子どもたちが立派な大人になって社会全般を担う準備をさせるところとされています。テストもまたそういう建前で行われるので、子どもたちが大人として生産的な人生を送るためにどれだけ発達したかを判定する重要な道具に祭り上げられているわけです。

この点に関し、わたしたちの誰もが身に染みて知っており、そろって肯くことがあるとすれば、将来、ある事業に成功するかどうかを事前に測定できるテストは記述式であれ何であれ、どこにも存在しないということです。

わたしは今、この事実を、誰もが身に染みて知っていると言いました。しかし大半の人はこれを明確に意識してはいません。意識していないのですが、しかし心の底ではちゃんと分かっているのです。

考えてみてください。もしも本当に人が将来、成功するかどうか、事前に評価できるテストの設計法があれば――この人は事業家として成功し、この人はマネージャーとして、または秘書、ジャーナリスト、大工、自動車整備士、芸術家、法律家として、あるいはその他の職種で成功すると事前判定できるテストの設計法があれば、この国のありとあらゆる企業、機関は大喜びすることでしょう。誰を雇い入れるか、頭を悩ませなくてすむからです。大丈夫、もう心配はご無用。首をかしげることも、疑問に思うことも、心配することも、失敗することもありません。事前判定のテスト用紙を差し出し、応募者に答えさせます。そして「あっ、これだ、この人だ」となったら、雇い入れるだけ。迷わなくてよいのです。そのポストに就くのは、その「有能な人物」に決まったわけですから。

でも、話はそうかんたんなものではありません。

たしかに特定技能というものを測るテストはもちろんあります。一定の速度で正確にタイプを打てるか、ワープロなどをどれだけ使いこなせるか、配管法規の決まりをどれだけ覚えているか。これらは特定の職業の必要条件となり得る、高度に専門化し、細分化された技能です。そうした技能は数百に及びます。そしてそれらはいずれも、それぞれの職種に対応したものです。

これらの技能を測るテストは、その人がその技能を身につけているか、どのくらい身につけているかを教えてはくれます。しかしながらそうしたテストは、その技能でその職種に応募してきた人の能力について、すべてを物語るものではありません。タイプが上手だというだけで必ず優秀な秘書になるものではありません。道具の正しい扱い方を知っているだけで、すばらしい工芸家になれるわけでもありません。

まして況《いわ》んや、そうした細分化された技能を誰もが身につけなければならないなどと言う人はこれまで、どこにもいませんでした。高校を卒業した者は誰でも、よきタイピストでなければならない、自動車整備士試験にパスしていなければならない、ピアノの練習曲を完璧に弾けなければならない、配管規則を覚えていなければならない——などというのは馬鹿げたことです。これらは特殊な技能であってスペシャリストだけに必要なものと誰もが思っています。

こうした細分化されたテストを超えた、人生の中でほんとうに重要な、より大きな能力を評価できる方法は何ひとつ、ありません。判断力、正直さ、知的好奇心、創造力、自己動機《セルフ・モチヴェーション》、主体性、粘り強さ、集中力《インテンシティー》、対人関係でのスキルといった複雑な人間的特徴を測れるものはないのです。そしてこれらの人間的な特徴こそ、自分自身の目標にたどり着けないでいる人と、目標を達成し成功した人とを分けるものであるわけです。

標準テストは子どもがこの現代社会で、大人として成功するかどうかを判定する評価システムの鍵を握るものとされています。しかし判定に成功することはあり得ません。そんな評価システム自体、設計されたこともなければ使われたこともないからです。評価システムをつくる理論的なベースさえありません。

試験はそうではなく、ただ単に測定するものです。試験で測れるものを測るだけです。これは事情を知る誰もが言って来たことですが、試験とは試験を受ける子どもたちの受験力を測るものなのです。

試験でいい結果を出す、それだけに特化した、全く新たな受験産業が各地に生まれました。そしていま

「過去問」に基づき最も「重要」な問題に的を絞った、あらゆる種類の受験書が出版されているわけです。学習塾、個人コーチ、復習コース、（小中高での）特別進学コース。自分が受け持つ生徒の試験の成績を伸ばそうとする教師らを援助する、教師のための特別訓練セミナーというものもあります。なぜかと言うと教師の給与も昇進も、すべては生徒の試験結果にかかっているからです。

学校管理者たちは――校長も、副校長も、カリキュラム・コーディネーターも、あるいは教育長も、教育次長も――自分たちの学校の格付けアップに、自分の時間とエネルギーのより多くの部分を注ぐようになりました。そうしないと自分のポストが危ういからです。

こうして見ると、すべてはあるシンプルな結論に行き着きます。試験は子どもたちの未来にかかわる重要な何事かを測るものではないのです。子どもであれ大人であれ、未来の成功につながる決定的なファクターをどう評価し計測したらよいか、誰も知らないのですから。

試験とは閉じられたシステムです。テストはテスト自身のためにだけあります。

試験とは学校社会の全当事者の――子どもたちばかりか親、教師、学校管理者の――「よい試験結果を出す」というその一点に集中した能力を測るものなのです。それ以上のものでも、それ以下のものでもありません。

教育システムをすべて逆立ちさせた、この大がかりな営為は有害である――そう言うだけでは、まだ言い足りません。問題の深刻さを言い表したことになりません。

教育システムの根本目標とは、子どもたちが立派な大人に育っていく、そうした環境を与えることです。その環境自体が、一連の試験でよい点を取るよう子どもたちを強制する教育システムに占拠されているわけです。これは社会にとって有益な道具《ツール》であるはずの「学校教育」に死《エンド》を告げるものにほかなりません。

標準テストの最も破壊的な効果は恐らく、試験者《テスター》が正しいと考える規範に収まり切らない、あまりにも多くの子どもたちをダメにしていることです。教師あるいは試験者の目で見て、この子たちは教育システムが要求するすべてを、必要とされるやり方で、決められた時間内にやり遂げることができない連中だと早々に決めつけ、レッテルを貼っているのです。

おかげで、なんと五人に一人以上の子どもたちが、なんらかの学びのハンディキャップを持った子だと判定されています。そしていったんその集団に分類されると一生、ついて回ることになります。

テストは子どもたちを絶えざる懲罰的な脅しと容赦ない非難に曝し続けています。そして、子どもたちの自由に生きる時間を実質的に奪い取っているのです。子どもたちから子ども期を強奪しているのです。子どもたちの自信を剥ぎ取り、生涯にわたって続く、全学問に対する嫌悪を注入し、すべての大人に対する不信感を心の奥底に育てているのです。

問題を解決する R

問題《プロブレム》とは、経験できるものではありません。問題とは、わたしたちの経験の中から、それを分析することで引きだした抽象《アブストラクション》です。

こうした互いに作用し合っている、さまざまな問題群――これをわたしたちは「雑然としたもの《メッシズ》」と呼んでいるのですが――から構成されているのが、わたしたちの現実《リアリティー》です。

つまりわたしたちの現実は、ほかから切断された単一の問題で構成されているわけではありません。

したがって問題と現実の関係は、〔たとえば、この机を構成している〕原子《アトム》とテーブルの関係にたとえることができます。わたしたちが生活の中で経験しているのは、テーブルという現実であって原子ではありません。問題は原子のように、ほとんど常に、ある問題群の一部として存在するものです。ですから、わたしたちがある問題を取り扱う時は、同じ問題群の中で作用し合っている、ほかの諸問題にも注意を向けることが不可欠です。

問題は問題群の中で互いに作用し合っています。これを考慮に入れないと失敗します。

一九二〇年代のアメリカはアルコール中毒の問題だけを切り離して、禁酒法という対策を採りました。アル中に対して、ほとんど何の効果もなかっただけでなく、ギャングどもの組織犯罪をはびこらせる結果を生んだのです。建物に課税することもそうです。結果的に投げ出され、荒れ果てた住居《テナメント》にしてしまうだけです。不動産に対する財産税はスラムを生みだすだけです。

練習問題《エクササイズ》もまた、それ自身、抽象物である問題《プロブレム》から抽象されるものです。練習問題をつくるには、その根底にある問題に関する情報を除外しなければなりません。いや、もっと悪いことに、問題を解決する情報そのものを伏せてしまわなければなりません。

こんな例があります。ある大学の教授が同僚とのおしゃべりの中で、〔小さな玉が入っているという容器を差し出され〕こんな練習問題を出されたそうです。

その容器の中から次に出てくる玉が黒玉である確率をどうやって弾き出すか、という練習問題でした。これまで出て来た黒玉の割合と数は分かっていて、容器の中には黒玉と白玉しか入っていないと仮定した上でのことです。

そこで教授は「じゃぁ、最初に教えてもらいたいのだけど、その容器の中に黒玉と白玉しか入っていないって、どうやって確認したの?」と聞いたそうです。すると同僚は〔ちゃんと答えればよいものを〕「それについての情報はない。それを言ったら、せっかくの練習問題が台無しになる」と言ったそうです。

答えれば台無しになる? 違いますね。その情報を隠したことで〔黒白以外の玉が出てくる可能性が生まれ〕、すでに問題は台無しになっているのです。

問題解決《プロブレム・ソルヴィング》の本質的な部分は、その問題が構成される上で、どのような情報が重要なのか、その情報を収集する上で、どのような別の情報が重要なのかを見定めることの中に潜んでいます。こうした情報を探し、特定していく経験を生徒たちから奪うことは、問題解決の大事なポイントを見失わせるものです。さらに言えば、問題を正しく設定することは、正しく設定された問題を解決するよりふつうは難しいものです。

練習問題とは、目的を持たない問題です。成績を評価してもらえる以外に、練習問題を解く動機はありません。こうした問題を解くことができる能力を伸ばすことは、リアルな状況の中で、リアルな問題に対処しなければならない生徒たちに偽りの安心感を抱かせるだけです。

設問《クエスチョン》とは練習問題より、さらにいっそう抽象度が高いものです。練習問題をさらに抽象したものだからです。練習問題が生まれる脈絡《コンテキスト》さえ消え去っています。

教育システムがふりまいている幻想とは正反対に、設問に対する絶対的な答えは実は存在しません。ある設問に対する正しい答えは、その設問が生まれた脈絡によるものです。

たとえば、《2+3=?》という設問。答えは、《何の2+3か》で変わるものなのです。温度の摂氏2度と華氏3度を足し答えを出すのは、たとえばテーブル上の本の数を数えるのとは違っています。二進法では《10+10=100》であることを、どれだけの生徒が学んでいることでしょう。

それなのに学校は「正解」ばかりか、「正しい設問」を自分たちはしているのだと思い込んでいます。米国の人類学者、ジュールズ・ヘンリーはこれに関し、こう問いかけて問題点を抉《えぐ》り出しました〔原注2〕。

「この国の若者たちが学校で〔キリスト教の〕十戒、啓示された宗教の聖性、愛国心の基盤、利潤を求める動機、〔米国の〕二大政党制、一夫一妻制、近親相姦その他について、こぞって設問《クエスチョン》するようになったなら」、いったいどのような騒ぎになるだろう——と。

この問いに答えるように、英国の著名な精神分析家のR・D・レインは次のように指摘しています〔原注3〕。

——それによって、社会がいま受け容れているものを上回る、創造性は生まれるだろう。しかし、〔学校がかかわっている限り〕社会が対処可能な限度を超えたものにはならない、と。

レインは好奇心を抑え込むこともまた「社会の機能を適切に維持するためにつくられた諸機関の主たる関心事」である、と指摘しているのです。

つまり諸機関のひとつであるわたしたちの学校は、制御できない創造性の発揮を抑え込む、社会的な機能を果たしている、というわけです。

しかし、もしわたしたちの社会があり得べき姿になり得るものなら、あるいはそれに近い存在になり得るものである限り、学校という機関は子どもたちの好奇心を解放しなければなりません。好奇心を、上から

原注2　Jules Henry, *Culture Against Man* (New York : Random House, 1963), p.288.
〔補注〕ジュールズ・ヘンリー（一九〇四〜六九年）ブラジル南部の高地に生きる先住民文化のフィールド・ワークから出発、現代文明を批判的に分析した。この *Culture Against Man* は、現代アメリカの公教育の背景にあるものを摘出し、六〇年代後半から七〇年代にかけての、米国のオルタナティブ学校（フリースクール）運動の勃興にも大きな影響を与えた。

原注3　R. D. Laing, *The Politics of Experience*, (New York : Ballantine Books, 1967), pp.71-72.
〔補注〕R・D・レイン（一九二七〜八九年）精神病者を収容・入院させるのではなく、地域で受容する「反精神医学」を提唱した。

独裁的に閉じ込めてはならないのです。

D

複雑な問題を解決することは、子どもたちにとって自然《ナチュラル》なことです。持って生まれた能力です。これがなければ人類は、とっくの昔に絶滅していたことでしょう。

誕生の瞬間から始まる子どもたちの活動は、そのほとんどすべてが、現実生活《リアル・ライフ》での、互いに関係し合う膨大な数の問題にかかわるものです。そしてその問題のすべてが解決を求めているのです。飢えをどう充たすか？ どうやって暖を取るか？ 周囲から襲いかかって来る、感覚に対する過剰なインプットの中から、どうやって意味《ミーニング》を創造していくか？

成長するに従い、子どもたちが直面する問題の数、複雑さはますます増えていきます。運動《ロコモーション》、コミュニケーション、順応《オリエンテーション》……。そして（それにも増して）世界の中から、世界の中にある自分の実存から意味を取り出していく、絶えざる超越的課題《メタ・プロブレム》と直面し続けるわけです。

子どもたちは初めから、こうした問題解決の熟達者であります。さらに言えば、子どもたちはそのことに身を捧げた、粘り強い問題解決者です。

これは遠い回り、歩き出し、話し出すプロセスの最中にある子どもたちを観察した人なら、誰もが知っていることです。

子どもたちは壁を乗り越えていくのです。そして多彩な、しばしばオリジナルな解決策を見つけ出します。

それだけ想像力に富んでいるのです。外部からの干渉で当面する問題解決への努力が阻止されない限り、失敗は成し遂げようとする決意の前に屈するだけです。

これに対して学校は、人生とはすべて基本的に問題解決だから、子どもたちには「問題解決を教え込まなければならない」と思い込んでいます。「問題解決のテクニック」を注ぎ込む手段としてカリキュラムが利用されているのです。これがほとんどすべての教授学で今、しきりに言い交《インターコース》わされていることです。「問題解決を教え込む」という教育目標それ自体が、非現実的なものであるならば、学校が続けているやり方は、それが何であれ非生産的です。人は誰でも人生の中で直面するリアルな問題を解決しようと、手持ちの資源《リソース》を呼び集めます。その時はじめて、そしてその時に限り、自分自身の経験を当面する問題に向けることができるのです。あるいはその問題解決に熟知した人に支援を求めることができるのです。

これとは正反対に、学校は人工的《アーティフィシャル》な問題を切れ目なく流し続けます。クライアントである子どもたちの関心事に関係するものなのかどうか、などお構いなしです。子どもたちはこれに抵抗します。だからうまくいかないのです。別に驚くべきことではありません。

学校はひどい結果が出ているのに同じことをもっとやれと、さらに迫って来ます。これまた間違ったことを、それまで以上の強度でやり続ける悪しき実例のひとつです。昔、病気の治らない患者に瀉血《しゃけつ》をし続けて死なせてしまったことがありました。あるいは現代医学が抗生物質を大量に投与し、それがさらに治療不能の病気を広げ、抵抗力を持ったバクテリアを生み出していることを思い出させる事例です。

子どもたちに人工的な問題を押し付け、練習問題を強制していることが空《むな》しい教育活動であるなら、人工的な環境で、子どもたちの教育や発達に関する調査研究《リサーチ》を行うことはもっと有害なことです。こうしたリサーチは、人間の脳の発達や脳の働きを解明するものだとされています。しかしこれらはほとんど例外なく「統御された状況」の中でのリサーチです。研究者の考え、目的に従い、構成された実験環境でのことなのです。こうした実験環境それ自体が、その中で行われた実験結果に甚大な影響を及ぼすことはよく知られたことです。それにもかかわらず、そういうリサーチが出した結果がそのまま現実社会にあてはまるものとされているわけです。

　こうしたやり方が子どもたちに対して行われる時、実験環境は大人に対する以上に欠陥の多いものになります。それに子どもたちは本来、大人の期待に応えてくれないものです。自分の内側で動き出した好奇心や目標から、そうかんたんには離れないものです。それなのに実験室的な環境で無理やり研究するわけですから、そのリサーチ結果が、子どもたちが現実生活の諸条件の中で見せている行動や反応から大きく外れたものになるのは避けられません。これはよく知られたことであり、容易に見てとれることです。

問題を処理する　R

問題を処理するには、次の四つのやり方があります。

■ 離解《アブソリューション》（*Absolution*）
■ 再解《レゾリューション》（*Resolution*）
■ 解決《ソリューション》（*Solution*）

■ 分解《ディソリューション》、再設計《リデザイン》（*Dissolution*, *Redesign*）

この四つは、有効性が最小から最大へと順に高まる階層性を持っています。学校の生徒たちは、これらの問題処理法にほとんどアクセスできていません。

せいぜい最初の二つが、高校までの段階で問題処理に使われている程度です。大学でも三つ目までです。最後の四番目、最も有効な方法となると、設計《デザイン》を履修の中心に据えている専門職の訓練以外の教育システムの場で使われることはほとんどありません。

離解——。これは何もしないで、問題自身に解決させ、消えるにまかせることです。問題に障《さわ》らずに対処します。物事の状態が全般的に良く環境も安定している場合には、悪くない対処法です。しかし、わたしたちがいま直面しているような、急激な変化が続く騒々しい状況では、これで対処しようとすると惨憺たる結果に終わることもあり得ます。自動操縦の飛行機に、台風の中を突っ切らせるようなものです。こういう状況の中でバランスが得られるとすれば、動的なものに限られます。

再解——。これは以下の二つの方法で、元の状態に戻ることです。ひとつのやり方は、過去に似たようなことが起きたかどうか探ることから始めます。そしてその時、どうしたか、うまくいったかどうかを思い出します。うまくいっていたならもう一度、使うことができます。

もう一つのやり方は、問題を引き起こした原因を探ることです。何のせいでそうなったかを探ります。問題の原因なり発生源を取り除けば、問題が持ち上がる以前の状態に復帰できるわけです。

「システム思考」《システムズ・シンキング》〔訳注2〕では「この原因はこうだ」と何かに責めを負わせる考え方《コンセプト》はすでに廃《すた》れています。問題とは、あるひとつの発生源から生まれた行動の結果では決してありません。一例を挙げれば、わたしたちが今こうして議論している教育の諸問題にしても、たったひとつの発生源から生まれたものではありません。

再解とは、物事への量的な判断ではなく質的な判断、人間としての共通感覚に基づき、自分の経験として問題を処理するものです。

つまり「これでよし」とする対処法を採ります。何もしないより、もちろんましです。しかしだからといって必ずしも、ベストの対処法にはなりません。それでも、わたしたちの日常的な決定のほとんどが、あるいはそれより稀にしか行われない決定さえ、これでなされているのです。

解決――。問題を解決するとは、これがベストだ、あるいはこれがベストに最も近いと思う答えを見つけ出す、科学的方法、テクニック、道具を使うことです。そこでは量を測る、定量的なテクニックが使われます。実験もしばしば行われます。わたしたちの「生の」経験とは正反対のやり方です。

この問題対処法が広く使われたのは、第二次世界大戦下の英国です。その中から「オペレーションズ・リサーチ」〔訳注3〕、あるいは「マネジメント・サイエンス」という学問分野が生まれました。

それは急発展し、専門の学会が生まれ、手法、ツールを開発する専門家も出現しました。現在では大学レベルの専門教育カリキュラムの中に採り入れられ、広く教えられています。しかし高校段階以前の生徒たちが、その名前を耳にすることはないようです。

問題解決法がフォーマルなものとして発展し幅広く使われるようになったあと、ある驚くべき疑問が提起されるようになりました。問題解決法で可能とされた「ベスト」を超える「ベターなもの」を見つけることができるか――という問いかけです。問題をベストに解決する以上にベターな問題対処法はないのだろうか、という問いかけです。

あるのです。そしてそれは問題解決の、以下の二つの側面から導き出されるものです。

ひとつは解決された問題の多くが、いつまでも解決されたままではない、ということです。問題が解決された際の状況《コンテキスト》自体が根本的に変わり得るからです。たとえば、ある都市から別のある都市へ旅するとします。天気が良い時のベストなルートは、猛吹雪の中を行くベストなルートと違うことがあり得ます。問題解決は条件の変化で、有効性が低下することがあるのです。これは身につまされることですが、わたしたちの日々の服装でも明らかなことです。

ふたつ目は、あらゆる問題解決が新たな問題を生み出すことです。たいていはふたつ以上の、もっと難しい問題が出て来てしまいます。たとえばケプラーはコペルニクス天文学の問題を解決しました。しかしその解決は新たな物理学上の問題を提起し、その後、数十年も解かれずにいました。それを遂に解いたのがニュートンです。問題は解決されました。しかしそのあと、新しい、もっと難しい問題がいくつも生まれたわけです（これは子どもにねだられ、車を買ってあげた親が身に染みて学ぶことでもあります）。科学的進歩は問題が解決された分、その解決から新たな問題が生起することでさらに進むものなのです。

それでは環境の変化にあまり左右されない問題対処法はあるのでしょうか。新たな、より難しい問題を生み出しがちではない問題対処法はあるのでしょうか。

訳注2　システム思考　Systems Thinking　米国のシステム科学者、ピーター・センゲ（Peter Senge）らによって確立された、経営学などの手法。還元主義を排し、物事を互いに作用し合うシステムとしてとらえ、その全体的な振る舞いに注目する。「システムズ・シンキング」とも訳される。

訳注3　オペレーションズ・リサーチ　数学や統計などを動員し、最も効率的な計画を策定する手法。略称は、ＯＲ。マネジメント・サイエンス（ＭＳ）とも呼ばれる。日本にも「オペレーションズ・リサーチ学会」があり、活発に活動している。同学会の一般向けのＯＲの定義は簡潔・明快だ。「ＯＲは……問題を科学的、つまり『筋のとおった方法』を用いて解決するための『問題解決学』であります」（同学会ホームページより。→ http://www.orsj.or.jp/whatisor/whatisor.html）

あります。次の問題処理法に出てくる《設計《デザイン》》が、それです。

さて、ここで最後の分解が出て来ます。問題を《分解する《ディソルヴ》》とは、問題を抱えた実態やシステム、あるいは状況を「再設計《リデザイン》」することです。そうなると問題は再発しません。新しい問題も生まれにくくなります。

以下のとてもシンプルな例を考えてください。紙巻タバコ《シガレット》、葉巻、パイプ・タバコのおまけについて来る、（二つ折の紙製）「マッチ・ブック」が何年か前、たいへんな騒ぎになりました。表の一番下にあるザラザラした帯の部分でマッチ棒をこすって、着火する際、二つ折りのカバーをたたんで、マッチ棒の列を覆ってから擦らなくてはならないのに、開けたままで擦る人が多かったのです。それで着火したマッチ棒の頭の部分がときどき飛んで、マッチ棒の列に引火する事故が起きました。爆発して手に火傷を負う事故が相次いだのです。「着火の前に、カバーを閉じること」と警告文も印字されましたが、何の効果もありません。「マッチ・ブック」をつくっていた会社は訴えられました。製造元は遂にザラザラの部分を動かしました。設計を変え、「マッチ・ブック」の表側から裏側に移したのです。それで、手に火傷する人もいなくなったのです。

「設計の技法《アート・オブ・デザイン》」は、たとえば建築やエンジニアリングを除き、学校で学ぶ生徒たちの経験の中に生かされてはいません。これはさまざまな状況の中で優れた働きをするものです。科学者がするような分析的な問題解決にも役立ちます。しかし活用されていません。

学びの道具としての「設計する力《パワー・オブ・デザイン》」は、わたしたちの教育システムで、ほとんど完全に見過ごされています。たとえば、自動車（あるいは、その他のメカニズム）の働きについて学び、あるいはなぜ自動車は走るかを理解するベストなやり方は、自分なりに自動車を設計してみることです。もっと言えば、わたしたちは設計の中で、自分が欲しいものを学ぶのです。

店舗や商品の設計に顧客が動員されることがますます多くなっていますが、その理由もここにあります。

たとえば、こういうことがありました。ある男性グループが、自分たちが利用したくなるメンズ・ストアの設計を任せられました。男性グループは設計する中で、自分たちは実はサイズごとに仕分けられたメンズ・ウエアの集まりを望んでいることに気づいたのです。スタイル別ではなくサイズごとの仕分けを望んでいたのです。そこに行けば自分に合った同じサイズの、あらゆるタイプのアイテムを見ることができる、そんなエリアを望んでいたわけです。

自分の好きな「学校」を自分で設計できたならば、そして自分がいきたい「学校」をデザインできたならば、どれほどの学びが実現することでしょう。

ペンシルバニア大学ウォートン校の社会システム科学のプログラムの中に、学生たちが自分自身の教育プログラムを設計できるコースがあります。

自分の学びたい科目を、自分の好きなやり方で学ぶこともできるのです。学生たちはただし、自分のデザインした学習コースをその分野の教授グループの前でプレゼンし、質問に答えなければなりません。

学生たちは自分が設計した学習を続ける中で、コースを自分から設計し直すこともできます。こうして学んだ学生たちは最多の就職オファーと、最も高いサラリーの提示を受けて社会に巣立っています。

学生・生徒が自分の学校の設計に参加することは、「K—12（幼稚園から第一二学年）」レベルでも成功を収めて来たことです。マサチューセッツ州フラミンガムにある「サドベリー・バレー校」[原注4]が、そのひとつです。

就学前の子どもたちは信じられない速さで、自分が学びたいことを、誰かが決めたやり方に頼らず、自分で学んでいます。自分にあわない環境でも、自分の力で自分が学んでいく環境につくり変えているのです。

原注4　この学校について、わたしたちはのちほど、本書の「付録」で議論する予定である。

D

わたしたちの社会が学校の失敗で生み出された大問題と直面して来たことは、今や一般に認められたことです。これに対してこれまで、先に挙げた四つの問題処理法のいずれかが採られて来ました。どのような結果が生まれたか見てみましょう。

離解――第二次大戦後、一九五〇年代半ばまで、一〇年以上の間は何の対策も採られませんでした。問題が生まれてもそのうち消えてなくなるだろうと思われていました。そうしているうちに、あのスプートニク・ショック〔訳注4〕が来たのです。衝撃でした。あらゆるものに疑問が投げかけられました。安定が崩れ、変化の波が広がったのです。教育者たちも次の段階《セカンド・ギア》へギア・チェンジを迫られたわけです。

再解――学校を改善するには、どうすればよいか。それまで実際に試され、これは間違いないと思われたやり方がありました。それはカリキュラムを変えることでした。アメリカにはさまざまな国から大量の移民がどっと押しかけて来ました。多民族が分離・対立し合うバルカン化〔訳注5〕を避けるため、これをどう吸収・同化するかという問題に直面しました。危機は、社会科や公民科といった科目を追加し英語教育を強化することで乗り越えられたのです。

このモデルは二〇世紀半ばのスプートニク・ショックでもお手本にされました。数学を、科学をもっと教えなければならない、そうすれば科学的にも技術的にも自分たちを追い越している、もうひとつの世界に追いつけると考えたわけです（これが実は杞憂にすぎなかったことは、問題のポイントではありません。とにかく追い抜かれてしまったという思いが当時、あまりにも深刻なものであったことが問題なのです）。

学校を改善するため、カリキュラムの更新・近代化の取り組みが始まりました。学校カリキュラムのほとんどを書き換える大規模なプロジェクトがスタートし、多額の研究費が注ぎ込まれました。主導権をとったのは大学の学者たちでした。彼らは自分たちを文化の担い手だと考えていました。自分たちこそ、子どもたちに文化を伝えるにふさわしいと自認していたのです（彼らのほとんどが、子どもたちに教えた経験がないにもかかわらず、こういうことが行われたのです）。

解決――。テクノロジーの研究・開発は定量的なもので、精巧なテスト、統計分析の手法で進められます。一九八〇年代の終わりごろになると、このテスト、統計分析が教育の中に導入されるようになりました。そしてそれは、いわゆる「アカウンタビリティー（結果責任）」運動の背骨《バックボーン》をかたちづくるようになったのです。科学的な研究リサーチの手法は、とくに発達心理学、社会心理学、文化人類学、神経科学（中でも脳科学）、経済学で大きく強調されました。こうした時代の構図の中に、あらゆる学問分野が引きずり込まれたわけです。そこでは人を説得して信じ込ませる、大いなる構想が描き出されていたのです。

しかし、これらすべての試みは惨めな失敗に終わりました。「離解」と「再解」の最初の二つの対処法は、全く新しい、過去に例のない文化状況を前にして役に立ちませんでした。三番目の「解決」も挫折しました。研究者たちが人間の行動について、自分たちが突き止めたとする知見をひどく過大評価していたからです。

訳注4　スプートニク・ショック　一九五七年一〇月四日、ソ連が人類初の人工衛星「スプートニク1号」の打ち上げに成功したことで、先を越された米欧に衝撃が走った。
訳注5　バルカン化　欧州南東部、地中海と黒海にはさまれたバルカン半島のように、ひとつの地域でさまざまな民族が対立、分裂することを指す。

こうして「分解」、あるいは「再設計」だけが残されたわけです。教育全般、とくに学校について、そのすべてを再設計しようとするグループが現れ、急増しました。彼らに学ぶべきことは数多くあります。その再設計構想に関する情報、失敗と成功に関する情報を最大限、分け合っていく。これこそ今、強く求められている優先事項ではないかと思われます。

学校を再設計するベストなやり方とは、そのクライアント――つまり生徒・学生たち――が、そこで決定的な役割を果たすものです。このことが明確化されるべきです。

しかし実際のところ残念なことに、クライアント抜きに再設計のプロセスのみを擁護することだけが、現在強く進められていることです。生徒や学生のための再設計であるはずなのに、それを無視する再設計の手続きだけが推進されて来たわけです。クライアントが消費者である生産・サービス組織でも、これと同じことが起きています。

創造性 R

教師の期待を満足させる生徒たちの答えは、創造的なものではあり得ません。このことに教育のプランナーやデザイナーといわれる人たちは、どうも気づいていないようです。創造的な解決や答えは思いがけないものです。創造的な行為は常に驚きをもたらします。

創造的な行為は以下の三つのステップを踏みます。

まず、問題、練習問題、設問への対処で通常、想定されるもののうち、それ以外の解決や答えの数を制限しているものを最初に特定します。
次に、それを否定します。つまり通常のやり方に反することを想定します。
そして最後に、その通常のやり方に反する想定により明らかにされた、新しいやり方を追求します。
このプロセスは実践の中で学ばれ、発展するものですが、学校はそういう機会を与えていません。
ジョークやパズルは、創造性のシンプルな例です。ジョークは常に驚きのエンディングを持っています。聞き手の想定はそこで否定され、驚きの結論に導かれます。パズルは、わたしたちの中に間違った思い込みがあると解けない問題です。パズルを解く「秘訣《トリック》」は、わたしたちを縛っている想定を特定し、それを否定するところに潜んでいます。

学校で学ぶことは、権威ある立場の人たちが期待する、彼らがよく知った答えや解決です。彼らは驚きたいとは思っていません。たとえば私の娘が一三歳のとき、こんなことがありました。これを解いたら「特別単位」がもらえる出題があったのです。

問題用紙の上に、点が九つ、図1のように、正方形に打たれています。出題文には、「ペンか鉛筆で点をつなぐ線を引き、四本の線で九つ全部の点をつなぐように」と書いてあります。このパズルの「正解」は図2のように、線を正方形の外側まで伸ばしてつなぐものですが、娘は首をひねって私に助けを求めて来ました。

私は娘に、パズルというものはね、間違った思い込みがあるから解けないものだよ、と言って、問題用紙を図3のように折りたたんだのです（用紙の向きに注意）。そして太いフェルトペンで、（わずかにズラした）折れ筋にそって「一本」の線を引きました。用紙を開くと、ほら、二本の横線が上と下に出て来ます（図4（引ける線は残り二本。その二本を引けば九つの点をすべて、つなぐことができます））。

娘がこのやり方をクラスで発表すると、教師から却下されました。娘は「こういうやり方をしてはいけ

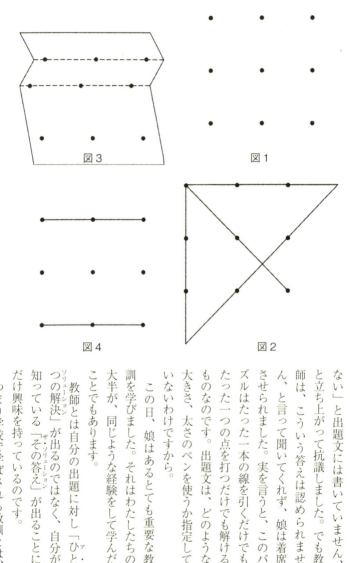

図1

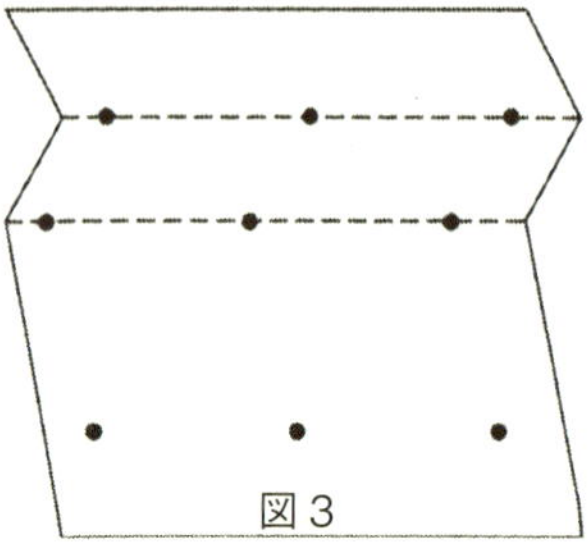

図3

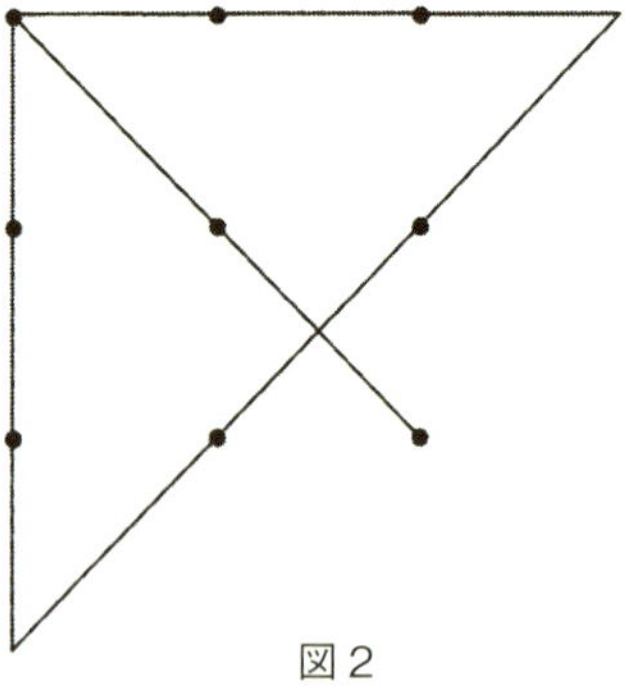

図2

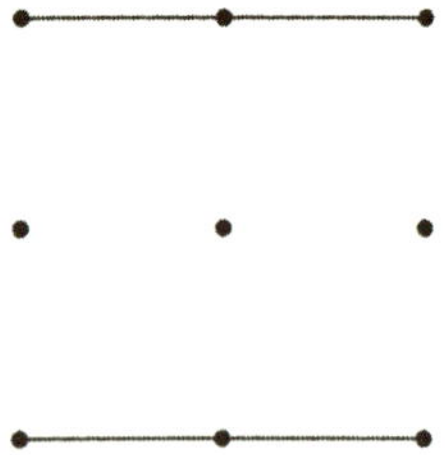

図4

ない」と出題文には書いていません、と立ち上がって抗議しました。でも教師は、こういう答えは認められません、と言って聞いてくれず、娘は着席させられました。実を言うと、このパズルはたった一本の線を引くだけでも、たった一つの点を打つだけでも解けるものなのです。出題文は、どのような大きさ、太さのペンを使うか指定していないわけですから。

この日、娘はあるとても重要な教訓を学びました。それはわたしたちの大半が、同じような経験をして学んだことでもあります。

教師とは自分の出題に対し「ひと《ア・》つの解決《ソリューション》」が出るのではなく、自分が知っている「その答え《ザ・ソリューション》」が出ることにだけ興味を持っているのです。

つまり学校で学ばされる教訓とは、

権威ある人の問いには、その人が知っている、あるいはその人が期待する答えを返しなさい、ということなのです。

こうした教訓は学校から企業へ、さらにはもっと大きな組織へと持ち込まれます。ボスがお望みの答えを返すことが、そこでの基準であり手順でもあるわけです。権力的な地位にある人びとの大半が自分の部下をコピー人間《クローン》にしがちなのも、このためです。

D

一斉教育は疑いもなく、本来腕白《ナチュラリー》な子どもたちを従順で言うことを聞く若者に（そして、やがては大人に）つくりかえるために発達したものです。これは詳しく記録されていることです〔原注5〕。

創造性は積極的に抑圧されました。創造性は全く歓迎されないものになっていたのです。

しかし今、時代が必要としている社会経済的・政治的なニーズに従えば、二一世紀の一斉教育の目標は、あらゆる子どもたちが本来持っている創造性を育てるものでなければなりませんし、そうして成長した子どもたちを引き続き好奇心にあふれオリジナルで革新的な大人にしていくものでなければなりません。

学校での創造性の抑圧が科学の分野にも広がっていることは、実は一般に知られていません。自然現象に関するあらゆる説明に疑問を科学とは本来、自由な探求を土台にしたものであるはずです。

原注5　この点についての、原資料については、以下の素晴らしい本を参照。John Taylor Gatto, *The Underground History of American Education* (New York : Oxford Village Press, 2001)

投げかけるものであるはずです。科学にはわたしたちの世界がどう動いているのか、常に理解を深めていくという目的があるからです。わたしたちは権威にいっさい凭《もた》れかからず、心を開いた探究への純粋な関与こそ、近代科学をそれ以前の自然哲学と分けるものだと、これまで何度も聞かされて来ました。

ところが、そうではないのです。それは科学カリキュラムに出会った生徒たちがどのような反応をするか想像しただけで分かります。学校の生徒たちは来る年、来る年、同じカリキュラムで、一般に受け入れられた科学の教義《ドグマ》を、これは真理だと教え込まれているのです。

その真理は、本当にそうなのかと挑戦し疑問を投げかけてはいけないものとされています。それを暗記して呑《の》みこみ、吐き出して見せるよう強制され続けているのです。

聞かされていることと、やらされていることの、この違い。

しかしもっと驚かされるのは、生徒たちが「科学的な実験」をしている学校の実験室でのことです。

たとえば物理の入門実験のことを考えてみてください。重力加速度を調べる、あのかんたんな実験です。傾斜面にボールを転がして、底まで到達する時間を測ります。実験の決まりは、なんども転がして結果を統計分析することです。

で、実験をした生徒たちにどのような評価が下されるか、というと――「それ、間違い」です。

予想と違った結果が出たわけですから、これはたいへんな発見だと褒《ほ》められてよさそうなものを、重力加速度として認められたものとは別の答えだから君たちは間違いを仕出かした、と言われてしまうのです。

言うまでもなくこうしたやり方では、生徒たちが実験科学の理解を深めるなどあり得ません。しかし実際のところ、これは科学の教室では、ごくありふれたことなのです。生徒たちはとにかく、こうしろ、ああしろと言われるばかりで、自然界の現象に対しリアルな問いを投げかけなさい、とは言われないのです。

3　教科と分野

生気のない事実のかたちをとって無知の山が築き上げられていること
ほど、教育で驚かされるものはない。

――ヘンリー・アダムズ[訳注1]

区画化された《コンパートメンタライズド》カリキュラム　R

教育プロセスを通して教え込まれるものは、教科のかたちで分野ごとに区分けされます。結果としてわたしたちは、問題とは分野別にあるものだという考えに慣れ切っています。たとえば、これは物理の問題、それは化学の問題、いや生物学の問題だ、経済学だ、心理学だ、といった具合に区分けして考えがちです。しかし問題というものは分野別に切り分けられるものでは全くありません。たしかにある問題を特定分

訳注1　ヘンリー・アダムズ　米国の歴史家、思想家（一八三八〜一九一八年）。死後、ピューリッツァー賞を受賞した、晩年の著、『ヘンリー・アダムズの教育（*The Education of Henry Adams*）』（邦訳は刈田元司訳、八潮出版社）からの引用。

野の枠内で説明することはできます。しかしそれでは問題の本質にふれることはできません。〔原注1〕

こう言い切るためにはもちろん、問題とは本来、分野別に分けられるものではなく、そういう思い込みはよくない結果をもたらすことを明確に示す必要があります。

以下の事例を考えてみてください。

都市部の貧困・過密地区に住むおばあさんが地元の無料クリニックで健診を受けて帰宅しました。無料クリニックは、おばあさんが通えるたったひとつの医療施設でした。古い邸宅を改造したアパートの四階、二部屋の自宅に階段を登ってようやくたどり着いた時、おばあさんは心臓発作を起こし亡くなりました。

このニュースはすぐさま、大学の教師たちと地域のリーダーらが開いていた集会の場に伝わりました。集会に集まったメンバーはみな、そのおばあさんのことをよく知っていました。その場に沈痛な空気が流れました。

最初に口を開いたのは、地域医療の教授でした。「だから無料クリニックに、もっとドクターを配置すべきだと言っていたんだ。ドクターの数が足りなきゃ往診もできない。往診できたら死なずにすんだかもしれない」。コメントする人はいませんでした。誰もがその通りだと思ったからです。

間を置いて経済学の教授が言いました。街には医者がいっぱいいる。しかし有料クリニックばかりで、おばあさんが通えるところはなかったと言って、こう付け加えました。「福祉の給付をもっと増やすか、国が保健医療《ヘルスケア》制度をつくるかしていたら、あのおばあさんだって治療を受けることができただろうに」。コメントをさしはさむ人は、今度もいませんでした。

集会に居合わせた建築家が言いました。四階以上の居住用の建物には、エレベーターの設置を義務付けなければいけないね、と。みんな黙って聞いています。

最後に、たった一人の女性参加者、ソーシャル・ワークの教授が発言しました。「なんてことなの。彼女のこと、何にも知らないのね。一〇代で結婚した人なのよ。すぐに男の子が産まれたの。産んだら、夫が出ていってしまった。それから二度と会うことはなかったそう。彼女は家政婦の仕事をして、女手ひとつで育て上げたのね。息子さんに愛情を注いでね。息子さん、とても頭が良くて……。地元の公立高校を卒業するとき、ペンシルバニア大学への市長奨学金に応募して、受かったの。大学をクラスのトップで卒業して、そのままペンシルバニア大学の法律大学院《ロー・スクール》に進んだの。彼は、そこでも成績は一番。だから、街で一番大きな法律事務所に雇われた。結婚して二人の子どもができて、この街で最高の郊外の美邸で暮らしているわ。広々とした、大きな平屋建ての邸宅よ。だから、もし彼女が息子さんに疎《うと》まれていなかったら、そこで一緒

原注1　英国の哲学者で数学者のアルフレッド・ノース・ホワイトヘッドは一九一六年の英国数学学会で、以下のような会長スピーチをした。今や古典的な名スピーチとして知られる、その「教育の目的（*The Aims of Education*）」の中で、ホワイトヘッドはこう述べた。

「わたしは、各科目間の致命的な分離の根絶を要求したいと思います。それがわたしたちの現代的カリキュラムの活力を殺しているからです。教育には本来、たったひとつの教科しかありません。それはあらゆる仕方で現れる《いのち（Life）》です。この《いのち》の代わりに、わたしたちは子どもたちにたとえば、何にもならない代数を、何にもならない幾何学を、科学を、歴史を教えているのです。言語も二つ、三つ教えますが、習得されることは全くありません。極めつけは文学です。これはシェークスピアの劇に代表されます。注釈と筋書、登場人物に関するかんたんな分析を覚えなければなりません。そんな記憶のリストが、人生を生きていく、その最中で知られるべき《いのち》を表すものになり得るでしょうか。それはせいぜい、この世の早見表に過ぎません。神がこの世を創造しようと考えたとき、心に浮かべたかも知れない断片の早見表であって、しかも神はそれらの断片をどうまとめ上げていくか、まだ何にも決めていないのです」

一九一六年に語られた真実は、今日でもその真実性を減じていない。

に暮らせたはず。階段を登ることもなかったし、医者を往診に呼ぶお金だったあったはずね」。

さて、この老女はいったい、どのような問題を抱えていたのでしょう。医療問題ですか、経済問題ですか、建築の問題ですか。ソーシャル・ワークの問題ですか。

身につまされるこの話は、その問題の本質ではなく、その問題を見る人の、さまざまな視点からの見方を明らかにしたものです。

ひとつの視点からではなく、そうしたさまざまな視野の中で問題を見る。そうして、何が「最適解《ビッゲスト・バン・フォー・ザ・バック》」をもたらすものかを考えて決める。これしか問題への対処の仕方はないのです。

学校はさまざまな分野に分け、分野ごとに焦点づけしています。ですから学校教育を受けた大人の大半は、問題が生じた分野に注目したり、これだと決めた分野の問題としてその問題を仕分けるのです。その上で、自分にとってアクセス可能な、一定範囲の変数《ヴァリアブル》を当てはめて問題を解決しようとするのです。これは脳の専門家が頭痛を訴える人をつかまえ、いきなり脳の手術をするようなものです。

問題をひとつの分野の箱の中で解決しようとすると、どれだけ厄介なことになるか？　これをとてもよく描き出す有名な話があるので紹介しましょう。

ニューヨークのオフィスビルの話です。エレベーターがなかなか降りて来ないので不満の声が出始めたのです。混雑のピークの待ち時間が長すぎる、というのです。ビルに入居したテナントの中から、契約を解消して出ていくと言い出す者も出て来ました。ビルのマネージャーは、エレベーターのシステム設計と運用を専門とする会社に助けを求めました。

話を聞いたエレベーター・エンジニアたちは、待ち時間がどれだけ長いか調べました。そして状況を改善する対処法として提案を三つしたのです。

一つ、エレベーターを増設する。二つ、速度のはやいエレベーターに取り換える。三つ、エレベーターをコンピューター管理で動かす。そうすれば増設しなくても、速度のはやいエレベーターにしなくても、すむかもしれない。

コンピューターでの管理とは、高層階で待っている人がいない場合、エレベーターを一階に戻してしまうやり方です。昔は最上階まで必ず昇って、そこから降りるだけでした。

ビル管理会社はこの三つの対策のどれを採用すべきか、エンジニア会社に検討を依頼しました。その結果、そのビルがあまりにも古いビルだったので、どの方法でも経済的に採算がとれないと分かったのです。エンジニア会社のアドバイスは、このまま問題と一緒に生きていくしかない、というものでした。

頭を抱えたビルのマネージャーはスタッフ会議を開きました。雇い入れたばかりの、大学院で人事心理学《パーソナル・サイコロジー》を専攻した新人社員にも参加を命じました。ブレーンストーミングで解決策を見つけようとしたのです。

ブレストには肯定コメントしかしないルールがあるのですが、提案が出るたび欠点が指摘され、却下されるばかりでした。重苦しい沈黙が会議室に立ち込めました。

ブレストの間じゅう、じっと黙り込んでいるスタッフがひとりいました。人事心理学を学んだ新人でした。マネージャーはその若者に言いました。「君は何も発言していないけど、何かいいアイデア、あるかね」。若者は、提案が出るたびネガティヴな批判があるので、言いだすのをためらっていたと言いました。マネージャーは「そんなの、どうでもいいから、とにかくアイデアを出しなさい」と発言を促しました。

若者はエレベーターのことより、ほんの数分の待ち時間に対して苦情が出ていることに注目していました。そんな短い時間を待つだけなのに、どうしてそんなにイライラするのだろう。そのことが気になって考えていたのです。

若者の結論は、こうでした。何もすることがなくて、ただじっと待っているのが嫌だから、苦情が出ているのだと。すると問題は、待ち時間を楽しく過ごせる何かを持ち込むことで解消するはず。若者のアイデアは、エレベーターの乗降口のエリアに大きな鏡を設置することでした。そうすればエレベーターを待っている間、さりげなくほかの人を観察できるし自分の身だしなみを確かめることができます。マネージャーはこの提案を採用しました。そして早速、大鏡を設置しました。費用もそれほどかかりませんでした。待ち時間の苦情も、おかげで出なくなったのです。

エレベーター・ロビーの鏡、および高層ビルのエレベーター内の鏡は、いまや定番になっています。

D

長い間、忘れられて来たことがあります。知識をバラバラに切り離されたカテゴリーや分野に分けてしまう考え方は、古代ギリシャのアリストテレスに始まったことだということです。

アリストテレスの著作は、彼自身の分類に従い分野別に書かれた一連の教科書から成り立っています。アリストテレス以前に、こうしたことはありませんでした。それはプラトンの対話篇をみても、よくわかることです。

アリストテレスの疑い得ない才気、理解の深さ、比類なき賢さによって、ギリシャ文化における彼のものの見方はローマの文明を通じて、ヨーロッパおよびその周縁部へと広がりました。そしてそれは今なお、西欧社会の世界観の支柱としてあり続けているのです。

これが過去にどのように役立ったかはさておき、人間経験を分野ごとに分けてしまうこのやり方は、すでに時代遅れのものと見られています。革新的な洞察に敵対するものとさえ考えられています。ビジネスやテクノロジーの世界では、こうした区画化された《コンパートメンタライズド》思考が創造性や進歩に及ぼす悪しき影響を弱めようと、専門分野ごとに養成したスペシャリストを組み合わせる「学際的なチーム《インターディシプリナリー》」づくりが進んでいます。区画化された学問が死守する最後の砦、最も手ごわい要塞である大学でも柔軟さが見られるようになっています。異なる分野を結合したコースや学位プログラムが、スローペースながら大学の世界にも忍び込んでいるのです。〔原注2〕

ですから正当化の余地は、もはやほんの少しもありません。人間の思考とは断片化された「学科」の集まりである、という考え方を子どもたちの中に持ち込むことも、それを子どもたちの学校での教育経験の中軸に据えることも正当化できることではなくなっているのです。

分野別に分けることは、いずれ歴史の骨董品《こっとうひん》として人間の思考進化の興味深い回顧談になるかもしれません。それなのに、この期に及んでこれが精神の発達に生産的だとか役に立つと言い張ることは、すくなくとも逆効果を招くだけです。

子どもたちは世界を全体として見て育っています。子どもたちにとって最大の挑戦とは――これはわた

原注2　大学にさまざまな学部があることは、そこにいる教授らに、自分の影響力を広げ、お気に入りの弟子をそれなりのポストにつけるといった機会を与えるだけではない。オリジナルな学説で地位を築いた人だけれど、歓迎されない問題学者が現れても、さまざまな学部があれば、たいていどこかに押し込むことができるからだ。問題の学者がもっと評判になり、もっと扱いにくくなったとき、大学はこんな役職を創り出す。「特別教授（ユニヴァーシティー・プロフェッサー）」――大学が問題学者を自分たちの学部の枠に収めきれないときにつくるポストである。

したち一人ひとりにとっても、人生を通した中心課題になることですが——山のような経験の中から、意味ある世界観を生み出していくことです。人間が正気を保つには、その人の世界観は統合されたものでなければなりません。精神の断片化は、人として生きていく上で不要なものです。

子どもたちが学ぶ教育環境は、経験したことを自由に、限りなく、つなぎ合わせていくことを励ますものでなければなりません。いったん学び終えた理論や説明に新たな内的な連関、解釈が生まれることを自ら受け容れていく。そうした態度を励ますものでなければなりません。

しばしば語られる、有名な逸話があります。狭い範囲の中で物事を考えると、ろくなことにならない、という話です。〔原注3〕

高校生の物理の授業で、こんな試験問題が出ました。「高層ビルの校舎の中にいるとします。そして、感度の高い気圧計を手にしているとします。気圧計を使って、ビルの高さを、どのようなふうにして測りますか？」。入門物理を学んだ人なら、すぐさま気づくはずです。教師がどのような答えを正解と考えているか、すぐにわかるはずです。ビルの底と屋上で気圧を測り、高度上昇と気圧低下の関係式を使ってビルの高さを計算すればいい。こういう答えの出し方は、あまりにも安易すぎて意味がないと考えた生徒がいました。優秀で、とても独立心に富んだ生徒でした。

代わりに、こう答えました。「いくつか、やり方があります。ひとつは、ビルの屋上から気圧計を落として着地するまでの時間を測るやり方です（つまり、この生徒は、高度、距離、重力による自由落下の関係を分かっていたわけです。これも物理学の知識のひとつです）。もうひとつは、気圧計を長い紐でぶら下げ、地上に届くまでの長さを測ればいい（こうなると物理学ではなく大工仕事の問題になります）」。

この答えを教師は「間違い」と宣告しました。生徒は執拗に抵抗し、抗議の嵐を教師に突きつけたのです。

教師は遂に折れ、生徒に同じ質問を発し、生徒に「正解」を答えるチャンスを与えました。

生徒はしかし、従順さをさらにかなぐり捨て、こう言い放ったのです。「この校舎を管理している教育長に会いに行って、このビルの高さを教えてくれたらお礼に、この気圧計をプレゼントするから教えて下さい、と言います（情報と品物の交換ですから経済学です）」。

この逸話は、設問のつまらなさ《イナニティー》はさておき、今の学校教育が創造性に富んだ若者たちの心に、いかに知的な拘束衣《ストレート・ジャケット》を無理やり着させているかを示す完璧なエピソードです。

ところで企業で大学の学問分野の分離に対応するものは、職務（たとえば生産、マーケティング、財務など）であり、製品種目であり、市場の求めで決定される生産単位といった仕分けです。

生産やマーケティングそれ自体に問題というものはありません。間違ったやり方で対処された問題が、問題として考えられ、そこにあるだけです。

科学と人文 R

分野を隔てることで最も有害なのは、おそらく「科学《サイエンス》（理系）」と「人文《ヒューマニティーズ》（文系）」を分離したことです。

原注3　この逸話には都市伝説を超えた真実味がある。この逸話が際立たせる価値は、実際に起きた出来事であるかないかに関わらないものだ。実はわたし自身も似たような経験をしている。大学院の高等物理学のコースで、完璧な正解を完全に否定された経験である。私の正解は、教師が解説した伝統的な解き方に合わなかった。

この分離はチャールズ・スノーの有名なレクチャー、『二つの文化（*The Two Cultures*）』〔原注4〕で確固たるものになりました。スノーは「科学」と「人文」を相互に対立するものとして描き出したのです。

わたしたちの教育システムは、この分離をさらに進めがちです。しかし「科学」と「人文」は、同じ硬貨の両面にすぎません。同じものの違った側面でしかないのです。たしかに、このふたつを分離して見ることはできますが、実際は分離できないものです。

「人文」（これには芸術《アーツ》も含まれます）は、同じようにしか見えないものの間に「違い《ディファレンス》」を見いだそうとするものです。自伝や伝記小説は実は「同じ人生《ザ・セイム・ライフ》」でしかないものの中に、違った人生、違った見方を見てとるものです。歴史学や言語学と同じように、対象や出来事の特殊性に焦点を当てます。

偉大な芸術とは、こうした明確な視点の産物です。ある同じ人物をいろんな画家がそれぞれ描き出した肖像画の違いは、それぞれの画家のその人物に対する見方の違いであって、その人物が変わったわけではありません。偉大なる画家は（レンブラントがその自画像でしてみせたように）同じ対象を描くたびに、違ったユニークさで描き出します。

「科学」（その派生物《デリヴァティヴ》であるテクノロジーも含め）は、違ったようにしか見えないものの間に「類似《シミラリティー》」を見いだそうとするものです。類似は法則や理論として表現されます。

人文は問題を浮き彫りにします。科学やテクノロジーは、適用できる一般原理や理論を発展させることで問題を解こうとします。

これは何も人文の人《ヒューマニスト》は問題を解こうとすることはない、と言っているわけではありません。あるいは科学者《サイエンティスト》が問題を提起しない、と言っているわけでもありません。両者の、問題提起、問題解決へのアプローチの間には違いがあるということです。

人文の人は問題を経験的に《エクスペリエンシャリー》、そして定性的に《クォリテイティヴリー》、それを再解すること《リゾルヴィング》〔物事への量的な判断ではなく質的な判断、人間としての共通感覚に基づき、自分の経験として問題を処理する〕[訳注2]で解決しようとします。科学者は、問題を実験的に《エクスペリメンタリー》、定量的に《クォンティティティヴリー》解決しようとします。

これに対してシステム思考の人《システムズ・シンカー》は、科学と人文の分離可能性を否定しているので、問題を分解して《ディソルヴィング》いくことが大好きです。人文の人が、科学の産みだしたことを使わずにいることはできません。科学者が人文の人が産みだしたものを使わずにいることもできないことです。

D

わたしたちが生きるこの時代で、ひた隠しされている秘密のひとつは、科学と芸術《アート》の分離など実は全く存在しないという事実です。実際、近代科学とそれ以前の科学を分ける最も重要な出来事は、科学と芸術を根本的に隔てる障害が除去されたことです。これは今からおよそ五百年前、西ヨーロッパで起きたことです。この大胆な出来事が起きる前の科学は、人びとの共通感覚《コモン・センス》、厳然たる現実経験に堅く結びついていました。

原注4　C. P. Snow, *The Two Cultures : A Second Look* (New York : Mentor Book4, 1964).
〔補注〕上記の引用は、英国の物理学者で作家であるC・P・スノー（一九〇五～八〇年）が一九五九年、ケンブリッジ大学で行った講義をまとめて出版し、世界的な反響を呼んだ *The Two Cultures* の増補版より。同書の邦訳は、『二つの文化と科学革命』（松井巻之助訳、みすず書房）。

訳注2　本書七六ページ、「2　教室という環境」の「問題を処理する」を参照。

これに対して芸術は夢想《ファンタジー》と想像《イマジネーション》に堅く結びついていたのです。

近代科学は、自然哲学者《ナチュラル・フィロソファー》（当時、科学者はこう呼ばれていました。それは最近まで続いていたことです）たちが、夢想や想像への嫌悪を投げ捨て、人間の思考のこのふたつの側面を、自然世界を理解する上で不可欠なものとして抱きしめたとき誕生したのです。

近代科学のあらゆる重要な発展は、その源をひとつの夢想まで直接辿ることができます。この夢想は一般の人びとの共通感覚を無視するもので、地に足がついた人びとにとっては今なお馬鹿げたものでしかないものです。例を挙げれば、切りがありません。

たとえば、地球は空間を飛びながら地軸に沿って回転している、というコペルニクスの考え方を挙げることができます。あるいは、重い物体も軽い物体も同じ速度で落下する、とか、物体は外部からの力を受けずに動くことができる、とか、月は岩でできている、といったガリレオの考えもそうです。

さらには、惑星（地球を含む）は円ではなく楕円を描いて動いている、とのケプラーの主張。

そしてまた、宇宙の中のふたつの物体は、物質的な連結がないにもかかわらず、どんなに離れていても作用する力によって、互いに引き合うものだというニュートンの夢想。

さらにまた、あらゆる空間が、電気的・電磁的振動をどこへでも伝える、検知不能な「エーテル」というものに満たされている、というマクスウェルの記述。

そして、エネルギーは小さな包みで来る、というプランクの、または物質は波動の包み《パケット》から成る、というシュレディンガーの、あるいは、すべての空間は歪んでいて、時間と不可分に結びついているというアインシュタインの示唆。

ガリレオが望遠鏡を月に向け、山や海があると宣言したとき、彼は完全に狂っていると見なされました。

長らくヨーロッパでの科学研究の代表選手であり続けたローマ・カトリック教会は、こうした「まやかし」が広がることを抑え込んだことで、人びとに恩恵を施すことができたのです。

ガリレオはこんなふうに非難されたのです。ガリレオの言っているように、どうして天空に岩のかたまりが浮いていられるのだ、そんなバカなことがあるか。物を歪んで見せるレンズというものを望遠鏡に二つも組み込んだわけだから、まともな結果が得られるわけがない。

創造的な科学者であるかどうかは、自然世界の何を研究しようと、厳密な検証可能な経験に、どれだけ想像力に富んだ説明を結合させたかで決まります。そして科学の中のこの芸術《アーティストリー》の部分こそ、科学の名において世界をこれまでとは全く違った姿で描き出そうとする先進的な人びとの間の議論の的になっているものです〔原注5〕。

先のニーズはわからない R

教育者や教育の設計者が膨大な時間をかけ、決めていることがあります。生徒・学生がどのような学科を「教えられる」べきかを決めているのです（何が「学ばれる」べきか、ではなく、あくまでも何が「教えられる」べきか、です）。

「カリキュラムの設計」とは、そういうものなのです。

そこにこんな想定があることは明白です。カリキュラムを決める人たちは生徒・学生が学校を出るとき、

原注5　この点に関する、より突っ込んだ議論は、以下を参照。Daniel Greenberg, *Outline of a New Philosophy* (Framingham, MA : Sudbury Valley School Press, 1996).

知っていなければならないことを自分たちは分かっている、と思い込んでいるのです。

この前提はしかし、以下の二つの理由で、おおむね間違っています。

理由の第一は、大人が仕事で学ばなければならない大多数のことは学校を終えたあとに出て来る、ということです。第一章の「学ぶこと　教えること」で紹介した、あのエピソードを思い出してください。わたしが過去五〇年間、教えてきたコースで、わたしが学生だったころ大学で開講されていたものはひとつもないのです。わたしが学んだすべては、教えられることなくマスターしたことです。

新しいテクノロジーが、新しい情報・知識・理解が、絶え間なく目の前に現れています。カリキュラムの設計者が、こうした事態のすべてを前もって予期するなど出来ないことです。たとえば、わたしたちが学校の生徒だった頃、パソコンというものはありませんでした。当然、パソコンのコースというのもありませんでした。しかし、わたしたちと同世代の人のほとんどが今、パソコンを使いこなしています。

このことひとつとっても明らかです。生徒たちが学ぶべき最も重要なことは、どうやって学んでいくかであり、一生を通してどうやって学びの意欲を持ち続けるか、です。

二番目の理由は、知識が蓄積される中、「最前線で《アット・ザ・フロンティアズ》」働きたいと思う人びとに対して、正規《フォーマル》の教育がどんどん行われるようになっていることです。最新の知識が身につく再教育が多様なかたちで、期間もさまざまに、広く行われています。このように知識と理解を獲得する速度は加速しており、今後さらに速まることでしょう。それにつれて教育はさらに拡大し、ますます生涯を通して続くものと見なされていくことでしょう。結果として、働き《ワーク》・遊び《プレー》・学び《ラーニング》を分離することはさらに不可能なものになっていくはずです。

産業革命の時代、人びとの活動はバラバラにされ、それぞれ別個に取り扱うことのできる最小限の集まりへと縮減されました。仕事・遊び・学びは分離され、全く違った組織や施設の中に別々に置かれたのです。

工場は働くために設計され、そこから遊びと学びは排除されました。郊外につくられたカントリー・クラブや球場も遊ぶために設計されたもので、働きや学びは排除されました。

学校も「教える」ために設計されました。遊び（短い休み時間を除き）と働きは、そこから排除されました。

しかし今や、働き・遊び・学びはますます、同じものの違った側面にすぎないと見なされるようになっています。働き・遊び・学びを分離する境目も、どんどんぼやけています。働く現場ではすでに、境目は消え始めています。働く場だけでなく遊びや学びの場を提供する雇用主も、ますます増えています。

しかしながら学校はごく稀な例外を除き、こうした流れの外にあり続けているのです。

D

わたしたちが生きるこの時代を、ひとつ違ったかたちで描くとすれば——この時代が、過去のあらゆる時代を大きく超える速度で、革新と変貌を遂げている事実を挙げなければなりません。新しい出来事がどんどん起きて、それこそ生活のあらゆる側面をめまぐるしい速さで変え続けています。ひとりの人生の中でさえ新しい世界が古い世界を、何度も情け容赦なく追い落としています。

本書の著者であるわたしたち二人はともに二〇世紀の後半を過ごして今に至っています。わたしたちは家に冷蔵庫のない生活を知っています。スーパー・マーケットもショッピング・モールもありませんでした。電子送金はもちろんテレビさえなかったのです。当然、テレビ会議もパソコンもありませんでした。ジェット機もありませんでした。ＧＰＳもＣＤもＤＶＤも。長距離電話をダイアル直通でかけることもできませんでした。太陽光発電も原子力も、核兵器も、量子場理論も…………こうした変化をわたしたちはある種の感慨なしに記述することはできません。

しかし、今の子どもたちの目で見れば、わたしたちの経験した変化の速度などカタツムリの動きのようなものです。一九九〇年代の半ば、インターネットは社会の片隅にあるものでした。ウェブ・ページなど、珍品のごときものでしかありませんでした。今の子どもたちには信じがたいことです。

こうした急激な変わりようは、昔ながらの学校で教えられた人にとっては、困惑と驚きの連続でしかないようです。おかげで大人の世界に不安が浸透していることは、誰の目にも明らかなことです。

わたしたちの世界はいまや常に自分の姿をつくり変えています。こうした絶え間なく変化していく環境の中で、自分自身をどう方向付けしたらいいか途方に暮れているのです。

それもこれも今の大人が子どものころ、学校で聞かされ続けた根本メッセージに原因があります。学校とは、この現代世界を生きていく準備をするところだと聞かされました。学校のカリキュラムは、この世界で生きていく未来のための枠組みだと教え込まれました。

それがそうではなかったわけです。

子どもたちはみな、実は最初から完璧に熟達した名人技を自然《ネイチャー》から授かっているのです。急激に変化していくこの世界で、自分自身に合った生き方を見つけていけるだけの力を授かっています。これはちょっと考えただけで分かることです。

この世に生まれて来た子どもたちにとって、この世界はまさに目の前で急激な変化が起き続ける、恐るべき世界なのです。過去数千年以上にわたって、大人の世界にはさほど劇的な変化はありませんでした。しかしそうした安定した時代でさえ、この世に生まれ落ちた子どもたちはみな、初めて経験する目まぐるしい環境変化の中で生き抜き、育っていかなければなりませんでした。毎日毎日、予期せぬ新しい出来事と、わけのわからない出来事と直面しなければなりませんでした。そうした世界を生きていく力を、そこに何らかの意味を生み出していく力を、生まれつき持っていなければ、子どもたちはみな、これまで誰一人として生き残れなかったはずです。

自然はしかし、魔法の道具を子どもたちに与えました。それが遊びです。だから子どもたちは全員、生まれた時から遊び方を知っているのです。遊びとは活動《アクティビティー》以外のなにものでもありません。あらゆる種類の活動が、そのまま遊びです。到達点を予定せず、目標も定めず、生起するもの、それが遊びです。

それがたとえば哲学者が新しい考えと「遊び」、子どもが棒きれで「遊ぶ」ときのような、可能性を狭めない気ままな探索であれ、サッカーに興じる子どもや定型詩の詩作をする詩人のように、あらかじめ定められたルールに従う遊びであれ、当事者たちは常に未知への探検に挑むわけです。

そこには恐れることなく、ほとばしるように遊び続ける子どもたちがいます。どのような結果に遭遇しようと難なく超えていける、自分の力を信じた子どもたちがいます。

遊びとは、そのことに没頭することで、そのこと自体から喜びと満足が生まれる活動なのです。

こうなると教育機関は本来、あらゆるレベルにおいて、以下のような環境を提供するものでなければなりません。そこに教育機関が教育機関たる存在理由《レーゾンデートル》があります。

そこは、ある種の遊びが主たる活動である場所でなければなりません。そこでは最も深い意味での遊びが、自由な探検であるという意味での遊びが、教育者によって理解・支持され推奨される場所でなければならないのです。

こうした環境で育った子どもたちは大人になってからも、自分たちが子どもの頃そうであったように、未

知の未来に対処する力を身につけることでしょう。〔原注6〕

そうした環境に置かれることで大人たちもまた、体にしみついてしまっていた長年の決まりとか思い込みを投げ捨てやすくなるはずです。

原注6　Daniel Greenberg, "The Meaning of Play," in *A Clearer View* (Framingham, MA : Sudbury Valley School Press, 2000) を参照。

〔補注〕邦訳は『自由な学びが見えてきた～サドベリー・レクチャーズ～』（大沼訳、緑風出版）。その「第一講　遊びの意味」を参照。

4　この新しき世界

本当の教育は差違《イネクォリティー》を生み出すものだ。個々人の差違を、成功の差違を、才能や天才の輝かしい差違を。凡庸でもなく、個人の卓越でもなく、標準化でもなく、この差違こそ、世界の進歩をはかる尺度である。

――フェリックス・E・シェリング〔訳注1〕

古き世界で　R

産業革命とは、労働を機械化することでした。エネルギー源としての人間《マン》を、機械《マシーン》によって取り替えたのです。機械が人間の筋肉に取って替わったのです。労働は機械エネルギーを適用し、物質の性質を少なくともひとつ以上、変えるものと考えられるようになりました。たとえば物を動かす、水を沸かす、鉱石を鉄に変える、パルプから紙をつくる。これらすべてに、人間の肉体労働は組み込まれていったのです。

機械は産業革命のシンボル《エムブレム》になりました。機械が製品を産み出す工場こそ、産業革命の時代が生んだ最

訳注1　フェリックス・E・シェリング　米国の英文学者、教育家（一八五八～一九四五年）。英国のエリザベス朝期の演劇や詩に関する米国の権威。

大の作品でした。こうした工場を真似て、学校もまた設計されたのです。

すでに教育の観点から見たように、いまや過去のものになった旧時代を産んだのは産業革命でした。このため、その時代は一般に産業期と呼ばれたわけです。

産業革命はしかし、社会に深刻な問題を生みだしました。機械化された生産は、人びとに機械の一部として動くよう求めたわけです。

機械の部品になる仕事を誰も自分からは望まないものですが、こうした中で機械化された生産の設計者に対して、人を代替可能な機械と考えて雇い、使うよう迫ったのが、フレデリック・テイラーのような人びとでした。機械的な仕事はこうして、産業経済の繁栄に必要なものになったわけです。〔原注1〕

それにしても、西欧社会は自動人形のように動きたがる人びとを、どうやって何百万人も産みだすことができたのでしょう。かんたんな作業を繰り返すことでよりよい生活水準を享受できると考える人びとを、どうやって大量に産みだすことができたのでしょう。

解決策は、公教育《パブリック・エデュケーション》の中にありました。それは子どもたちのコントロールを狙って設計されたものでした。子どもたちといっても特権層《エリート》の子弟ではなく、大衆の子どもたちです。学校はそんな子どもたちに、産業期に必要な行動および初歩的な技能を教え込むために設計されたものです。そうした技能の中で大事だったのは、機械の一部として働けるようになるという、全くもって不自然なものでした。産業期は公教育に、こうした無理難題を突きつけたのです。

法外な要求に応えるには、ふたつのことが必要でした。ひとつは学校で、子どもたちの自由な精神《フリー・スピリット》を破壊しなければならなかったことです。当時も今も学校は、同じ場所にじっと座り続けたいと自分から思うように、子どもたちを強制しています。一列に並んで、静かにして、言われることは何でもしたがるよう強制しています。
子どもはもう、うれしくて駆け回ることもありません。自分がほんとうにしたいことをすることもありません。好奇心に従い、束縛を振りほどくこともありません。厳しい規律を受け入れるだけです。昔も今も学校に入ったら最後、同じときに同じことをしなければなりません。これに順応しなければ罰を受けるだけです。

学校がしなければならなかった二つ目のことは、子どもたちが機械化した工場でちゃんと働けるよう、ある特別な技能を教え込むことでした。「読み・書き・算数（３Ｒｓ）」が、それです。学校は読み方を教えなければなりませんでした。働くためには指示を読めなくてはならなかったからです。書き方も教えなければなりません。書類を書けなくてはならなかったからです。算数を教えなければならなかったのは、重さを量り、長さを測る仕事をこなさないといけなかったからです。この結果、働き手にも雇用主にも必要な、標準化された帳簿づけができるようになりました。

「読み・書き・算数」とは一言で言えば、産業革命の遂行に必要な、基礎的な産業技術《インダストリアル・スキル》でした。そしてそれらが学校カリキュラムの中核をかたちづくったわけです。

学校は情報《インフォメーション》と指示《インストラクション》を普及する産業化の伝達装置として設計されました。生徒たちが工場で働くようになった時、望ましい人材となるよう、教材と教育方法が駆使されたのです。

学校は生徒を、入力したものが全く同じかたちで出力するはずの装置《ブラック・ボックス》として扱っていました。学習を褒美と罰で強化する、あのパブロフの犬のパブロフの理論が教授学のデザインの中に浸透していったのです。〔原注２〕

原注１　Frederick W. Taylor, *The Principles of Scientific Management* (New York : Harper & Brothers, 1911)

これはすでに触れたことですが、今の教育システムは生徒たちに、パソコンやテープレコーダー、カメラがずっとうまくやれることを、君たちもできるようになりなさいと迫っているわけです。生徒たちは、これは無駄なことだと少なくとも無意識では感じており、心の底で憤っているのです。なにしろパソコンは生徒たちより、記憶することも、記憶から回収することも、比べることも計算することも、より速くより正確にできるわけですから。

生徒たちにとって最も重要なことは、学校で行われているものとは正反対に、パソコンなどの電子機器にできないことを学ぶことです。

さらに付け加えれば、教師たちは、必要のないことを忘れることが、子どもたちにとっても最重要な能力のひとつであることを忘れ去っているのです。

教育システムは生徒たちを、製品に仕上げる材料のように扱っています。組み立てラインとスケジュール化されたプロセスの中で次々に加工し、製品に仕上げようとしています。そしてその（たとえば採点・評価や授業のスケジュールづくり、課題の作成などの）プロセス自体が今や、機械によってどんどん処理されるようになっています。

今の学校とは結局、工場をモデルとしたものです。新入生たちは生産工程の原材料として処理され、最終製品へと加工されるわけです。

子どもたちは何かほかのことでやる気を起こしても、認められません。アルファベット順で名前を呼ばれます。足並みそろえて行進させられます。発言を命じられた時以外は黙っていなければなりません。並んで着席させられます。そして定期的に検査と試験が行われます。

教材はさまざまですが学び方は画一的です。教育システムは生産物の多様さを最小化しようとします。その最終生産物が高値で売れたとき、生産した教育システムは成功を収めたと見なされているわけです。

D

産業文化は機械的な世界観《メカナイズド・ワールドヴュー》を、自分たちの指導モデルとしています。機械的な世界観では、宇宙も巨大《ジャイアント》な機械《マシーン》と見なされます。宇宙もまた決められた通りの動きを命じられたものなのです。

機械によってモノがあふれかえる産業文化もまた同じです。逸脱することなく、決められた通りに動く社会組織を求めるわけです。

歴史を振り返れば分かります。産業社会はひとつの例外もなく、自分たちの生活様式の持続を確かなものにするために、ある方法を発展させて来ました。その方法はまず子ども期において実施され、引き続き大人に対し、成年期を通して行われて来ました。

産業社会が持続していくメカニズムで最たるものは、個人に対する社会の、公然たるコントロールです。そうした産業社会の文化的な特徴としてひとつ挙げられるのは、強力な中央統制です。これは神権を授与された王政から、民主主義の手続きによる支配まで、すべての産業社会に共通するものです。すべて警察と軍に支えられています。

学校は子どもたちをコントロールするために設立されました。子どもたちの発達を、産業文化の要求に

原注2　Ian Pavlov, *Conditioned Reflexes* (Oxford, England : Clarendon Press, 1927)

沿ったかたちで導くためです。こうして生まれた学校は、産業文化が定めた以下の目標を達成するものでした。

■学校は「子どもたちを街《ストリート》に出さない」。言い方を換えれば、伸び盛りの子どもたちを日中、なるべく多くの時間、閉じ込めておくものでなければならない。

■学校は大人の「教師」たちによって、子どもたちを絶えず産業文化の価値に曝すものでなければならない。教師自身が身につけるべき最も重要な徳目は、産業文化の価値体系への忠誠である。これこそすべての産業社会において、あらゆる教員の養成、あらゆる教員の選考の基盤になっているものだ。それ以外は、すべて二次的なものにすぎない。

いま声高に叫ばれている教員の養成法・資格の見直しの議論も、この点には触れていない。実際のところ、教員養成のあり方に、ほとんど何の変化も生まれていない。教職のあり方についても何の変化もない。そしてそれこそ、産業文化が望むものである。

ある知識分野に精通した人を、学校は教師として全く望まない。そういう人は独立心に富み、我が道を行きがちだからだ。これまでのやり方を変えてしまうかもしれないからだ。

与えられた教科について現在、受け入れられている考え方を身につけ、それを伝えることができればいい。それができるよう、その分野にとりあえず通じていればいい。決められたことに盾突いても、逆にそれを深めてもいけない。

教員の社会的な地位も社会階梯《スペクトラム》の中段に、注意深く位置づけられた。産業労働者の群れの中では、下位の労働者たちからは尊敬されるが、ほんとうに創造的な、ダイナミックで想像力に富んだ人びとを一時的にせよ学校に引きつけるには低すぎる社会的地位が割り当てられた。

■学校は、子どもたちのエネルギーを産業経済の中で必要な技能の獲得へと流し込んでいる。〔原注3〕このため、この国では果てしないカリキュラム改訂の流れが続いて来た。とくにここ数年間は、半ば狂ったようにカリキュラムの見直しが行われている。この国の産業のあり方がガラッと変わってしまったのに、教育当局は流れがまだ続いているかのように、カリキュラム改訂で対処しようと懸命になっている。

見直しで新たに何が必要なのか決まると、それを反映した学校カリキュラムが作成される。そして子どもたちを、必要に応じさまざまな技能集団へと流し込んでいく。このプロセスはこのために選ばれた監督者によって定期的に調整される。この国では公的あるいは民間のさまざまな機関、集団が監督の役割を担っている。それらが教員養成、学生への奨学金、教材、特定分野の推進のために予算を配分している。

生徒たちをある特定分野に流し込む、重要な仕掛けがあります。それは特定教科の枠内に生徒たちを強制的に囲い込むやり方です。そうしておいて、監督者がさまざまなテストや評価を通して選別し雑草を抜い《ウィード・アウト》ていくわけです。

原注3　この点について、Siegfried Engelman〔「ダイレクト・インストラクション」という教授法を提唱する米国の教育学者〕は、その著書、*Your Child Can Succeed*（New York : Simon & Schuster, 1985）で、以下のように主張している。「教えるために必要なテクノロジーを使えば、子どもたちを教えることができます。同じように、動機づけを偶然にまかせるのではなく、私たちが望む行動変化を子どもたちの中に引き起こせば、子どもたちにやる気を持たせることができます」。

産業化の複雑な進展の中で、選別プロセスもますます複雑なものになっています。それにつれてテストの頻度は高まり、テストがカバーする範囲も広がり、テストの支配が一層強まっています。経済の複雑化は細かな対応を迫り、さらにきめ細かな介入と支配を呼び込んでいるわけです。

産業文化が年々複雑化する中でカリキュラム自体も、支配のメカニズムも複雑さを増しています。産業テクノロジーの物質世界に対する支配は広がり続け、それにつれ学校の課程に加わる教科の数もどんどん増えていく、そんな容赦のない力が働いているのです。

米連邦政府教育省が最近まとめた「K―12（幼稚園から第一二学年）」カリキュラムや、州政府の教育省が策定したカリキュラムを見ると、そこにはありとあらゆる知識分野が詰め込まれていることが分かります。しかしこれでは、わたしたちが今日、手にしている知識を、子どもたちが彼らなりに意味あるかたちで築き上げることは絶望的です。分野が広がった分だけ、薄っぺらな知識しか持てないからです。

それだけではありません。いま、わたしたちの手元にある情報は実に膨大です。その中から、これだ、あれだと言ってひとつだけ取り出し、これがほかのものより重要だ、意味があると押し付けるのは近視眼的なやり方です。それどころか、わたしたち人間の経験の歴史を貫いて来たものにも反します。わたしたちはどの世代も、それ以前の人びとが軽んじた分野の中に、最も意味ある情報を見いだして来たわけです。

英国の認知科学者、コリン・チェリーはこう言っています。

ライプニッツはすべてを知る最後の人間だった、とは、よく言われて来たことです。これが誇張のしすぎであることはほぼ間違いないことですが、大事なポイントを衝いた、わたしたちに対する警句でもあります。一八世紀の末まで、わたしたちの偉大な教師たちは言語をいくつかマスターし、すべての科学に通じていたばかりか、文化的な素養も広く身につけていました。しかし科学的な研究結果が物質的な増進へとしだいに適用されていくにつれ、特定の関心領域が追究されるようになりました。科学に従事する者は増加の一途を辿り、彼らの活動はさまざまな方向へ分散していきました。そして今、わたしたちの大半は（比喩的な言い方をさらに続ければ）自分自身の小さな科学の庭に閉じこもり仕事に専念しているわけです。喜びといえば時折、隣の庭の隣人とフェンス越しに話を交わすことぐらいです。議論したり批評し合ったり作物を見せ合ったりもするけれど、それだけのことになっているのです。〔原注4〕

さて、わたしたちの産業化した教育システムについては、それが途方もない代価を強いるものであるにもかかわらず、それを批判する人びとからも、それなりにいい仕事をしていると評価する声が出ています。たとえばジョナサン・コゾルは、こう言っています。

「アメリカの教育は、役に立たないものでは決してありません。間違った考えに立った、混乱したものでも決してありません。それは氷のようにクールな、優秀な機械なのです。しっかり仕事をしています。ただしそれは、わたしがしたい仕事ではありません。たぶん、あなたがしたい仕事でもない。しかしそれは最初、わたしたちのためにつくられたものでした。……アメリカ公教育が最初に目標として掲げたもの、主たる働きとして掲げたものは、われわれをよき人びとに教育することではありませんでした。よきアメリカ国民《シチズン》に教育することでした。……教育大学院が広げた難解な表現《ダブル・トーク》にとらわれ、わたしたちは今……たとえば《社会化機能》などといった上品な表現《エレガント》を使っているのです。しかし社会化機能とは……実際のところ、一二年間

原注4　C. Cherry, *On Human Communication* (New York : John Willy & Sons, 1957).
〔補注〕コリン・チェリー　英国の認知科学者（一九一四～七九年）。聴覚の集中力の研究で知られる。

にわたる、子ども個人の非人間化、虚弱化、失血《ブラッド・ロス》の義務化のことでしかありません〔原注5〕」

わたしたちの学びのプロセスの本質的なあり方は、産業社会の文化によって強く影響されています。その学びの中で支配的なものは、褒美と罰によって駆り立てられる技能習得の指示《インストラクション》です。自ら探究する学びと自己動機に基づく活動は、さまざまな方法で厳しく摘み取られてしまいます。子どもたちは学校に閉じ込められ、自分たちを取り巻く環境へのアクセスを厳しく制限されているのです。

それだけではありません。公式《オフィシャル》カリキュラムが立ち入りを認めていない現実世界、あるいは知的な領域に少しでも踏み込もうものなら、不許可、却下、罰則、社会的追放（強制隔離、精神施設送り、刑務所送り）が待ち受け、厳しく抑止されるわけです。

産業社会の教育システムでは、正しい教科は正しいやり方で正しい時期に習得されねばなりません。だからある特定分野において、子どもたちは「早すぎて」（とくに、認可されていない教育機関、あるいは親など教師以外の第三者から）教えられてはいけないことになっているのです。あるいは「遅すぎて」もいけないのです（許容範囲の進度についていけない学習遅滞児《スロー・ラーナー》にされてしまいます）。

教科書と呼ばれる指示書《ブック・フォー・インストラクション》は注意深く選ばれ、モニターされます。選ぶのは教育当局です。指示書を出す出版社は購入されずドブに捨てられるのを恐れ、指定された通りのものをつくります。学校図書館も注意深く審査されます。承認された学習プロジェクト以外の機会に学校図書館の本が読まれることはほとんどありません。

発達心理学および教育心理学の全分野は、産業型の科学手法を用いて構築されたものです。そして学校で子どもたちを機械的・画一的に処理することは正当化できることだし科学的な証拠に基づくものだ、という考え方を広げています。こうした「産業期の理論家」たちといくら議論しても、あまり意味がありません。

彼らの存在理由は、産業文化がその生存様式を永続化していくのに必要な手段の正当化にあるのですから。

強権的な政府は長い間、精神施設への監禁、精神医療や精神病のレッテル貼りによる社会追放を、国民をコントロールする武器として使って来ました。これはよく知られたことです。

しかしこの関係で、まだ一般によく知られていないことがあります。それは産業文化のすべてが、子どもたちを含む全国民を、公民として容認できる行動様式につなぎとめるため、これら教育的な武器をどれだけ使用して来たかということです。

産業文化以前の社会はどのような行動をする者（重度の精神病とされた人びとを含む）であれ、社会の中に組み込む道を見いだしていました。

これとは正反対に産業文化は、経済運営に必要な統制《レジメンテーション》を維持するため、あらかじめ決められた規範からはみ出た行動を抑止していかなければなりません。だから産業社会の異端者《マーヴェリック》たちはどこでも、生活の流れの中から放逐されているのです。

そしてこのプロセスは、もうお分かりのように、子ども期において、学校で始まるものなのです。育ち盛りの子どもたちの心に、大人になってからとるべき正しい行動パターンを、なるべく早いうちから覚えさせることができれば、それに越したことはない、というわけです。

原注5　Jonathan Kozol, *The Night Is Dark and I Am Far from Home*（Boston : Houghton Mifflin, 1975）P.1.
〔補注〕ジョナサン・コゾル　米国の教育者・ノンフィクション作家（一九三六年～　）。著書は、ボストンの少学校での教師体験を綴った『死を急ぐ幼き魂（*Death at an Early Age*）』（斎藤数衛訳、早川書房）など多数。

産業社会の学校システムが「より良い」ものであればあるほど、「逸脱」行動により厳しい目を光らすものになります。ですから心理療法士やその他専門家が、子どもを完全に隔離する施設、あるいは一時的な隔離施設に配置され、そこに公的資金が潤沢に投入され、施設が維持されているわけです。公式カリキュラムの中で扱いにくい子どもたちは、専門家の「処置《トリートメント》」が必要な、精神的あるいは行動的な障害を持つ者とレッテルが貼られているわけです。

ですから、この高度な産業文化においては「人はどうして羊のように、従属者のように振る舞うのか？」といった疑問は決して提起されません。別に何の問題もないことだからです。なにしろそうした従順な行動の必要性こそ、産業社会が生きのびるための力であるわけですから。提起すべき問題があるとすれば、「革新者《イノヴェーター》たちは産業文化の中で、どうやって生きのびているのか」という問いになると思いますが、革新者たちは結局、社会の罅《ひび》割れに忍び込んだ、統計的には偶然の産物であり、変人にすぎないと見なされがちです。圧倒的多数の革新者たちは死後に英雄になり得ても、生きているうちに認められることはないのです。

産業文化はその中に、絶えざる「文化の内戦《イントラカルチュラル・ウォーフェア》」の種子を孕《はら》んでいます。文化の内戦は、産業の機械のニーズに合わせ、人間の自然なあり方を撓《たわ》めるのに必要なコントロール・メカニズムが産みだす緊張によって起きるものです。人間は本来、その自然なあり方からして自由な行動者であり探索者です。自分で動いていく者です。自分なりにモデルをつくっていく者です。だから本来、産業文化の許容範囲内に行動を限定しようとする、あらゆる試みに対して抵抗するものです。

産業文化が抱えた人間的自然と産業的生活様式間の戦いは、広汎な破壊的心理社会現象を引き起こしています。これはあらゆる産業文化に見られることで、常に内側から崩壊を招く脅威になっています。

こうした緊張関係は、わたしたちの教育において、学校内での学びに対する幅広い抵抗となって現れています。スコットランド出身の米国の古典学者、ギルバート・ハイエットは、こう指摘しています。「教師にとって、教えることがこんなにも難しいことだと思うことが、どうしてこれほど多いのでしょう。生徒たちにとって、学ぶことがほとんど常に難しいのは何故でしょう。理由はさまざまでしょうが、確かなことがひとつあります。それは学びが強制的なものであるということです。西側世界にいまある学校のほとんどは、そのために設立されているのです。そしてその強制的な学びは、《しなければならない〔Must〕》こととされているのです。いや、それどころか悪いことに《自分からしなければならない〔Ought〕》ものになっているのです。ですから、自由の国の若者たちは《Ought》を嘲笑い、《Must》を打破するか抵抗することに全力を挙げているのです〔原注6〕」。

原注6　Gilbert Highet, *The Immortal Profession* (New York : Weybright and Talley, 1976) p.1. この中でギルバート・ハイエットは、友人から聞いた興味深いエピソードを紹介している。学校で押し付けられ、教え込まれた教科に対する嫌悪が生涯にわたって続く話である。ハイエットはこう書いている。

「わたしが最後の本を出したとき、親しい女友だちにこう訊かれたことがある。『結局、全部で何冊、書いたの?』。わたしが『一四冊だと思う。ほかに一冊、子ども向けの本があるけど』と言うと、彼女は笑いながら、息子のダグの話をしてくれた。『一四冊……? ダグは学校を卒業したあと、まだ一四冊も本を読んでないわ。学校にいたとき、教師たちから〔スコットランドの作家、ウォルター・スコットの長編小説〕『アイヴァンホー』や、〔英国の女流作家、ジョージ・エリオットの小説〕『サイラス・マーナー』を無理やり、呑み込まされたの。だから、あの文字だらけの革張りの本を見ただけで、ゲッと吐きそうになるのよ。ダグはウォールストリート・ジャーナル紙とスポーツ・イラストレイティド誌しか読んだことないの』。ダグはしかし、何をやらせてもうまい、活発な精神の持ち主である。学校での強制が早いうちに『彼の魂の優しい気持ちの流れのひとつを凍らせてしまった』のだ」。

〔補注〕**ギルバート・ハイエット**　スコットランドに生まれ、米国のコロンビア大学で教えた古典文学者（一九〇六〜七八年）。主著『西洋文学における古典の伝統（*The Classical Tradition: Greek and Roman Influences on Western Literature*）』（上・下、柳沼重剛訳、筑摩書房）は邦訳された。

あたらしい世界

わたしたちはみな、新しい時代が来た、新しい始まりだと、ひっきりなしに聞かされて育ちました。おかげで本当の始まりがいつ、実際に到来したか分からなくなっているのです。しかし新しい時代はたしかに、わたしたちの手の中にあります。古きものは目を見張るほどの速さで、急激に色あせ擦れ切れようとしています。〔原注7〕

――レズリー・ゲルプ

R

「新しい時代《エラ》」が生まれ、世界に広がっている。そんな意識が人びとの間に広がっています。しかしその本質の理解、およびネーミングについての社会的な合意はまだ出来ていません。ある人は、この新しい時代を「ポスト産業革命」の時代だと言います。別の人は「情報の時代」だと言います。「不確実性の時代」という人もいれば「ガイアの時代」〔訳注2〕だという人もいます。「異端者の時代」とも「新資本主義」とも「ネットワーク社会」とも「アクセスの時代」とも言われています。

どの名前で言い表すか、合意の成立を期待するにはまだ早すぎます。たとえば「ルネサンス」にしても、西洋世界がこの名称で決着するのに数世紀もの長い時間がかかったのです。

しかしどのようなネーミングであれ、大半の学校は新しい時代が来ているという人びとの意識に応えることができず、新しい時代を産みだしている世界の変容《トランスフォーメーション》にも対応できていません。「高等教育」の機関でさえも、あるいは専門職、一般人への生涯教育プログラムにおいても、対応できていないのです。

「産業革命」が「ポスト産業革命」へ変容する中で、これまでとは非常に異なる学校教育、および学びのコンセプトが生まれました。この新たな革命の土台を築いたのは一九世紀に出現し、二〇世紀になって本領を発揮した三つのテクノロジーです。

ひとつは電信《テレグラフ》です。モノをつくりだすのではなくシンボルを《送る《トランスミット》》ものです。この電信によって《コミュニケーションが機械化《メカナイズ》》されました。これが出現したことで重要な発展がありました。電話、ラジオ、テレヴィジョンが生まれたのです。

二つ目はレーダーとソナーです。データを構成するシンボルを《観察《オブザーヴ》》し《発生《ジェネレート》》するものです。これまたモノを生産するものではありません。これが出現したことで、そのあとより精巧なものが生まれました。電子顕微鏡やX線透視装置、超音波、MRI〔訳注3〕といったものです。

原注7　"Fresh Faces," *New York Times*, December8, 1991, p.50.
〔補注〕レズリー・ゲルプ　Leslie Gelb 米国のジャーナリスト（一九三七年～　）。ニューヨーク・タイムズの記者、コラムニストを経て米外交評議会・名誉会長。

訳注2　ガイア　ギリシャ神話の地母神。英国の地球科学者、ジェームズ・ラブロック（一九一九年～　）が一九六〇年代に、地球をひとつの巨大生命体とみなす仮説――「ガイア仮説」を発表し、国際的な環境保護運動に新しい時代の流れを生みだした。

三つ目はコンピューターです。これはシンボルを《論理操作》《ロジカリー・マニュピュレート》します。しかしモノを産出するものではありません。こうしたシンボルの処理を、ジョン・デューイは「思考」《シンキング》と呼びました。〔訳注4〕コンピューターが「思考機械」《シンキング・マシーン》と呼ばれるのは、こうした理由からです。

この三つのテクノロジーが一体化した時、データが創出され、それが情報と知識へと加工《プロセス》され、それを必要とする場所へと送ることができるようになりました。これらは《精神的な》《メンタル》働きであり、人間の精神的な働きのいくつかを代理するもので、《自動化》《オートメーション》と呼ばれるようになりました。この「自動化」は産業革命にとって「機械化」がそうであったように、ポスト産業革命を現実化したものです。これは産業革命の単なる拡大ではありません。根本的に異なる種類のものが出て来たわけです。

学校が工場のように考えられていた時、学校は「学ぶ」ではなく「教える」ために設計されていました。今度は「教える」ではなく「学ぶ」ために教育環境を設計することが、建築家と教育者の課題になっています。「学ぶ」ことを中心に生まれた数少ない学校（たとえばマサチューセッツ州フラミンガムのサドベリー・バレー校〔訳注5〕のような）は、もともと別の目的で建てられた建物を校舎化する工夫を強いられました。

しかし、そうした「学び」の学校の、普通の学校との違いにこそ、「学び」のための環境設計の手がかりが隠れているのです。忘れないでほしいのは、学びの大部分が生起する場所とは、家庭であり仕事の場であり屋外《アウトドア》である、ということです。

従来の学校の設計で、もうひとつ指摘しなければならないのは、それ自体に大きな欠陥が含まれている、ということです。学校は「単機能の建物」であり、非常に限られた時間しか使われていません。一日二四時間のかなりの部分、使われていません。年間でいうと数週間も、まるまる空き家になっています。ということは「多機能の建物」として設計すれば、ほかの関連する用途にも使うことができるわけです。

学校は、ひとつのコミュニティー・センターとして活動しなければなりません。成人教育の場にも行政サービスのセンターにも、なるべきです。公立図書館はもちろん、役所や警察署と併設であっても構いません。そういった建物で続く活動に曝された子どもたちは、とても多くのことを学ぶはずです。「学び」を校外の活動に組み込むことで、大きな成果を期待できます。

最後にひとつ付け加えると、学校、とくに大学ではこれまで、教員の研究室がまるで修道院の僧房のように設計され、配置されて来ました。そういう状態を続けていながら、「われわれは学際的な教育を志向している」などと言っているわけです。これこそ偽善です。同じ学科の教員を別空間に隔離し、学科ごとに違った建物、違った階に分離することで孤立が深まり、たがいのアクセスが難しくなっているわけですから。

D

「ポスト産業社会」の生活様式《ライフ・スタイル》はまだ始まったばかりです。しかし現段階でも主要な特徴をいくつか見て

訳注3　MRI　核磁気共鳴画像法（Magnetic Resonance Imaging）。NMR（核磁気共鳴　Nuclear Magnetic Resonance）で生体内の情報を画像化するテクノロジー。
訳注4　John Dewey, *The Theory of Inquiry* (New York : Henry Holt and Co., 1938).
〔補注〕ジョン・デューイ　米国の哲学者、教育哲学者（一八五九〜一九五二年）。米国を代表する進歩主義の哲学者であり、シカゴ大学時代に実験学校を開いたことでも知られる。
訳注5　サドベリー・バレー校の場合は、かつて「航海王」として活躍した人物の夏の別荘（石造）を改装して校舎化している。

とることができます。

中でも最も目を引くのは、コミュニケーション・テクノロジーの発達で、そこに誰もが参加できる《グローバル精神《マインド》》が生まれたことです。

「グローバル精神」が出現した、ということは、経験の「全世界規模の貯蔵庫《ユニヴァーサル・ディポズィタリー》」が生まれたことを意味します。あらゆる出来事が次々に生起し、次々に貯蔵されています。記録されたすべてが「グローバル記憶《メモリー》」の中に適切に貯蔵されています。

今や、現在と過去のすべてが広大無辺《コズミック》な規模で、ひとつの大きな「経験の貯蔵庫」に統合され、分析・学習が可能なものになっているのです。

新たなコミュニケーション・テクノロジーと合体したかたちで、新たな運送《トランスポーテーション》のテクノロジーが世界を「ひとつの村」に変えました。

ひとつの村に！――そう、世界はひとつの村になったのです。ヒトの移動もモノの移動も、産業革命以前の村から村への移動と比べて（時間的にも、エネルギー的にも、費用の点でも）より難しくないものになったのです。

もうひとつあります。新時代の生産のエコノミーが、いずれ人類を生存の不安から最終的に解放することを約束していることです。人間の生存に必要な物品の生産は、今後ますます《全面的に定型化《ルーティナイズド》された手続き》による完全自動化へ向かって進んでいくことでしょう。それとともに人びとの活動時間、取り組み、経済活動はますます、それぞれの文化の価値体系にもとづく、必需品以外の創造へと向かっていくはずです。

ポスト産業期の生活様式は文化の違いを超え、創造性、独創性、美的な満足、美しさ、理解、洞察、好奇心、学術、知恵といったものに高い価値を置くものです。これはもう、すでに明らかになったことです。

ポスト産業社会とは、人間精神が自分自身と調和して花開く豊かな園であるわけです。ポスト産業期の人間の魂は、世界の秘密を明るみに引き出し、新たなパターンを創造し、新たな精神世界を征服していく永続的、内発的活動に取り組むものです。

こうした根本的な変化が、教育の風景を根底から変えてしまっているのです。

思考革命 R

アインシュタインはかつて、こう言いました。「わたしたちは、問題が生まれたときと同じ思考法を使って問題を解決することはできない」。

現行の教育システムは、わたしたちがどのような思考パターンに陥っているのか、学生たちに気づかせるものになっていません。従来の思考パターンでは解決できない問題に直面していることにも、学生たちは気づいていません。新しい、どのような思考パターンを採れば問題を解決ができるかにも気づかずにいます。

西洋世界においてはルネサンスの後、デカルト、ニュートンが出て、宇宙とはすべて神によって神の仕事のためにつくられたものだと信じられるようになりました。そしてその宇宙とは「解析《アナリシス》」と呼ばれる思考法で完全に知ることができる、理解することができる、と信じられるようになったのです。

解析は、わたしたちにとって自然な、三段階の思考パターンによるものです。これはたとえば子どもたちがオモチャやラジオのようなよくわからないモノを理解しようとする、そのやり方の中に見てとることができます。

① 知りたい、理解したいと思うモノを解体する。
② バラバラにした部分《パーツ》の振る舞い、特質を記述あるいは説明する。
③ すべての部分の記述と説明を知識としてまとめ上げる。あるいはそれを、説明すべきモノの全体の「理解」と見なす。

たとえば「総合大学《ユニヴァーシティー》」について記述あるいは説明しなさいと言われたとき、わたしたちはまず、そこに所属する「単科大学《カレッジ》」ごとに解体することから始めます。続いて「学部」にいき、「カリキュラム」に行く。そして「コース」や「クラス」を説明する。

これらは組織的な要素の説明です。

そうしておいてわたしたちは次に、総合大学を構成する不可分の部分を特定します。「学生」「教員」「事務局」「補助スタッフ」……。そしてそれらが全体の運営にどのような貢献をしているかを描き出します。そうやって最後に、その総合大学の全体的な性質を説明するため、それらをひとつにまとめ上げるわけです。

さて第二次世界大戦後、「システム」というものに対する関心の高まりの中で、こんなことが起きました。「システム」の振る舞い、特質を「解析」によっては理解できないことがハッキリしたのです。解析とは異なる思考法が求められるようになりました。

この流れを理解するにはまず「システム」とは何なのかを知る必要があります。

《システムとは、それが部分としてある、より大きなシステムの中で果たしている、その機能によって定

義される全体である》

A system is a whole that is defined by its function in a larger system of which it is a part.

これはどういうことかと言うと、たとえば「電話というシステム」は、より大きな、この社会の中で果たしている機能——すなわち、ある人からある人へ声を伝える機能によって定義されるものだ、ということです。

そして——《どのシステムも、どれ一つ欠けようと、そのシステムが定義する機能を果たせなくなる、不可欠な部分を少なくとも二つ以上、含んでいる》

Every system contains at least two essential parts, parts without which it cannot perform its defining function.

これを自動車でたとえると、車がその機能を果たすためには、モーターとトランスミッションが必要だけれど、ワイパーや灰皿はそうではない、ということです。

さらに、システム内の不可欠な部分は、次の三つの条件を満たすものだということです。

① 不可欠な部分はどれも、システム全体の振る舞い、あるいは特質に影響を及ぼし得るものである。

② 不可欠な部分によるシステム全体への影響の与え方は、他の不可欠な部分、少なくともひとつの振る舞いに依存する（言い方を換えれば、不可欠な部分は相互に依存し合っている）。

③　不可欠な部分の下位システム（サブシステム）もまた、システム全体の振る舞い、特質に影響を及ぼし得るものだが、下位システムはどれも、全体に対し独立した影響を及ぼすものではない。

こうして見ると、システムというものの性質からして、システムはそれがバラバラになったとき、それを定義する働きがすべて失われることになります（たとえば、解体されてしまった自動車は、どこにも人を運ぶことはできません。解体されたパソコンは、もはや動きません）。

ですから、システムが「解析」され、いきなりバラバラにされてしまうと、その瞬間、そのシステムを定義していた特質がすべて失われてしまうのです。つまり《システムは解析によっては理解できない》ことになります。

システムの振る舞いも特質も、それをバラバラに解析するだけでは説明できません。たとえば英国の自動車をいくら解析してみても、それだけでは英国の車が米国のように道路の右側ではなく、左側を走っている理由を説明することはできません。同様に解析だけに頼っては、わたしたちがローマ数字ではなく、アラビア数字を使っている理由は説明できないのです。

システムの解析は、その働き方を――そのノウハウを、理解ではなく知識を、明らかにするものです。すなわちシステムの解析は、それがそのようになぜ動いているかの説明にとどまります。ここから《総合的思考《シンセティック・シンキング》》の必要性が出て来るのです。

「総合的思考」もまた「解析」同様、三つのステップを踏むプロセスです。三つのステップのどれもが、解析のステップとは正反対なものです。

総合的思考の第一ステップで、システムはより大きなシステム（に含まれた）の部分として説明されることになります（たとえば、自動車は運送システムの部分として、大学は教育システムの部分として）。

総合的思考の第二のステップでは、システムを含む、より大きなシステムの働きが説明されます（運送システム、教育システムの働きとは何か。運送とは、モノをある場所から別の場所へ、意図して移動することである。教育とは、人を立派な大人に、そしてそれを持続するところまで育て上げ、自ら維持し、さらにまた、そのプロセスを自ら楽しめるようにするとともに自分および他者が集うコミュニティーの発展に寄与できるようにする方法である）。

そして最後の第三ステップで、そのシステムが、それを包含するより大きなシステムへの凝集から解かれ、より大きなシステムの中での働きを特定することで説明されることになります（こうして自動車とは、人が自分の選んだ出発点から自分で決めた到達点まで、自分の意図で、地上を、プライバシーの中で、動くことができるよう設計《デザイン》されたもの、ということになります。米国の自動車は長い間、六人乗りで設計されていました。標準的な家族が五・六人構成だったので、それに向けて設計されたのです。それがいま核家族化により小型化しているわけです）。

ここで確認しておきましょう。「解析」とはバラバラに解体することによって始まり、知識を生みだすものです。これに対して「総合（的思考）」は逆に物事をまとめ上げ《プット・シングス・トゥギャザー》、それによって理解を生みだします。

「解析」は科学者が研究するときの方法。これに対して「総合的思考」は《デザイン》でもって例示されるものです。

このふたつの思考パターンの違いを、それぞれ何ができて何ができないかの区別を、学生たちに理解させていない――これが今の教育システムおける失敗なのです。

さて「総合的思考」に求められる、極めて重要な問題がひとつあります。それは、わたしたちが対処しなければならないシステムがますます複雑なものになっていることです。

たとえば、この違いを考えてみてください。

昔は商店といえば、近所のお店でしたが、いまではウォルマートのような、グローバルな巨大スーパーマーケット・チェーンが展開しています。あるいは一方でテントやあばら家での暮らしがあり、他方、高層ビルが聳える現実があります。

こうした複雑系の問題に対し、科学者たちもまた効果的な解を模索しているのですが、大半の人はこうした複雑系の問題に対し解析的なアプローチをしているだけです。結果として変数や関係をやたら見つけて、扱い切れずにいるだけです。しかし《デザイン》でもって総合的に、たとえば高層ビル化や都市問題にアプローチすれば、効果的な対処法は際限なく見つかることでしょう。

D

「解析思考」は現在、学校カリキュラムを支配しています。そのせいで「総合的思考」は学校カリキュラムの中で肩身の狭い思いをしていますが、だからと言って「解析思考」に押し切られすべて消え去ったわけではありません。

総合的思考が生き続けているのは、それが物事を考える正常なやり方だからです。世界はわたしたちに対し、わたしたちが生まれたときから、ひとつの全体として迫って来ます。わたしたちは、その世界の全体を意味あるもの、納得できるものにしていくために生涯にわたって学び続けていかなければならないわけです。

解析思考は近代の初期、科学者たちが、これは役に立つだろうと考え、導入したツールです。宇宙の複雑さに圧倒された彼らは、分解して考えるやり方を探りました。バラバラにすれば、よりかんたんに対処できると思ったわけです。

そんな科学者たちの中でより深くものを考える人たちは、こうしたやり方はせいぜい、わたしたちが現実《リアリティー》から漠然と感じているもの《インプレッション》を仕分けするメカニズムにすぎないことを理解していました。彼らは仕分けして得られた成分《コンポーネント》が、ひょっとしたら全体の働きに対する新たな洞察をもたらしてくれるかもしれないと期待したわけです。

こうしてたとえば物理学者たちは、二つの物体間をつなぐ引力に注目したわけです。しかし、この二つの物体にしても、それ以外の宇宙のすべてと切り離されて存在するものでは全くありません。また、この二つの物体の互いに働きかけによる挙動にしても、この世界のリアルな物体の挙動にそのままあてはまるものでは決してありません。

さらに言えば物体間の相互作用を、引力、電気、磁気、その他の力へいくら仕分けして解析したところで、現実世界における物質システムの挙動について、せいぜい潜在的な可能性を秘めた見方を導く案内役を果たす程度のことです。たったひとつのタイプのものであれ、物体間の相互作用が、こうした解析によってリアルに示されたことは、これまで一度もないのです。

創造的で独創的な物理学者たちは、このことを理解していました。だから常に、より総合的な宇宙理解の道を探究し続けたわけです。

もちろん彼らの解析法の有効性はたしかに驚くべき次元に達していました。しかしだからといって、より深く考える物理学者たちの関心を、物理現象をより包括的に、より総合的に理解しようという探索から逸らすものにはなりませんでした。

この探究は、わたしたちの世界の時間が終わるときまで続くものであることは疑い得ません。時の流れが終わる、その瞬間が来るまで、わたしたち人間の経験のすべてに対する新しい見方が次々に出現し続けていくのです。

いま、わたしたちの教育は、解析思考がいきわたった展示会場《エキスポジション》のようになっています。物質世界の働きに関係する、ごく簡単な科学的実験に始まったものが、いまや知的な営為のほとんどすべての分野に流れ込んで覆い尽くし、解析手法になじまないものまで呑み込もうとしています。

自然の仕組みや人間活動のミステリーの謎を解く先端的な試みが、どんどん解析的手法から離れ、総合的なアプローチに接近しているというのに、わたしたちの教育システムは時代遅れの思考法にしがみついているのです。

しかしこうした状況も、次のような教育システムが生まれれば大きく改善されることでしょう。

あらゆる年齢の、あらゆる生徒たちに、それぞれの理解へと続く独自の道を歩む自由が、そしてまたその道の途上で、自分自身の主体性に基づき、自分自身に最も適《あ》った知的ツールを見つけ出す自由が、与えられればいいのです。

自分の周りの世界をより深く理解しようとする者にとって、さまざまな思考パターンを使いこなせることが最優先事項であることは疑い得ないことです。

5　反デモクラシー《アンチデモクラティック》の学校教育

わたしは進歩主義の教育哲学において、学習者自身が学びのプロセスで、どのような活動をするかを決める、学習の目標づくりに参加すること以上に健全なものはないと思う。これは従来の教育において、生徒が自分自身の学びの目標づくりに積極的に加わっていくことに失敗していること以上に、ひどい欠陥が他にないことの裏返しである。

——ジョン・デューイ

D

この国の倫理的、政治的、社会的な構造の根底には、三つの基本的な考え《ルート・アイデア》があります。そしてその三つの考えは、わたしたちを国民としてひとつにまとめる指導原理の役割を果たしています。その三つはある意味で、わたしたちが追い続け、目標として見上げ続ける理想でもあります。

これら三つの考えを現実化することに、わたしたちはしかし失敗しています。このことは否定できないことです。

しかしそれにもかかわらず、この三つはわたしたちを土台に繋ぎとめるものとして、明確に、しかも確固として常に在り続けています。わたしたちはその具体化に失敗したからこそ、その実現に向けて努力するよう、さらに励まされているわけです。

三つの基本的な考えの第一は「個人の権利」です。誰もが「奪われることのない絶対的な《イネイリアブル》権利」を賦与《ふよ》されているという考えです。

持って生まれた、自分のものとしてある「個人の権利」です。誰か親切な支配者に贈り物として施されたものでも、絶対権力国家から特権として与えられたものでもありません。あくまでもその人が、固有の権利として、無条件に持って生まれたものという考えです。

この「個人の権利」がどこから出て来たものか、その発生源について合意する必要は必ずしもありません。神から与えられたという人もいます。人間を治める自然法《ナチュラル・ロー》から来たものだという人もいます。哲学の議論もさまざまです。直観的に信じているだけで、とくに根拠を詮索しない人もいます。しかしそれが不可侵の個人の権利であり、わたしたちが生きていくことの本質であることには、誰もが同意しています。

あるいはまた、こうした「個人の権利」が実際いくつあるか数え上げ、それぞれどのような性質を持つものなのか細かく合意する必要もありません。「個人の権利リスト」にどのようなものが並ぶかは、それぞれの個人、それぞれの社会、それぞれの時代によって異なるはずです。

たとえば「プライバシーの権利」はごく最近になって確立したものです。これに対して「個人の権利」として今、誰もが挙げる「言論の自由」の権利は、実はこの国の歴史始まって以来のものです。

いずれにせよ、こうした「個人の権利」とは何なのかを、わたしたちがしっかり認識することは、わたしたちの日々の発展にとって重要なことです。わたしたちの生き方の土台を理解するうえで何が大事なことかといえば、あらゆる人びとに「個人の権利」があるのだという考えが事実として存在している、ということです。

これらの権利が帰属する「人《パーソン》」という言葉の意味も、時代の流れの中で何度か変化して来ました。しかしながら、「個人の権利」が帰属する「人」の範囲は、わたしたちの社会のかなりの部分に今なお広がっていません。つまり「一八歳未満」には「個人の権利」がなお行き渡っていないのです。若者は一八歳になってようやく、法的に「人」と認められているわけです。

第二の基本的な考えは、「政治《ポリティカル》のデモクラシー」です。コミュニティーを統治するすべての決定は、そのコミュニティーによって、政治のデモクラシーによって決定されなければならない、という考え方です。

基本的な考えの第一、「個人の権利」は、自分が責任を持つ、自分自身の行為を主にカバーするものですが、この第二の考え、「政治のデモクラシー」は、自分たちが責任を持つ、集団に影響を及ぼす行為を主にカバーするものです。

「政治のデモクラシー」の一般原則は、ある行為によって最も影響を受ける人びとこそ、その行為の決定に参加しなければならない、というものです。

この「政治のデモクラシーによる決定」についても定義が定まっているわけではありません。その本質について言われていることは、それが「上からの命令《デクリー》」ではなく、人びとの「投票《ヴォート》」によって決定されるプロセスである、ということです。

第三の基本的な考えは「平等な機会《イコール・オポチュニティー》」です。人は誰でも、ある目標を獲得する、平等なチャンスを持っている、という考えです。これはもちろん、誰もが同じ結果になることを意味するものではありません。わたしたちがこれまで求めて来たのは、誰もが同じスタートラインにつき、一人ひとりが自分の好きな場所へ、自分の好きな走り方で走ることであり、同じ走り方でまとめて走らされることではありません。

この点に関して、リンカーン大統領は以下のような有名な言葉を遺しています。「（南北戦争とは）基本的には、人びとの間の競争《コンテスト》であります。北部諸州《ザ・ユニオン》にとってそれは、その統治形態と実体を、この世界において引き続き存続させようとする闘いなのです。闘いを導く目標は、人びとの生活状態《コンディション》の向上です。すべての人びとの肩の上から、人為的な重荷を取り上げることです。すべての人びとのために健全な追求の道を整えることです。あらゆる人びとに、その人生の競走における、邪魔されないスタートと公正なチャンスを与えることです〔訳注1〕」。

以上、三つの基本的な考えは、互いに分離できるものではありません。これらは、わたしたちの国の運命から切り離されたものでもありません。これこそ「アメリカの夢」です。これらの三つの考えが実行に移されるその程度に応じて、アメリカの夢はアメリカの現実となっていくのです。

わたしたちの学校こそ、こうしたアメリカの夢を最も執拗に、最も強く信奉するもの、と考える人もいるはずです。確かに、そうです。結局のところ、この国の若者たちに、責任ある成熟した市民として人生を過ごしていく準備をしてもらう以外に、どのような究極の教育目標があるでしょうか。この国の学校以外の誰に、この教育目標を達成する責任がまかされているのでしょうか。

にもかかわらず、この国の教育システムは、最も「アメリカではない」組織になっているのです。なんという悲劇でしょう。この国の未来にとって、なんと不吉なことか。

保育所に入る前から大学院を出たあとまで、わたしたちの「学校」の生徒・学生たちに事実上「個人の権利」はありません。ほぼ完全に、教師やスタッフ、教育行政当局者の意のままに扱われています。言論の自由も、異議を唱える権利も、平和的な集会の権利も、責める者に立ち向かう権利も、自分のプライバシーを守る権利も、何もありません。こうした無権利のリストを数えあげれば、わたしたちが昔から手にしている諸権利のすべてに及ぶことでしょう。

成長期の全期間、子どもたちはまるで刑務所のような教育機関で過ごすよう法律で——一六歳以上の場合は経済的・社会的な圧力によって——縛られています。そこでは個人の権利など、とにかくどこにも存在しません。

犯罪者や法律違反者を収容する刑務所でさえ、最終結論に至らないまでも収監のメリットをめぐり、さまざまな議論が続いています。

それなのに学校については、その正当化のために持ち出された「論理」というものに服従するしかないというのです。

子どもたちを自分の権利を自分の責任で行使し、それを周到に守り抜いていく人間に育てるには、彼らを無権利状態の中に置き続けなければならないと、みなさんは本気でそう信じ込んでいるのでしょうか。

学校以外の場所で、わたしたちがちょっとでもそんなふうにされたら耐えられるでしょうか。書き言葉のない場所で、どうやって字を覚えることができるのでしょう。犯罪者の集団の中にいるギャングに、そこで道徳が身につくはずだと、言えるでしょうか。

「個人の権利」が「学校」でほとんど無視されているとしたら、「政治のデモクラシー」は学校生活の現実の中から、さらに排除されています。わたしたちの教育システムの何処にも、政治のデモクラシーに従った

訳注1　リンカーン大統領、南北戦争が始まって三ヵ月、一八六一年七月四日の議会へのメッセージより。

意思決定をする場はありません。

実はわたしたちのこの教育システムこそ、独裁制《オートクラシー》が統治原則として公式に認められている、この国でただ一つの主要な制度機構なのです。

決定を下すのは、決定に影響を受ける人たちでなければなりませんが、「学校」はこれを頭から否定しているのです。生徒・学生は、学校で自分たちは何を学ぶか、どう行動するかを決める当事者ではありません。そのことについて発言することさえできないのです。

学校は「政治の独裁《ポリティカル・オートクラシー》」のほとんど完璧なモデルであると言えます。そこにあるのは、明確に定義された階層制度《ハイエラーキー》です。指揮命令系統《チェーン・オブ・コマンド》がハッキリしています。一つ上のレベルは一つ下のレベルに、ほとんど無制限の支配権を行使しています。生徒・学生は、このピラミッド《ヒープ》の最底辺にいます。

訴える道も閉ざされています。だから、上にいる人をその善意に働きかけて動かすしかないのです。規則や管理規定は、話し合いや同意を必要としないで決められてしまいます。こうした仕組みからは当然、怒りと憎しみがシステム全体に行き渡るだけです。決まりを破り管理に反抗することに、あらゆるレベルでエネルギーが向かっていきます。

わたしたちの教育システムを設計した人たちは、「政治のデモクラシー」がもたらす、大きな便益のひとつを忘れていたようです。法律を適用される人びと自身が同意して生みだされた法律こそが――被統治者の同意に基づく統治こそが――唯一、尊敬を獲得するものなのです。それは、どのようなにひどい圧政をもってしても実現しがたい、法律の順守を実現するものです。自分たちでつくった法律は、自分たちがもっとも踏みにじりたくない法律なのです。

わたしたちの学校に「平等な機会」がないことは、ある意味でよく知られていることですが、よく知られていない重大な「平等な機会」の欠如もあります。

よく知られている機会の不平等は、わたしたちが立ち上げた学校が、一部の生徒たちを初めから不利な立場に置いていることです。少数民族の集団、特定の経済階層、特定地域の子どもたちが、ほかの生徒たちより不遇な状況に置かれているのです。

その一方で、これまた知られざる、隠された不平等の領域が存在します。より邪悪なものです。そこでは、「平等な機会」という基本的な考えが侮蔑されています。あらゆる子どもたちが虐げられています。それは「指導《ガイダンス》システム」の中に潜んでいるのです。

子どもたちを早いうちからテストや面接、家庭調査の結果をもとに選別し、一人ひとりに「最も適切なコース」を割り当て、決定されたコースを進むよう「援助」する「指導」の中に、より悪質な不平等が潜んでいるのです。

アインシュタインは学校で算数ができない子どもでしたが、こうした子どもたちは今や、物理学を専攻するチャンスさえも与えられないのです。平等な機会とは、あるコースを進みたいと思うどの子にも、同じチャンスが与えられることです。

その子の人生の運命は、その子の決定によらねばなりません。わたしたちの理念に合致する「指導」とはただひとつ、あらゆる子にあらゆることで同じチャンスを与えることです。

こうした「アメリカ的ではない《アン・アメリカン》」学校を今後維持することは、この国にとってもはや、不可能なものになっています。学校に通っている生徒・学生も、学校を運営している人も、学校を長らく支持して来た人も、今や矛盾に耐えられなくなっているのです。学校の拠《よ》って立つところと、この国の拠って立つところとの間の矛盾に耐えられなくなっているのです。

子どもたちに完全な市民的権利と、自分自身の人生を自らコントロールできる力を与えることに反対する議論には、何の経験的根拠もありません。それはかつて、アフリカ系アメリカ人奴隷の権利の拡張に反対した、腐臭を放つ議論と変わりありません。〔適正手続と平等保護を定めた〕米国憲法修正第一四条が制定された後になっても続いた、婦人〔の参政権〕をめぐる反対論と同じものでしかないのです。それらは偏見に凝り固まり、人を見下した態度をとるところから来た反対論にすぎません。

子どもたちは、一人の完全な自由社会の市民となる力を持っています。その証拠はたくさんあります。これまで数世代にわたって、子どもたちが大人のように、大人と同じ敬意でもって遇される学校が存続して来ました。一九二〇年代に開校した英国のサマーヒル校〔訳注2〕は、そうしたアプローチを採った最初の学校です。以来、世界中に数十の新しい学校が生まれました。そしていま、そうした多くの学校が自分自身を「デモクラティック・スクール」と呼ぶようになりました。「サドベリー・バレー校モデル〔原注1〕」によるものも出来ています。

こうした教育環境から、社会で機能する大人が育っているのです。自由なデモクラシー社会に加わるべき、多彩な才能のすべてを立派に育てているのです。

原注1　サドベリー・バレー校に関する議論は、本書末尾の付録を参照。

訳注2　サマーヒル校　スコットランドの教育者、A・S・ニイル（一八八三〜一九七三年）によって、一九二一年にドイツのドレスデンに開校。二年後、英国に移り、現在に至る。元祖フリースクールとして、世界の自由教育に大きな影響を与えて来た。堀真一郎・元大阪市立大学教授が一九九二年、和歌山県橋本市彦谷に開校した「きのくに子どもの村学園」は、サマーヒル教育の日本での開花である。

6　変化に抵抗するもの

あなたたちはね、前任者から下げ渡された思考体制《レジーム・オブ・ソート》に順応できた人たちに教えられているの。それは居直り続ける《セルフ・パーペチュエイティング》システムなの。あなたたちの中で、ほかの人より強くて自分というものを持っている人は、そこから出て、自分自身を教育していく道を見つけるのよ。きっとそう励まされることになるわ。自分を教育する道を、自分の判断力を育てる道を見つけるのよ。思考体制の中にとどまる人は、覚えておかなくちゃならない。いつも、思い出すのよ。この特殊な社会の特殊で狭いニーズに収まるよう自分自身を丸めさせられ、パターンの鋳型にはめられていることを。

——ドリス・レッシング〔訳注1〕

R

教師たちもまた、ほかのどんなシステムに雇われた人たちと同じく、自分たちの雇用の安定を求めるものです。教育システムの中にいる彼らは、教師である彼らの知ることを、彼らから教わるよう生徒たちに要求し、職の確保に努めているのです。

科目の《必修《リクワイアド》》コースというものもまた、そこに教師たちがいて初めて生まれて来るものです。教師たちは学校教育のあらゆるレベルで、自分たちが提供するサービスへのニーズを維持しようと努めています。

これは彼らが教えるコースが、生徒たちにはこの産業社会でうまく機能していく上で、「必須」でないものであっても、言えることです。たとえば「歴史」の教師たちを考えてください。彼らもまた自分たちの雇用の安定を確保するため、生徒一人ひとりにとって、それがたとえ機械を効率的に動かすのに不必要なものであっても、歴史を知ることは非常に重要なことだと主張します。「学校」にいる生徒たちに「歴史」を教え込むことは、よき市民を、よりバランスのとれた個人を生みだすものだとして正当化されるわけです。同じことは「生物」にも「外国語」にも、それ以外の科目にも言えます。カリキュラムは、こうして積み上げられていくのです。

学校当局がカリキュラムの体系に新たなものを付け加えることで、さらに多くの（さらに多岐にわたる）教師集団が雇用されることになります。それによって、そのために必要な教育官僚制がさらに生まれます。そうして教育官僚制は（必ずしもすべてがそうなるわけではありませんが）、地元政府機関や関連する民間セクターの中に居座るようになるのです。こうして数千人もの人びとが、コースの設計、教科書の執筆、試験の実施、成績の記録などに関わっていくわけです。

今日ではこうした「教・産《エデュケーション・インダストリアル・コンプレックス》（教育・産業）複合体」に関わる人の数の方が全体として、「軍・産（軍事・産業）複合体」に関わる人の数を上回るまでになっています。結果として学校は、子どもたちが頼みもしないものを、必要としないものを教え込もうとしているわけです。

その一方で子どもたちは今、機械に奉仕するものではなくなっています。「産業革命」はますます影をひそめ、ほとんど消滅しかかっています。新しい時代に取って替わられているのです。そしてその新しい時代は、新しい教育プロセスによって供給された、全く違った人びとを必要としているのです。

D

教育システムに雇用され、働く人の数が爆発的に増えている現実は、恐ろしくもあり困ったことでもあります。まるで渦を巻きながら螺旋を描いて急増しているその姿は、ほとんど制御不可に見えます。始まりは、単科・総合大学でした。人びとはこう信じ込まされたのです。「大卒」でない者はみな、社会の「敗者」になるしかない……（ほんの半世紀前、この国の人びとの大部分は大学に進学するどころか、「高卒」でもありませんでした。今や、信じがたいことですが）。

その結果、「大学を、もっとつくろう」ということになりました。そして、大学教育が約束する雇用のニーズが生まれたわけです。

大学には教授が、助手が、学部長が、事務局員が雇用されました。つまり大学自体が大卒者の雇用のニー

訳注1　ドリス・レッシング Doris Lessing　英国の作家（一九一九～二〇一三年）。二〇〇七年、ノーベル文学賞を受賞。上記の引用は、一九六二年に発表された、小説仕立ての手記、『黄金のノート（*The Golden Notebook*）』より。『黄金のノート』の邦訳は、市川博彬訳、エディ・フォア刊。

ズを一定程度、満たしたわけです。たとえばフィラデルフィア〔訳注2〕の場合、市内最大の雇用主はペンシルバニア大学です。

学校はもともと、正式な教育をいくらか受けた人たちの働きの場でした。大学が大卒向けの新しい受け皿となったのも当然のことです。

しかし、子どもたちの絶対数は限られています。ですから学校で生まれる雇用の機会もまた限られたものになることは、理の当然です。

ところが、実際はそうはなりませんでした。学校は、以下のようなさまざまな新しい雇用を生み出しながら、際限もないほど新規採用の枠を広げて見せたのです。

■ 正規教員を、学級サイズを小さくして、さらに雇用する。望ましい「教師／生徒の比率」に下限はない。「一対一」の理想に向かって突き進むだけ。「クラスが小規模になればなるだけ、学習は改善される」というドグマは実証研究で繰り返し否定されているのに、小さなクラスへの動きはいっこうに弱まろうとしない。〔原注1〕

■ より多くの科目が、若者たちの教育にとって「絶対不可欠」なものとして、カリキュラムの中に組み込まれ、それによって全く新たな「教師のカテゴリー」が生まれている。コースの数が増えるにつれ、「スペシャリスト」群へのニーズが強まる。新たなコースを、前から学級現場に立つ教員が教えるとなると、その専門知識をいちから身につけないといけないからだ。大学ではテクノロジーの進展を受け、新たなコース・カリキュラムの新設だけでなく、新たな学部の新設さえも行われている。

■全学年の生徒に対して実施されるテストによる、教師の「教え」の効果を監視するモニタリングの絶えざる強化。この結果としてテスト産業《インダストリー》や学力調査《リサーチ》産業が生まれつつある。

■テストが増えるにつれ、好ましいレベルに達していない生徒たちも、当然ながらより多く「発見」されるようになっている（ギャリソン・ケイラー[訳注3]の皮肉な言い方をかりれば、どの子も《標準を上回る》《アバーヴ・アヴェレージ》ようにする明確な目標が設定されているにもかかわらず！）。その結果として、テストの点の引き上げを狙って、大がかりな《治療》《リメディアル》教育が行われているわけだ。そうした取り組みの中に「特別チューター」とか「放課後クラス」があるのだが、それだけではない。学校カウンセラーとか学校心理療法家《サイコロジスト》といった、生徒たちが学校の要求に正しく応えることができる処方を開発して生徒たちに施す専門家たちが加わっている。

教育におけるこれらの成長産業はすべて、すでに基本的に時代遅れになってしまった教育システムをめ

原注1　この点に関する最近の包括的調査結果は、以下の論文を参照。"The Effects of Class Size on Student Achievement : New Evidence from Population Variation," by Caroline M. Hoxby, *Quarterly Journal of Economics*, November 2000.
論文著者のホクスビーは、こう結論付けている。「研究評価が示唆しているのは、学級のサイズが生徒たちの達成に対して、統計的に有意の効果を及ぼしていないことである」と。
わたしの考えを言えば、この論文にある、「統計的に有意と見なされない、ささいな効果（学級のサイズを一〇％、削減した際、テストの得点に出た二～四％の偏差）」さえ、無視すべきものだ。

訳注2　フィラデルフィア　東部ペンシルバニア州の中心都市。人口一五〇万人を超える、全米第五の大都市。
訳注3　ギャリソン・ケイラー　Garrison Keillor 米国の作家、ラジオ番組キャスター、ユーモア作家（一九四二年～　）。中北部のミネソタ州で活躍。トレードマークは赤い靴。

ぐって発展しています。つまり二一世紀の世界と向き合う子どもたちのニーズにもはや役立たない教育システムのために発展しています。これは悲しいことです。

こうした教育システムの解体が漸次、時間をかけて行われるのではなく、急激な崩壊へと一気に進む時、社会的に役立たないとされた膨大な数の被雇用者たちがどのような目に遭うか、考えただけでも不安になります。

わたしたちはすでに工業生産の世界の転換の中で、同じような社会的な混乱をこれまで何度も目にして来たわけですから。

R

わたしたちがシステムを――教育システムもその中に含まれるわけですが――それが何であれ根本から変えたがらないのは、かなりの部分、わたしたちが学校で教え込まれたことから来ているものです。

わたしたちはみな学校を通して、間違い《ミステイク》を仕出かすことは悪いこと、間違いを犯せば評価は下がると教えられて来ました。これひとつ取っても分かるのは、わたしたちの学校は「学び」というものに少しも関心を寄せていない、ということです。

うまくやりおおせたことからは、何も学べないのです。すでにやり方を分かっているから、うまくやれただけのことです。失敗しないでうまくやれる、ということは、すでに知っていることを確証しただけのことです。もちろん、これにもそれなりの価値はありますが、学びに貢献するものは何もありません。

わたしたちは自身の経験を通して、失敗から学ぶことができるだけです。なぜ失敗したかを特定し、そこを直していくのです。学校はしかし、そんな貴重な機会を滅多に与えてくれません。間違ってしまって、「間違いましたね」と判定されたら最後、もう取り消すことはできません。だからわたしたちは、失敗は許されないこと、と学んでしまうわけです。

こうした姿勢は学校を出て仕事を始めてからも、ついて回ります。わたしたちの社会組織のほとんどが、学校と同じく、失敗を嫌っているからです。失敗は罰せられるのです。

しかし失敗《ミステイク》には二種類があります。「作為による失敗《エラー・オブ・コミッション》」と「不作為による失敗《エラー・オブ・オミッション》」です。「作為による失敗」は、「すべきでなかったことをしてしまった」ことです。逆に「不作為による失敗」は、「すべきことをしなかった」ことです。この二つの失敗のうち、ふつう最も高くつくのは「不作為による失敗」のほうです。〔訳注4〕してしまった間違いを正すことより、失ってしまった機会を取り戻すことのほうが困難だからです。

しかしわたしたちの社会的組織はみな、公的機関であれ私的機関であれ、この「作為による失敗」のみを記録に残しています。不作為の失敗で組織が支払うコストについても記録に残していません。

こうして失敗を（罰せられないまでも）悪いこととみなす組織で働き、なるべく失敗しないようにする人びとは、自分の雇用の安全を最大化しようと、できるだけ自分から物事をしなくなるわけです。それどころか

訳注4　この「不作為による失敗」で、わたしたち日本人がいま、痛切な反省を強いられていることを、ひとつ挙げるとすれば、やはりあの「3・11」、二〇一一年三月十一日の大地震・大津波による東電福島第一原発トリプル・メルトダウンを引き起こしてしまったことだろう。東電は二〇〇八年の社内の検討で「最大一五・七メートルの津波が来て、4号機の原子炉周辺は二・六メートル浸水する」という予測を立てながら、対策を取らなかった。取り返しのつかないことをしてしまった。一方、同じ原発の津波対策で「作為による失敗」になりかねないことをひとつ挙げれば、たとえば浜岡原発に新設された「防波堤」とされるものである。上空から見ると、まるでブリキの板壁。大津波の圧力に耐えられないものではないかと指摘されている。しかし、この浜岡原発については、取り返しのつかない惨事にまだ至っていない。対策をとる余地は、ある。

自分を守るため、失敗が自分とは無関係なものであることをハッキリさせようとします。責任《バック》を他人に転嫁して結果責任《アカウンタビリティー》を免れようとします。わたしたちの社会や組織にはびこる保守主義の源は、ここにあります。

「作為による失敗」と「不作為による失敗」の二つは密接に関連しています。そしてその関連の仕方に重大な問題が潜んでいます。

人が不作為の失敗をしてしまう大きな理由として挙げられるのは、作為の失敗を仕出かすことを恐れているからです。より具体的には、たとえばわたしが、自分が為すべきことをしない（不作為の失敗）理由は、それをしてしまうと、わたしがすべきでないことをしてしまう（作為の失敗）恐れが出て来るからです。逆に言えば、作為による失敗を恐れる心をなくすことが、不作為による失敗を恐れることの解決につながるわけです。

もしわたしたちが根本的な（社会のかたちをかえるような）制度変革を起こそうとするなら、「失敗」に対する態度を改めなければなりません。

わたしたちが採るべき「失敗」に対する姿勢について、（米国の名門ビール会社）「アンハイザー・ブッシュ」社のオーガスト・ブッシュ三世・CEO（最高経営責任者）は部下に対する訓示の中で、こう見事に語っています。

「もしも去年、あなたが重大な失敗をしなかったならば、それはあなたが根本的に何か新しいことと取り組まなかったということです。失敗を犯すことで自分に良くないことが起きると思って、恐れてはなりません。同じ失敗を繰り返すことを恐れるべきです」

パート2　教育に役立つもの

　教育の大いなる目標……とは、過去の世代が言って来たことを繰り返すのではなく、新しいことができる男女を生み出すことでなければならない。創造的で発明的な発見者であり、与えられるすべてのものに対して、ただ受け入れるのではなく、批判的に検証できる男女を生み出すことです。

— ジャン・ピアジェ

7 発展した社会が個人の自己実現のために提供できる環境とは

このわたしに、あらゆる教育に最も重要で最も役に立つルールを、いまここで言えというのですか？　時間の節約にならないし、時間を浪費するだけのことです。

――ジャン・ジャック・ルソー

D

人は誰でも、ただ一人のユニークな存在です。一人ひとりがそれぞれ、自分なりの目的を自分自身の感覚として胸に秘めています。わたしたちは一人の人間《ソウル》として、その内に秘めたものを文化の枠組みの中で営まれる現実生活の中で実現しなければなりません。

それぞれの人生に各自が意味を見いだすそのやり方は、その人が生きる環境と密接に関係しています。

別の言い方をすれば、人を環境として取り巻く文化は、各自の意味ある生き方の諸限界《パラメーター》を――すなわち文化が受け入れ、歓迎し、あるいは容認する、人びとの活動範囲を決定するわけです（どのような社会でも、その社会が容認する限界をさらに超えて自分の「使命」を主張する者は排除されます。狂気のレッテルを貼られ忌避されるか、処刑されないまでも社会の外へ追放されます）。

しかしある特定の文化が求め、必要とし、あるいは容認する行動は、その文化に生きる人びとが語り継ぐ、自分たちの社会生活のあり方だけで決まるものではありません。その文化が、自分たちの地理的な影響圏を超えたところにある異文化と相互作用し合う、その度合いによっても決まるものです。この点はきわめて重要なことです。

これは考古学がいろいろな例で証明していることですが、歴史のもっとも早い時期から、さまざまな社会の間でコミュニケーションがとられていました。物資のやりとりがあったのです。人間の移動手段はその後しだいに進歩していきました。最初は徒歩での旅でしたが、次に家畜による運搬が始まりました。河川や海洋を利用した旅も着実に進展していったのです。こうしてさまざまな社会がますます影響し合うようになり、互いの発展に貢献するようになったのです。こうしたプロセスの中で、個人の潜在的な夢、自分の人生に対する志向《アスパレイション》の幅もまた拡大していきました。

それだけではありません。豊かさが生まれるにつれて、一定の余暇《レジャー》が多くの人に許されるようになりました。それによって、単なる生存への闘いを超えた活動に自分の時間を使う自由が与えられたわけです。

狩猟・採集社会から農耕社会への変化で、それまで想像さえ出来なかった生き方をする機会も生まれました。その新しい生き方の機会とは、個人に深い充実感を与え、社会の文化的蓄積に好ましいものを追加する、わたしたちがいま「キャリア」と呼んでいるものです。

狩猟・採集社会から抜け出た農耕社会が手にした生き方の多様性を、現代社会に残る狩猟・採集社会と比較して考えてみてください。昔の農耕社会に生まれ育った人に、選択肢がどれだけ爆発的に生まれたか分かるはずです。

現存する史料や考古学のデータで知る限り、およそ一万年前の（記録が現存する）有史時代の最初期でも、相当な数に上る、さまざまな文化が、なんらかのかたちでコミュニケーションを取り合っていました。アジアの最果てから北米、欧州まで互いにつながりあっていたのです。陸上を行く隊商が、海を行き来する舟が、そうした文化の連結を実現しました。

このように事態が進展し地域の広がりが拡張したことで、各地の余暇階級に夢見る力が生まれました。どのような途方もない夢であろうと、自分の運命を自分で切り拓く夢を描けるようになったのです。（原注1）

古代ギリシャの都市国家に生まれ育ったマケドニアの王、アレキサンダーも、このようにして全世界の支配者となる自分の運命を思い描くことができたわけです。夢見たことで運命を具体化するステップを踏むことができました。アレキサンダーから一五〇〇年後のマルコ・ポーロも夢見ることができた人です。東方の最果ての地まで陸上を旅する夢を実現したのです。

「近代科学の時代」、そしてそこから生まれた「産業の時代」（この二つをひとつにまとめて「現代《モダン・タイムズ》（近代）」という呼び名が生まれました）は、重なり合いながら進行する時代の進展に積極的に寄与した社会（「発展した社会」とも、呼ばれています）における「人間の条件《ヒューマン・コンディション》」に、第二の根底的な変化をもたらしました。そうして、それらの社会と接触したほかの社会でもまた漸次、第二の根底的な変化が起きて来たわけです。

この第二の変化の根底的な意味合いと、それが「発展した社会」の人びとに及ぼした効果を十分理解するには、近代科学、近代テクノロジーの基本要素というものを見ておく必要があります。

科学の目標とは、これまで常にそうだったように、わたしたちが経験する世界の働きを理解することです。

科学はつい最近まで「自然哲学《ナチュラル・フィロソフィー》」と適切にも呼ばれていたのですが、それは探究の焦点をわたしたちが知覚する環境に置き、そこから意味を取り出そうとするものです。わたしたちの文化はすべく、わたしたちが生きるこの宇宙の働きを理解しようと、骨の折れる仕事を続けて来ました。科学とは大きな視野の中で見れば、人間の普遍的な活動としてあり続けて来たわけです。

こうした自然哲学である科学に新たなものを採り入れたのは、古代ギリシャでした。ギリシャ語を話す植民都市が広がる中で、各地の思想家たちは数世紀もの間、自然について考え、その延長として人間を考える画期的な方法を生みだしていったのです。

この創造に、古代ギリシャ都市国家の哲学者たちがかかわったことは、文化の発展に及ぼす各個人の相互作用の豊かさを示す、ひとつの証拠と言えるでしょう。古代ギリシャの哲学者とその使徒たちは都市から都市へと旅し、各地の哲学者は彼らを迎え入れ熱心に議論し合ったのです。こうしたプロセスを明らかにする素敵な実例を、わたしたちはプラトンの対話篇をはじめとする著作に見ることができるわけですが、そこからしだいに形をとって生まれたものが「合理思想《ラショナル・ソート》（理性主義）」でした。

「合理思想」と呼ばれるようになった古代ギリシャの新しい思考法は、「理性」あるいは「論理」のレンズを通すことが世界を見る唯一有効な方法であるというものでした。

それは物質的宇宙の理解にも適用されました。わたしたちが知覚する物質世界に対する合理的な解析

原注1　その一方で余暇を持てない人びと、つまり人生の全てを自分のサバイバルに捧げるしかない人びとは、生き残るための闘いに精神的・肉体的なエネルギーのすべてを注ぎ込まねばなりませんでした。歴史の大半の期間を通じ、圧倒的多数の人びとがこのカテゴリーの人生を送って来ました。今日でさえなお、世界のかなりの人びとが同じ状態を続けています。

——それを体現したのが古代ギリシャの自然哲学です。当時の科学は理論に対して「論理」と「注意深い観察」の厳密な適用を要求するものでした。

「合理的な解析」と（実験に取り組むことを含む）「注意深い観察」の結合《マリッジ》はやがて、最初は西洋世界に、そしてそのあとイスラム世界において広く認められたものになりました。そしてそれはほとんど無傷のまま、その後二〇〇〇年にわたって生き続けることになったわけです。

これらの諸文化において有益な知識が生まれ、知識の膨大な貯蔵庫が生まれる端緒をつくったのも、合理的な解析と注意深い観察の婚姻でした。これまで二〇〇〇年にわたって続いて来たテクノロジーの巨大な進歩の基礎となったのも、この縁組みです。

近代科学は、この合理解析と観察に加え、もうひとつ、根本的に新しい要素を自然科学に導入しました。それが「空想《ファンタジー》」。より一般に受け入れられた言葉で言えば「想像力《イマジネーション》」です。

近代科学の夜明けをつくったコペルニクス、ケプラー、ガリレオ、ニュートンといった知の巨人、その他近代科学の基礎を築いた人びとによる最大の貢献は、モノ同士がどう作用し合い、時間の経過とともにどう変化していくかを思い描く夢想《ファンシー》の流れの中に身を置く能力こそ、自然世界を理解する上で決定的なことである、という考えを生んだことです。

こうした想像力が解き放たれるや否や、太陽系の惑星システム、遠隔で働く力、重力、エーテルといった概念が、刺激的かつ変幻自在な、自然現象の秘密を探る説明図式のほとばしりの前面に躍り出ることになりました。科学の探求における想像力の精霊は時間の経過とともに活動を飛躍させ、遂にわたしたちの知覚との直接的なつながりを放棄し切ったような科学の現状を導くに至ったわけです。〔原注2〕

「産業の時代」の核心にあった考えもまた単純かつ革命的で、同じように空想的なものでした。ヘトヘトになるまで働かないと生きていけなかった過去を克服し、あらゆる人がモノの豊かさの恩恵を受け、その結果として健康と余暇を持てるようになる……。そんな社会的《ソシオ》・経済的《エコノミック》な夢想が産みだされたわけです。

「産業の時代」は、のしかかる貧困をこの世の運命として受けいれ（「汝は一生のあひだ労苦《くるし》みて其《それ》より食を得ん」〔原注3〕）、死後のより良い運命に望みをつなぐしかなかったところへ、この地上における「よい人生《グッド・ライフ》」の可能性を、すべての人がこの世で自分の内なる運命を実現する夢を描ける可能性をもたらしたのです。

人間存在のほとんどすべての側面に及ぶテクノロジーの進展は、予想通りの展開として社会・経済理論の著作の輩出を招き、出版されるその量はこの間、増加の一途をたどったのです〔原注4〕。

しかし残念ながら「産業の時代」の理論も実践も、その現実の姿を見れば、「約束の空想《ファンタジー・オブ・プロミス》」から大きく遅れをとるものでしかありませんでした。「機械」はあまりにも愚直なものにすぎませんでした。農耕時代の人びとの生存のための苦闘が産業労働者の苦闘に、ただ入れ替わっただけ——これが「産業の時代」の皮肉な現実の姿でした。

そしてもうひとつ、これはすでに触れたことですが、「産業の時代」はさらに、産業の機械に必要な人間という付属品を供給する「学校教育のシステム」というものを社会に課すに至ったわけです〔訳注1〕。

原注2　この点に関するより詳細な議論は以下を参照。Daniel Greenberg. *Outline of a New Philosophy* (Framingham, MA : Sudbury Valley School Press, 1996)

原注3　旧約聖書・創世記の第三章より。

原注4　近代産業主義の基本的な要素——テクノロジーのノウハウ、力、生産を倍増する機械力を説明する物理学的な理解が、実はすでに古代文明の初期から存在していたことは、記憶に留めるべきことである。しかしその時代にはまだ、そうした知識を活用し、ひと握りの権力者・支配者だけが謳歌する暮らしを、あらゆる人びとに与えるべきだとする倫理意識はなかった。

近代に生まれた約束をすべての人びとにとって実現可能なものとする……。課題は二〇世紀の後半に夜明けを迎えた「ポスト産業時代」に持ち越されました。この認識は二一世紀の今になってようやく、多くの人びとの想像と志向の中に根を下ろし始めました。産業が発達した国々ではしかし、その文化の中にすでに広く浸透したものになっています。

ここでこの時代がわたしたちに、どんなものを差し出しているのか見ることにしましょう。

それらはこれまで、ごく少数の人びとのためのものでしかなかったものです。それをひとつずつ挙げていきますが、みな繋がっています。今という歴史の舞台の上でたまたま偶然、隣り合わせたものではありません。それらは「わたしたちの時代」という複合体《コンプレックス》を、互いに関係し合いながらかたちづくるものです。

列挙する前に、まとめて言ってしまえば、それは「グローバルな規模で最新の知識にアクセスできる能力」ということになります。ただしこれはインターネットという最近の発明によってのみ生まれたものではありません。インターネットはたしかにバーチャルな世界を広げ、使いやすさを着実に進化させていますが、ほかに重要なファクターがいくつもあります。

■ 出版も途方もなく進化した。書かれたものを、これまでにない素早さで、かんたんに流通させることができるようになった。

■ オーディオとビデオによるコミュニケーションも急速に進化した。人から人へ、集団から集団へ。それも世界規模で。

■ 比較的安価な素早い移動も次第に可能になっている。これにより、かつて不可能だった対面交渉ができるようになった。

■　情報を貯蔵し回収する能力も、固定的なものであれ携帯可能なものであれ、爆発的に拡大している。

こうしたファクターはみな、ほんの半世紀前には存在しなかったか存在しても原始的な状態にとどまっていたものです。これは当時と今を比べてみれば、よく分かります。

これらのファクターが相互作用し合って、どのような「能力」が生まれているかすこし詳しく見てみましょう。

《どのような分野であっても、その分野で最も素晴らしい実践の元型《アーキタイプ》にアクセスできる能力》

たとえば音楽家の卵たちのことを考えてみてください。一九二〇年代までの音楽家の卵はたとえ大都市に住んでいても、世界最高の音楽家たちの生演奏をじっくり聴くことはできませんでした。お手本になりそうな短い演奏をいくつか聴くのがやっとでした。それも稀にしか聴けなかったのです。このため世界中に三流《サード・レイト》の音楽教師と音楽生たちがあふれていたのです。名演奏の高みに抜け出ることも難しいことでした。それが今や、どうでしょう。クリックひとつで世界最高の名演にも、あるいは逆に最悪の演奏にもアクセスできます。そして世界中の町や大都市で行われたソリストや楽団による素晴らしい演奏の数々を聴き比べることも

訳注1　「産業の時代」のほとんどを通じ、余暇を持つ特権層の教育が大衆向けの学校教育とは大きく異なる姿をとっていたことに注意することは重要なことである。特権層の子どもたちが学校に通う場合――多くの場合、特権層の子弟の教育は家庭教育にゆだねられていた――そこでの教育は非実用的なもの、想像力に重点を置くものにならざるを得なかった。そこはラテン語やギリシャ語、古典文学、哲学といった科目を学ぶ学校だった。

できます。
これは音楽以外のほかの分野でも言えることです。最高の政治家の最高のスピーチも視聴できます。法廷弁護士による最高の弁護を視聴できれば、最高の法律家らが書いた訴状を閲覧することもできます。世界で最高に尊敬されている建築家らによる三次元設計を見て、研究することさえできます。
わたしたちの自己評価力は、そのために不可欠なモデルや元型にアクセスできることで飛躍的に高まっているのです。いまやわたしたちは自分自身を最高のものとの比較で評価する潜在的可能性を手にしているわけです。

《共通する関心を持つ、あらゆる場所の他者と交流する《インターアクト》能力》
アイデアは真空の中では決して発展しません。自分のアイデアを試す試金石が必要です。最新のニュースを伝え合い、おバカな失敗を笑い合い、未来を見定め、過去に深く分け入っていくことが必要です。
ことわざにもあるように、「誰も、ひとつの島ではあり得ない」〔原注5〕のです。今日の発展した社会にあっては（いや、それに限らず、どのような場所でも）、人は誰でも、自分の居場所から自分と交流する人の居場所へつながる自在な「橋」を持っているのです。かつて上流階級のサロンや夜会、社交の場、セミナーに限られていた状況が今や電子的に、そこに参加したいと思うすべての人に開かれているのです。チャットの部屋が世界中で、いまこの瞬間、どれだけ生まれているのか、インスタント・メッセージ〔訳注2〕がどれだけ送られているか、もはや知るすべもありません。

《新しいアイデア、発明、創作を、広く伝播できる能力》

たとえば仲間うちでブレーンストーミングをして、これはいいなと思うものを手にしたとします。たとえば、自分たちのバンド演奏です。そんなものが生まれてきたとき、どうしたらよいか。

そう、もう心配はご無用、何の問題もないのです。検索エンジンとつながった自分のウェブ・ページ（数十億、存在し、毎年、数十億、新たに創られています）に載せればいいのです。自動的にネット世界に流れていきます。CDやDVDにしたり、ネット編集の本にしたり、電子フォーラムでPRしてもいい。

新しいものがこれほどかんたんに広がることは、全く初めてのことです。一〇〇年前なら、日の目をみるまで数年、数十年かかった（あるいは、日の目を見ることなく終わってしまった）ものが、いまや瞬間で可能になっているのです。

科学的な新発見をしたとき、査読をくぐり抜け学術誌で発表するしか手がなかった時代も、そう古い昔の話ではありません。

サディ・カルノーが熱力学の第二法則を発見したとき、人びとが聞く耳を持つまで二〇年もかかったのですが、それも（一九世紀の初めのことであって）そんな昔の話ではないのです。[訳注3] カルノーがもうひとつ予測したエネルギー保存の法則などは、彼の未公開のノートの中に埋もれ一〇〇年以上経ってから、ようやく日の目を見たほどです。

原注5　No man is an island unto himself 中世イングランドの詩人、ジョン・ダン（John Donne、一五七二〜一六三一年）の「誰がために鐘は鳴る」の一節、No man is an island, entire of itself（人は、単独で存在する島ではない）から出た言い回し。

訳注2　インスタント・メッセージ　ネットの画面上から直接、リアルタイムで送るメッセージ。電子メールより速い。

《自分の文化貢献に対するフィードバックをすぐに受け取ることができる能力》

自分から発信できるだけでなく、発信への反応を受信できるようになりました。顧客レヴュー（批評）、読者レヴュー、視聴者レヴューといったフィードバックは、インターネットの商用サイトでは当たり前のことになっています。フィードバックとそれに対するフィードバックは、ネットで爆発的に増えるブログの、実は読みどころになっています。メールも自分の反応を非公開で相手に素早く伝える道具になっています。すべては全く新しい現象です。

メジャーなメディアが好意的なレヴューをしてくれるか、それとも否定的なレヴューを書かれるか、ハラハラしながら待つ人もいなくなりました。

レヴューはもともと（良かれ悪しかれ）対象が限られたもので、今のようにアイデアや創作の大半に対して行われるようなことはありませんでした。

レヴューが返って来ることで、それを自分の創造的な精神活動につなげる弾みが生まれているのです。すぐさまダイレクトな批判が返って来るので、粗い部分の見落としに気づき削ぎ落とすこともできます。

《事業の立ち上げに必要な資金を集める手段を探りあて、それに対してアプローチできる能力》

お金は事業に必要なものですが、集めるのは難しいことです。自分の夢の実現のため資金を手当てしようとすると、どうしても壁にぶつかってしまうのが、すこし前までの現実でした。資金はすべて、数少ない政府機関、民間の財団、企業スポンサー、ベンチャー投資家、あるいは投資銀行から受けるしかなかったからです。政治も芸術も科学もビジネスも、財布の紐を握る少数の人びとの人質にとられていたのです。

こうした資金源はいまも存在し、なおもわたしたちの文化を支配しようとしているのですが、直接的なコミュニケーションの道が拓け、全く新しい資金供給者が登場するようになりました。その結果、徐々に、しかしながら必然的な流れとして、銀行や大企業、政治的な大スポンサー、資金力のある財団による締め付けは緩んでいます。

小さな支援者たちが結束し、あらゆる分野の革新者たちが古い制約に邪魔されずに前進できるよう資金集めに動いています。この新しい現象は年ごとにますます勢いを増しており、束縛を解放するものと歓迎されています。

《ふつうのことであろうとなかろうと、誰かの夢を――つまり広い意味でのビジネスを――支援し、そこから利益をともに手にする状況を創り出す能力》

起業はいま、発展した社会のほとんどで、個人によるものであろうと合名会社や株式会社であろうと、これまでになく容易なものになっています。民間の事業こそ、不当な規制をはねのけ革新を生みだすものだという考えは長い間、この国の経済システムの中核にあったものです。それは他の発展した国々でも、中心的なものとしてあり続けて来ました。

民間事業の繁栄を許さない経済や国家は、現代世界の一角で存続するため、どれほどのコストを支払わ

訳注3　サディ・カルノー〔ニコラ・レオナール・サディ・カルノー、Nicolas Léonard Sadi Carnot、フランスの物理学者（一七九六〜一八三二年）〕は、自分がつくった理論の論文を私家版の本にして出版した。数百部つくられ、パリの書店に並んだが、全く売れなかった。仕方なく彼は書店を回り、全部買い取ることになった。

なければならないものか、それぞれ厳しい経験を通じて学ばなければなりませんでした。民間の事業とは政治理論にも政府の形態にもかかわりなく、個人が自分で目標を設定して進んでいく、燃えるような意欲を社会として認めたことにほかなりません。

《自分の働く欲求に応え、自分を支えてくれる雇用の場を見つけ出す能力》

独立独歩の道を歩むことが特に主体性と動機を持った人びとにとって容易なものになっていることも、雇用の場に大きな変化をもたらしています。雇用主として生き残っている人びとは今や認識しているのです。これからもその立場を維持したいなら、そこで働き続けたいと思う人びとを――すなわち雇用主が提供する枠組みの中で、個人として意味ある人生を過ごしていけると思うような人びとを、働き手の核として引き寄せ、確保していかなければならないことに気づいているのです。

働きながら自己を実現したいと意欲する人びとが、そのような人びとを求める雇用の場を見つけるチャンスは、それだけ大きくなっています。

《自分自身の興味を、自分の望むところまで、自分に合ったペースで伸ばしていく能力》

以上に述べたすべての理由から、自分が望んで到達しようとする高み《エクサレンス》に、いまや上限というものはないことが分かります。それ以上に重要なのは、自分の望んだ高みへ至る道は、その人自身によって決定されコントロールされるので、その人が段階を踏んで進む、その人自身の時間に予《あらかじ》め決められた枠組みはない、ということです。

外部から束縛されることなく、自分に向いた職業を自分で選び、自分が目指すべきレベルを決めることができるので、その道をどれだけの時間、歩き続けるか決めるのは自分です。自分の首に革紐をかけ、引っ張る人は誰もいません。棒で追い立てる人もいません。「時間要因《ファクター》」は、かつてないほど拘束力をなくしているのです。

たとえばわたしたちは天才と認められた人たちを束縛していません。才能にあふれた人たちを駆り立てはしません。

今、わたしたちは自分のなかの「天才」を、誰もが育てることができる時代にあるわりですから、カレンダー付きの時計とにらめっこすることはないのです。この流れは発展した社会で人びとの寿命が着実に延びる中で、どんどん強まっている傾向です。

《ある活動から別の活動へ、人生を通して移り変わっていく能力》

わたしたちが生きるこの「急激に変化する時代《タイム・オブ・ラピッド・チェインジ》」――ここ数十年の決まり文句です――で、じっとしたまま動かないものはほとんどありません。わたしたちはいま変化を当然のこととして予期できるようになっています。新しい大変化にも驚かなくなりました。いろんな産業が興っては消え、急成長した企業が没落し、科学的な発見が一夜にして時代遅れのものになっているのです。テクノロジーも猛スピードの抜き合いを演じています。

こうしてわたしたちの前にまたしても、世界を最も明快《クリア》に理解していた哲学者として、あの「万物は流転する《オール・イズ・チェインジ》」で有名な古代ギリシャのヘラクレイトスが登場するわけです。今日足を踏み入れた川は、昨日足を踏み入れた川と違う川であるわけですが、それだけではありません。今日のＤＶＤプレーヤーも、今日の自動車も、今日の物質理論も、今日の医学理論も、今日の奇跡の特効薬も、すべて昨日のものとは違っており、少なくともそれと同じだけ明日のものとも違っているのです。

環境が急激な変化を続ける中で、人びとの自己実現の仕方も変化していくことでしょう。わたし自身の運命はわたしの行動として今、現れているわけですが、これから一〇年先に、そのわたしが求める同じものが、全く違ったかたちで現れることもあり得ることです。

現代世界の文化はそれぞれの人の「人生の物語《ライフ・ストーリー》」に変化と進化を呼び込み、受け入れるものでしょう。同じ仕事を生涯にわたって続けることは、これまでの決まりでしたが、これからは例外的なものになるでしょう。同じ仕事を生涯にわたって続けることは、これからもあることですが――たとえば大学の教授とか企業の経営責任者とか医者とか――、最後まで同じ仕事を続けることは稀にしか見られないものになるでしょう。

大多数の人びとを、かってこれがこの社会の提供する活動のすべてだと言われていた狭い活動領域の中に押し込む必要性は、これまで一つひとつ見てきた新たな能力がまとまって働くとき、完全に消えていくはずです。

わたしたちの活動の幅はいまや、活動の中身においても活動の場においても際限のないものになっています。物事が変化せず、予測が可能だった時代はすぎ去りました。際限のない人間の想像力こそ、人間の知識の発展にとって不可欠なものと認識されたのは五〇〇年前のことですが、それが今や、あらゆる人びとに開かれたものになっているのです。

情報の時代はいま史上初めて、新たな機会をすべての人びとに提供しています。教育とは個人一人ひとりが、より大きな文化的な背景《コンテキスト》の中で生きていく、意味ある人生を見つけ出すものと昔から言われて来ました。そこに還ることが、今や可能になったわけです。わたしたちは、それが現実化していく姿を今後さらに目の当たりにしていくことでしょう。

さらに言えば今や史上初めて、わたしたちの生きる、わたしたちを取り囲む文化が、グローバルなものに規模を拡大しました。それは多彩な創造性と多様性に対し、より大きな機会を与えるものです。

R

発展した社会でも、個人の自己実現を妨害するものが生まれることがあります。同じ社会に生きているのに、特定の集団を別個のものとして扱うときなどに、個人の自己実現を阻む妨害が生まれます。個人の自己実現の機会も、たとえば富裕層の住む環境と、貧しい都市部の環境に生きる人びとの間では、往々にして全く違ったものになりがちです。

教育とはこうした妨害を克服し、機会をつかめるようにするものでなければなりません。教育の重要な働きのひとつは最も妨害された人たちに、妨害をどう克服し、妨害を除去するために社会をどのように変革するか知らせるものでなければなりません。

合理思考への依存が強まったことでそれが害悪を引き起こす事態が、さまざまな状況の中で起きています。ひとつの合理性を相対的なものではなく、絶対的なものと信じてしまったからです。

この結果、たとえばこんなことがありました。二〇世紀の後半、米国の「フォード財団」がインドの出生率を下げようとしたときのことです。

フォード財団の人たちは、インドの出生率が国家経済の成長率を上回っている限り貧困は増大する、と正しくも考えました。にもかかわらず出生率をコントロールしようとする財団の試みは完全な失敗に終わったのです。財団の人たちは、インドの人たちの非合理性のせいで失敗したと主張しました。「出生率を下げなければ貧困が増大するくらい、どうして分からないのか」と。

財団の人たちに思いも寄らぬことがありました。インドの出生率の高さはインドの人たちの家族的視点から見て、実は合理的だったことです。

インドには社会保障というものがありませんでした。そしてインドの男性のほとんどは三〇歳代の終わりから、かなり長い間（約二〇年間）、失業を覚悟しなければならない状況にあったのです。寿命が延び、職よりも人が多い状況が生まれたからです。そうなると、子どもたちに支えてもらわないと長い失業期間を生きていけません。その結果、インドの家族のほとんどが、働けなくなった両親を支えられるだけ働くことのできる男子を産む世帯規模になっていたのです。インドの人たちは、自分たちの人生の展望と自分たちの生きる環境の理解において完全に合理的だったのです。フォード財団の人はその点で完全に合理的ではなかったのです。

「産業の時代」は「地上で良い生活を送る可能性を生みだした」だけでなく、人びとの平均寿命を劇的に延ばしました。中世の平均寿命はなんと「約二七歳」にすぎませんでした。それがいまや七〇歳代の後半にまで延びています。二七歳までしか生きられそうもない時代の人生は、惨めな状況の中で過ごすのが普通でしたから、人びとの関心は当然ながら「来世《アフターライフ》」に向けられました。天国に昇って、永遠の後生を送る……。周りの惨めな生活より、こちらのほうに注目が向けられたわけです。

平均寿命が延びる中で、人びとの注目は現世の「いま」と「ここ」に向かうようになりました。これが科学の発展に貢献したのです。

わたしたちが生きる時代の強み《アドバンテージ》の多くは欠点《ディスアドバンテージ》の種子を自らの中に孕《はら》んでいます。後者をどう回避するか。これが解決すべき問題として現れます。

たとえばわたしたちは歴史上かつてなかったほど、情報や知識にアクセスすることができます。重要な情報も昔と比べ、かなり簡単に手に入るようになりました。しかし決断を強いられる場面で、意味のない情報の洪水に襲われることもあります。その中から意味ある情報を選《え》り分けることを難しくしています。

さらに言えば、こんな問題も出て来ました。「専門家」の「知識」が、人びとを操作する側によって、ひっきりなしに使われていることです。〔原注6〕もっと言えば、分野を問わず「最高の専門的な実践」に頼ることが社会的な熱狂を生みだし、それですべてが解決される万能薬としてもてはやされ、結局は何にもならない結果に終わっていることです。

共通する関心を持つ相手と交流する《インターアクト》能力もまた、わたしたちの時代に増大した、ひとつの強みではあります。しかし、わたしたちの時代は、敵対する利害や価値と交流する能力も増大させました。これによって敵対するもの同士の紛争は減ったでしょうか。増えたでしょうか。

コミュニケーションの増大は当事者同士が互いに両立する目標を持ったときに限り、価値あるものになります。戦争の当事者が相手について「よい情報」を持てば持つほど、惨禍を引き起こすこともよくあることです。コミュニケーションがうまくいって逆に禍《わざわい》が増すわけです。

テクノロジーの進展で自分のアイデアに対するより多くのレヴュー（批評）を、より素早く得られるよう

原注6　この点についてはたとえば、以下の本を参照。Morris E. Chafetz, *Big Fat Liars : How Politicians, Corporations and the Media Use Science and Statistics to Manipulate the Public* (Nashville : Nelson Current,2005)

になったのもたしかなことですが、良いことばかりではありません。レヴューの質には改善されるべきことが多いのです。レヴューの質はもちろんレヴュー発信者によって決まります。レヴュー発信者自体に関する情報が不可欠なわけですが、多くの場合、レヴューされる側には伝わって来ません。

資金の供給源《ファンディング》もたしかに増えてはいます。しかし資金を取り合う人の数も増えています。資金供給がもっと増大すれば、新しい事業《ビジネス》も、新しい型の組織も、より容易に立ち上げることができます。しかし新事業を立ち上げても、ほとんどが「最初の一年の壁」を超えて生きのびることができません。事業の平均寿命はいまや一五年を下回る状況です。現在の事業環境の中で、事業を維持できる能力が強まったとは言い切れません。

仕事を変える能力も増大していますが、妨害にも遭っています。勤めを変えると医療給付や年金が失われることがあります。

雇用主は「優秀な」働き手を繋ぎとめる（たとえば、ストック・オプションのような）やり方を手にしています。しかしわたしたちの教育システムは、雇い主を批判する勇気を、新しい職場環境でやり直そうという意欲を育てようとしていません。教育システムは変化の推進者ではなく、安定を求める者を産みだすものなのです。

「職業を選ぶ柔軟性」を活かせるかどうかも、新しい仕事に飛びつこうとする人がどれだけ新たな職場環境で必要とされるものを素早く学べるか、にかかっています。素早く学べることが、学ぼうとすることが決定的であって、その人がいま何を知っているかはそれほど重要ではないのです。

8 リベラル・デモクラシー環境が個人の自己実現に特に求めるもの

子どもたちの教育や子どもたちに関する研究が、子どもたちのやりたいこと、子どもたちのほんとうの力に適《かな》ったものであれば、子どもたちの多くが社会に埋没することなく社会の有益なメンバーになれただろうに。

――サミュエル・リチャードソン〔訳注1〕

D

教育とはあくまで自分の運命の実現に向かって邁進する、自分自身による生涯を通した道のりである、などと言うと、あまりに自己本位で身勝手な考え方だと批判的に見る人もいるのではないでしょうか。でもその批判は的外れです。

訳注1　サミュエル・リチャードソン　英国の作家（一六八九〜一七六一年）。書簡体小説を考案し、近代小説の父と呼ばれる。代表作の『クラリッサ』は、渡辺洋・北大名誉教授が、全邦訳をネットに公開している。
→ http://yorific.cll.hokudai.ac.jp/

理由はかんたんです。人は誰しも意味ある人生を送りたいという、内なる欲求を持ってこの世に生まれるものですが、反面、他の人とつながり合いたいという、もうひとつの内なる欲求も持って、この世に生まれて来るものなのです。

人間とはつまり生来、社会的な動物であるわけです。自分にも満足できる社会的な場をつくることは、自分が目的を持った存在になるのと同じだけ重要なわけです。

こうして教育は新たな側面《アスペクト》を持つことになります。自分と、自分が生きる社会とをどう関係づけるか学ぶ側面がそれです。

二一世紀の発展した社会の社会経済構造は各個人に対し、さまざまな「人生のストーリー」を、ほとんど無制限につくり出す機会を提供するものですが、その一方で個人を取り囲む文化の社会的現実は、社会の成員である個々人に対して制限を設け、条件を課すものでもあるわけです〔原注1〕。

個人の生き方と個人の生きる共同体との間に、一種の緊張関係が常に存在しています。個人はこの世界で独自の場所を見つけたいという強い思いをもって生まれて来るのですが、同時に他者を求め、友愛関係を結び、協同組織をつくり出していきたいという強い社会的本能を持って生まれてもいるわけです。

人間は複雑な言語《ランゲージ》（言葉）を産みだす生来の能力を持っています。ほかのどのような生物の種も及ばない、高いレベルでの技能《スキル》ですが、それ自体が実は、わたしたち個人間の交流の必要性を究極の姿で表したものです。言語の目的の中心にあるのは、人びとの間の考えの交換です。子どもたちは生まれて間もなく、言葉でもって自分を表現しようとします。そうすることで自分の周りの社会的な集団の中に自分を統合するわけです。

言語は子どもや大人がそれでもって他者の心に分け入り、自分自身の役に立てるものですが、しかしながら言語はまた個人の外側にある世界が個人に求める条件と制限を表すものなのです。言語とは二重性を持った諸刃《もろは》の剣です。個々人の人生を通じた発展にこの上もない貴重な助けとなるものですが、他方では社会が構成メンバーに課すコントロールの手段にもなっています〔原注2〕。

歴史を振り返ると、農耕社会は大半の期間、支配層の強制で階層的な社会構造を採用して来ました（これはアテネのような古代の民主制《デモクラシー》においても、あてはまることです。古代民主制の支配層は比較的規模が大きなものでした

原注1　社会の成員である個人に対して制限を課すこのルールも、社会的な害毒を及ぼしたとされる人びとには無縁だったようだ。ヒトラーやスターリン、ポル・ポト、あるいは連続殺人犯といった人びとは、わたしたち人類が普遍的に持つ、こうした社会的な側面とは無縁の例外的な存在だったと言えるかも知れない。

たとえば若き日の毛沢東が二四歳のときに、フリードリヒ・ポールゼン〔ドイツの哲学者（一八四六～一九〇八年）Friedrich Paulsen〕の著書、***A System of Ethics***（ドイツ語原書の原題：*System der Ethik*）について書いた、以下のコメントを考えてほしい。

「わたしは、これが道徳的だという見解に、道徳的行為の動機が他の人びとに恩恵をもたらすに違いないということに、同意しない。道徳性は他者との関係で定義されなければならないものではない。……わたしのような人間は……自分の心を完全に満たしたいと思っている。自分の心を満たすことで、わたしたちは自動的に最も大事な道徳の決まりを手にしているのだ。世界にはもちろん他の人びともいれば事物も存在する。しかしすべてはみな、このわたしのために存在する」（Jung Change and John Halliday, *Mao: The Unknown Story*, New York: Knof, 2005, p.13）

こうした人びとがなぜ出現したかに関する諸説の簡潔な紹介は、以下を参照。James Hillman, "The Bad Seed: Eight Explanations," in *The Soul's Code: In Search of Character and Calling*, New York: Warner and Random House, 1997, pp.227-238.

原注2　子どもたちの中で言語がどう発達していくか、そして社会的な交流の中で言語がどう使われていくかは、以下を参照。Daniel Greenberg, "Children and Grownups: An Essay on Human Behavior" in *Worlds in Creation* (Framingham, MA: Sudbury Valley School Press)。邦訳は『自由な学びとは』（大沼訳、緑風出版）。その「II　子どもたちと大人たち――人間行動をめぐるエッセイ」を参照。

が、全体の中では少数派にすぎませんでした。そんな支配層に婦人、奴隷、こどもたちが支配されていたのです）。

そんな社会環境では個人が享受する行動の自由も、権力構造内でどのような位置を占めているか、権力内部につながる人脈を持っているかで決まるものでしかなかったのです。個人的な人生の目標を追求する自由の制限は、特権層の持つ自由が例外的なものである以上に社会の掟となっていました。大多数の人びとは若き日の夢や希求を放棄せざるを得なかったのです。

彼らにとって教育とは言葉の本当の意味で、非現実的な空想でしかなかったのです。教育は生きていくために必要な、特定技能の習得の意味にすり替わってしまっていたのです。農奴として土地に縛り付けられようと、兵士として徴発されようと、苦役に駆り出されようと、人がひとりの個人であることを支配者によって地下に埋め込まれ、覆い尽くされていた点では何の違いもありません。

その後――過去五〇〇年くらいの間に、社会組織に関する新しいコンセプトがゆっくりと浮上して来ました。その動きを最初に喚起したのが、イングランドに生まれ発展した政府モデルでした。そして、この新しいコンセプトに付けられた新たな総称が「リベラル・デモクラシー」だったわけです。この「リベラル・デモクラシー」の意味の内実は、これまでも、いまも進化し続けています。

「リベラル・デモクラシー」という考えの中心には、すでに見たように三つの哲学的なコンセプトがあります。

第一は、社会のメンバーの誰もが人間として同等の生来の価値を持っていることです。「すべての人は平等につくられている」というスローガンに具体化された考えです。この考えは、社会が決めた、ここまでは許されるという緩やかな範囲内に生きるすべてのメンバーの生き方と志向に対し、敬意を持つよう要求するものです。どのようなことであれ差別しないことが究極の姿です。

第二は、自分たちでルールを決めることです。社会が許す行為の限界を定める唯一正当なやり方は、決定のプロセスに誰もが平等に参加できるメカニズムを置くことだ、という考えです。すなわち「統治される人の同意による統治」です。「人民の、人民による、人民のための政府」が、それです。

第三の原則は、「リベラル・デモクラシー」が個人と社会の間の緊張をめぐって、平等と自治と個人の権利の境を絶えず変化させながら微妙で入り組んだダンスを続けるものだ、という考えです。

これら三つの基本原則の相互に作用し合う複雑さこそ、「リベラル・デモクラシー」が進化していく枠組みと人類が進歩し続けていく場をかたちづくるものです。〔原注3〕「リベラル・デモクラシー」のさらに注目すべき側面は、個人が力をつけていくこと《エムパワーメント》と社会的な制約が、そこで折り合うことができることです。制約を個人が力をつけていく土台に据えることができるわけです。

歴史の中で振り返ると、「リベラル・デモクラシー」を存続可能な社会システムとする考えが、当時、比類なき典型的な階層国家だったイングランドにおいて、足踏みしながらも形成されたことには驚かざるを得ません。「リベラル・デモクラシー」はその後、フランスで磨きがかかるのですが、当時のフランスもまた、「リベラル・デモクラシー」とは正反対の社会構造を持った極端な階層国家であったわけです。

原注3　この意味でフランシス・フクヤマ（Francis Fukuyama）が *The End of History and the Last Man*（New York: Avon,1993　邦訳、『歴史の終わり　歴史の「終点」に立つ最後の人間』〔渡部昇一訳、上下、三笠書房〕）で、あるいは Natan Sharansky が *The Case For Democracy* (New York: Public Affairs, 2004) で述べた、リベラル・デモクラシーは人間経験が目指す究極の社会組織形態であって、それを超えたものは存在しないという主張は、なお不十分なものだということが分かる。リベラル・デモクラシーとは、それ自体が絶えざる進化を遂げていくものである。そしてリベラル・デモクラシーの土台となる上記の三原則も、より精緻で洗練された姿へと常に練り上げられていくものである。

これがようやく安定したものになったのは、アメリカの独立革命、さらには「建国の父」たちによる政体（合州国）の建ち上げと続いた、北米でのユニークな実験が行われて以来のことです。大西洋で地理的にも社会的にも旧世界と隔てられた北米文化の中だからこそ、全く新しい社会的・政治的環境を思い描くことができたのでしょう。自分たちが手にしたものの中から取捨選択し、それを一貫した、統一された全体にまとめ上げ、オリジナルなシステムを創り出したわけです。

こうして生まれた「リベラル・デモクラシー」における教育とは、さきに述べた三つのコンセプトが決定する社会的な状況《コンテキスト》の中で、人びとが自分自身の独自の運命をどのように切り拓いていくか、その道を見つけ出すことでもあるわけです。自分たちの不可侵の権利を守ってくれる「リベラル・デモクラシー」の場で、そこで一緒に生きる人たちを尊敬しながら、その場のルールに沿ったやり方で、それぞれ自分の目標をどうやって達成するのか、自分たちで学んでいかなければならないのです。

では、どうやったら学べるか。
最も直接的《ダイレクト》なやり方は「物事に浸ること《イマージョン》」です。物事に浸《ひた》って、その経験から学ぶことです。

個人の志向と、自分の生きる社会の志向をどう統合していくか。これまた「リベラル・デモクラシー」の社会・政治的環境に浸りながら成長することで、最も簡単に学ぶことができます。

物事に浸ることが許されないとき、個人の教育が、そして社会全体の教育がいかに難しいものになるか、わたしたちは実例をたくさん知っています。

グローバルなコミュニケーションと情報の移転は、世界をひとつの場として一気に実現しました。その結果、中世的な状態から二一世紀の状況へ、じっくり物事に浸る間もなく、トラウマになりそうな勢いで投げ込まれた社会も数多くあるわけです〔原注4〕。

自分たちが慣れ親しんでいた、自分たちの志向でもあり得た考えと、自分たちにも自由に使えそうな、目が眩むほど多彩な、新しい選択肢とが衝突し合い、個人的・社会的な激変が際限なく生まれ、不安感や根無し草のような感覚が隅々まで広がっているのです。自分たち自身の文化が、まるで攻撃に曝されているようです。

そういう文化の中では、社会を構成する個々人の中においても、深刻な内なる葛藤が続くわけです。なんとしても伝統文化を守り抜きたいと思い、座り込みを続ける抵抗と、自分たちを外側から招いて未知の機会に向かわせる伝統文化の放棄との間の内なる闘いが続くのです。

階層的な社会・政治組織の長い歴史の中から「リベラル・デモクラシー」を尊ぶ世界にいきなり投げ込まれた社会は、新しい社会秩序をつくる原則的な考え方について何の経験もないので、内側にとてつもないストレスを抱え込むわけです。

文化のグローバリゼーションという歴史の力で、過去から現在へいきなり引きずり込まれた社会における個人の教育は、子どもにも大人にも、誰にとっても途方もなく挑戦的なプロセスとなります。米国やそれによく似た西側文化の中で育ったわたしたちには、そうした場所でどのような教育が成立するか想像することさえほとんど不可能です。

原注4　わたしは赤道アフリカや中東、東南アジア、中国、シベリア内陸部のほとんどの地域、大部分の島嶼国家が、産業化に直面した中世ヨーロッパで起きたと同じような状況にあるのではないか、と考えている。これらの地域は、熱帯林に生きる先住民ほど孤立してはいない。しかし、自分たちの固有な文化とは異質な内容の情報を山のように連日浴び続けている。これは、これまでなかったことだ。

これに対して比較的簡単に、物事に浸ることで自分を教育できることは、この国に生きるわたしたちの恵みです。自分たち自身はそこまでたどり着くのにとくに努力したわけでもないのに、わたしたちは日々、自分たちがつかむことのできる幅広い、個人的な機会に取り囲まれています。ないものを無理やり見つけ出す必要もありません。わたしたちは「自由のゆりかご」と、自ら誇らしく呼んでいる「リベラル・デモクラシー」の中に生きています。自分たちが授かった社会・政治的な環境の恩恵と責務を当然のことと見なしているのです。

それゆえ、この国の教育について考えるとき、わたしたちはこの国における教育の社会的な側面と、個人が自分から物事に浸って学ぶことができる現実の両面を考慮に入れなければなりません。わたしたちのこの社会秩序がこれからも有効なものとして続いていくと考えるとき、リベラルでデモクラティックな環境に身を浸すことができる価値を無視することは、現実的でもなければ生産的なことでもありません。

専制的な厳しい環境の中に個人を放り込めば、生活の質はむしろ向上するはず、その方がいいと考えること自体、「リベラル・デモクラシー」にとって正真正銘、反生産的なことです。

R

言語は考えの伝達にとどまりません。感情や態度、観察結果なども伝えるものです。わたしたちの精神の中身で、言語によって伝えられないものはありません。

どのような言語にも、多くの異なったヴァージョンがあります。発音や文法、語彙に違いがあるのです。

言語の性格上、この違いはこれまでずっと地域的なものとしてあり続けて来ました。そこへラジオやテレビが登場し、人びとが発する言葉《スピーチ》を全国的に標準化するという重大な変化が生まれたのです。地域の訛《なまり》（アクセント）も次第に消えています。

こうした状況の中で、少数派《マイノリティー》の中には自分たち独自の言語ヴァージョンを守ろうとする集団がいます。これが逆に、この社会で生きることを難しくしています。同じことは移民とその子孫についても言えます。母語をまだ、自分たちの言葉にしているからです。

教育とは移民や少数派の人びと、その子孫に、わたしたちの社会で活躍できる平等な機会を手にしてもらうことであるならば、この社会で一般的に使われている言語ヴァージョンを読み書きできるようにするものでなければなりません。これはもちろん自分たちの持っているものを捨てろ、ということではありません。使うのを止めろ、と言っているわけでもありません。ひとつの国において「その市民である、そのあり方《シチズンシップ》」が、たとえそれが人びと全員の母語でなくとも、共通する言語がひとつ存在することで大きく高まるという事実認識はあってしかるべきだ、ということです。

共通して使われている言葉がどのような意味で使われているかを知ることは大事なことです。その重要さは、強調しすぎることはありません。たとえば、ある人の使っている「デモクラシー」という言葉の意味は、その人の考える「政治」というものに大きな影響を与えているはずです。

そこで、わたしの考える「デモクラシー」の意味を、ここで説明しておきたいと思います。さきほど出てきた「リベラル・デモクラシー」の定義に似ていますが、違った説明の仕方になります。違った言い方をする方が、その言葉の意味の理解を高めることになるかもしれません。「デモクラシー」を定義するにあたってわたしも、条件を三つ提示してみたいと思います。

1　ある社会集団の中にあり、その集団が下した決定に影響される人は誰でも、直接的なかたちであれ、代表を通した間接的なかたちであれ、その決定づくりの中に参加できるものでなければならない。もしある人が何らかの理由で代表選びに参加できないのなら、その人のための代表が、社会全体が承認する何らかのかたちで選出されねばならない。

　こうした特別なケースは実際に存在する（たとえば精神病の人たち、乳幼児、これから生まれて来る人びと、刑務所にいる人たち）。デモクラティックな社会は、こういう人たちの「正当な権利《インタレスト》」を代弁するものでなければならない。「正当な権利」とは、それよって他の人びとの正当な権利が奪われない、ということである。決定に影響される人びと（たとえば、これから生まれて来る人びと）の権利がどういうものか絞り切れない場合、決定は選択肢を最大限認めるオープンなものでなければならない。

2　ほかの人びとに自分の権威《オーソリティー》を行使し得る立場にある人はみな、自分が権威を及ぼす人びとの集団的権力に従属しなければならない。デモクラシーにおいては、有権者が権威の究極の源泉である。つまりデモクラティックな社会の権威とは円環的《サーキュラー》なものであって、線形《リニア》（上位下達《トップ・ダウン》）のものではない。

　しかしデモクラティックな社会の組織の多くは――企業、学校、病院、刑務所、政府機関、その他の組織は、デモクラティックなやり方ではなく専制的《オートクラティカリー》に運営されている（原注5）。デモクラシーに生きる市民は、この明らかな矛盾に気づかなければならない。大半の学校が専制的に運営されていることで、デモクラシーを経験しながら学ぶ機会が生徒たちから奪われている。

だからこそ、デモクラシーは教育で「教え込まれ」なければならない、と言う人もいる。しかしこういう言い方は、もっともらしい、うわべだけの議論にすぎない。デモクラシーを経験もしないで、どうやって学ぶことができるか。教育プロセスはデモクラシーの経験を提供しなければならない。

この国の国民は「すべての人間は平等につくられている」という宣言を受け入れている。しかしこの宣言を書いた人たちは、いまわたしたちが認識している意味でそう言ったのではない。宣言からは当初、婦人もアフリカ系アメリカ人も除外されていた。自分の土地を所有していない者は発言できなかった。

それと比べ、わたしたちのデモクラシーはより多くのものを包摂するものなっているが、だからといって機会がすでに平等に分配されていると信じることは間違いである。わたしたちはなお、前進しなければならない。

「すべての人間は平等につくられている」は残念なことに、字義通りには正しくない。明らかに間違った言い方だ。わたしたちはみな身体的にも精神的にも、全く同じに生まれついてはいない。

原注5　こうした専制的な組織との違いを明確化するため、デモクラティックに運営されている組織は、たとえば「エクストローディナリー・オーガニゼーション（「ＥＯ」＝破格な組織）」と呼ばれて来ました。www.extraordinaryorganization.com を参照。〔「ＥＯ」は米国の経営コンサルタント、ドン・イェーツ氏が提唱〕

あるいは少し視点を変え、「ケイオルディック（chaordic）・オーガニゼーション」とも呼ばれています。Dee Hock, *Birth of the Chaordic Age* (Berrett-Koehler;1999) を参照。〔chaordic とは、カオス（chao＝混沌）とオーダー（order＝秩序）の合成語〕

「すべての人間は平等につくられている」の意味するところは、すべての人は機会を平等に持つべきだということである。こうした平等な機会を各自がどう使っていくかで人それぞれの違いが出て来る。

もっと違った言い方をすれば、子どもの社会的・経済的な状態《プロパティー》は、親の状態と連関するものであってはならない、ということだ。たとえば貧困も人種差別も無知も相続されるものであってはならない。

3

デモクラシーでは他の誰かに悪影響を及ぼさない限り、誰でも何でも好きなことができる、とされている。であるならば、影響を受ける側の同意が必要となる。わたしたちの社会は、この条件を満たすまで、まだ長い道のりを歩いていかなければならない。宗教的な熱情を持つ人びとは、人がプライバシーの中でしていることまでコントロールしようと法律の制定に躍起だが、プライベートな行為は他の誰かに悪影響を及ぼすものではない。

その場に身を浸して学ぶ《イマージョン》――たしかにこれは、機会平等へのかかわりを強めていく最高の方法です。

第二次世界大戦のとき、わたしはオーストラリアの幹部候補生学校に送り込まれました。到着してあてがわれたのは六人用のテント宿舎でした。テントには候補生がすでに一人、入っていました。

わたしに続いてアフリカ系アメリカ人が二人、テントに到着しました。迎え入れたわたしたち二人には何でもないことでした。わたしたちは彼らを、同じ候補生として歓迎したのです。

しかし次にテントにやって来た二人は、テントのなかのアフリカ系アメリカ人の姿を見るなり引き返し、宿舎の割り当てを担当する大尉のところへ行って、別のテントに替えてほしいと願い出たのです。二人とも南部出身の白人でした。

大尉はテント替えの理由を尋ねました。白人候補生二人の話を聞いた大尉は選択を迫りました。黙ってテントに入るか、それとも幹部候補生になるのをやめて、ここから出ていくか。

二人はテント入りすることにしました。

テントのなかの人間関係は最初、凍りついたようなものでした。それが時の経過とともに解けていったのです。

二ヵ月も経つと、南部出身の二人も自由時間をアフリカ系アメリカ人たちと一緒に過ごすようになりました。それどころかみんなでデートに出かけるまでになったのです。彼らは完璧に変化したわけです。「その場に身を浸して学ぶ」が、それを実現したわけです。

わたしはフィラデルフィアの中心街に引っ越して来るまで、ホモセクシャルであることを隠さない人と出会ったことがありませんでした。わたしたちの家は小さな庭を取り囲む三軒のうちの一軒で、通りからはゲートで隔てられていました。わたしたちの隣にゲイの男性が二人で暮らしていました。二人とも高校の教師でした。このカップルこそ、わたしたちが付き合った中で、最もフレンドリーで最もわたしたちを助けてくれた隣人です。わたしたちの親友にもなりました。わたしたちにとって彼らの性的志向など、どうでもよいことになりました。

もう一度言いますと、「その場に身を浸して学ぶ」が、わたしたちの態度を変えたのです。学校には、自分たちと「違った」人たちに対する寛容ばかりか、違った人を完全に受け入れていく機会が潜んでいるのです。

9　自分の教育に、どう貢献するか？

人間とは内発的《エンドジェネス》なものであり、教育とは内側から開く《アンフォールディング》ものだ。他人からの助けは、自分たち中に潜む内なる自然の発見と比べれば、外的な機械的なものにとどまる。かくして自分が何事かを為す中で学んだことは喜びであり、その効果は持続する。

——ラルフ・ウォルドー・エマーソン〔訳注1〕

D

教育とはわたしたちの人生に意味を与える活動を、生涯にわたって追求するプロセスです。「リベラル・デモクラシー」を社会的な背景として持つこの国のような場所で教育について考えていくと、以下のような問題に突き当たります。

わたしたち人間はこの教育のプロセスに没頭できる、どのような道具を生まれつき持っているのだろうか。

アリストテレスの画期的な哲学論文である『形而上学』（より正確に訳せば、『自然哲学の基礎』ということになります）の冒頭に、この問いに答える出発点になる一文があります。アリストテレスはシンプルに、こう述べています。「人間は生まれつき好奇心を持つものだ〔訳注2〕」。

アリストテレスは好奇心《キュアリオスィティー》を、彼自身の宇宙の意味の探索の礎石であり、彼自身の人生を性格づける本質的な特徴であり、さらにはあらゆる人びとに共通する決定的な特徴である、としたのです。アリストテレスにおいて、好奇心は活動的な力として理解されていました。常に遊びの中にあって、生まれたときから死の瞬間まで、日常生活の中で人を活動へと駆り立てるものと理解されていたのです。

幼い子どもたちを観察する者は誰しも、彼らの好奇心の強烈さ《インテンスィティー》に気づかないわけにはいきません。そしてその彼らの好奇心は、自分の周りの世界を観察し、そこから意味を取り出し、その中でどうするかを考えだし、それを自分のために最大限活かす道を学ぼうとする情熱《パッション》で使い尽くされるものなのです。

好奇心は決して、その子の精神から離れることはありません。幼子が「あらゆるものに分け入っていく」イメージこそ、あるときは決して質問を止めようとしない子どもたちの姿に変わり、あるときは限界に挑み、リスクある行動に踏み切る若者の姿に変わるものです。いろいろいじくり回して面白いものをこしらえていく大人の姿に重なるものにもなっていくものです。こうしたイメージこそ、わたしたち人類すべての、いわば元型的《アーキタイパル》な姿なのです。

ここからシンプルな真実が、ひとつ描き出されます。人びとの中にある好奇心を、外側から「刺激する」

訳注1　ラルフ・ウォルドー・エマーソン Ralph Waldo Emerson　ワルド・エマソン（エマスン）とも表記。米国の思想家、哲学者（一八〇三～八二年）。邦訳も、超越主義哲学を世に問うた『自然について（*Nature*）』（斎藤光訳、日本教文社）など多数。

訳注2　出隆訳の『形而上学』（岩波書店、アリストテレス全集・第一二巻）の冒頭（第一巻・第一章）の訳文は、こうである。「すべての人間は、生まれつき、知ることを欲する」。

必要は何もない、ということです。

その一方で社会の側には、構成メンバーがどれほど自分の好奇心を追求できるか、その限界を定めるという最も難しい問題が生まれます。好奇心が魔物に変わって壺の中から次から次へと飛び出していくのを防ぐことは、社会がうまく機能するよう、そのために設立された社会組織にとって常に重大な関心事です。

好奇心は個人を動かし続けるものです。変化と刷新を常に求めるものです。しかしながら好奇心は、個人がどの方向へ動いていくか、あらかじめ教えてはくれません。好奇心自体の中に動き続けるための技能《スキル》も含まれていません。わたしたちの行動の傾向を決める中心的なファクターは、わたしたち自身の性格《キャラクター》です。

性格は大昔から事実として認められて来たものですが、これまた大きな謎《ミステリー》です。これまで数えきれないほど多くの偉大な学者が、この性格をめぐって研究を続けて来ました。にもかかわらず、わたしたちの世界に残された大いなる謎として今なおあり続けています。

わたしたちは一人ひとりが、それぞれの独自な性格を持っていると当たり前に思っています。わたしたちの情熱の中身を、挑戦を乗り越えていく決意の中身を、他の人たちとの交流のあり方をはじめ、その他、生涯を通じて次々に行っていく選択の中身を説明するもの、それが、その人の性格です。

親たちはその子が生まれた瞬間にも、その子の個性《パーソナリティー》に気づくものです。個性はその子の動き方、お乳の飲み方、まなざし、耳の澄ませ方、泣き方、眠りなど、ありとあらゆるいのちの現れの中に示されるものです。

わたしたちは親たちからよく、こんな言い方を聞かされます。「この子はいったい、どこから来たのだろう。誰にも似ていないのだけれど」。

同じ家庭環境に育ち、同じ学校に行き、同じ町で一緒に暮らし、友だちも共通するのに、子どもたちはそれぞれ独自の、根本的に異なった個性の持ち主に必ずなっていくのです。

以下に述べる性格をつくる諸要素（あくまで仕分けできる限りのものであり、相互関係を捨象《しゃしょう》した上での話になりますが）は、その人個人の教育に独自の道具をもたらすものです。性格要素の具体例を挙げてみたいと思います。こどもたちの性格要素の説明ですが、大人にもあてはまります。

《情熱《パッション》》

「情熱」は自分の目標を特定し、果敢に追い求めていく炎とエネルギーを供給するものです。燃えるような欲求を心の中に持たない子どもは一人もいません。同じ遊びをなんども繰り返します。貝殻を集めます。目の前にある何にでも登りたがります。読んでくれとせがみます。自分からお話しを読んで聞かせます。漫画を読み、森を探検し、夢を描きます。多彩で多様ですが、共通するものがあります。それはどんなに時間がかかっても、どんなに努力しなければならなくても、気にせず情熱に従っていく、子どもたちの決心です。

《決心《ディターミネーション》》

「決心」は自分が決めたコースから外れず、どんなに大変でも、どんな壁が待ち受けていても、やり通すスタミナを供給するものです。

赤ちゃんのハイハイは、この決心という人間の性格の元型です。このハイハイというものが、どのようなプロセスなのか考えてみて下さい。ハイハイをする体中の筋肉、神経、関節、視覚と触覚へのインプットのことを考えてみてください。それがハイハイによる前進へと正しく統合されていくのです。

どうしたらこんなことをできるのか、もうほとんど考えられないことです。赤ちゃん自身にとって、体をこれだけ動かすことはすべて初体験であるはずなのに、ちゃんとやってのけるのです（わたしたち大人がスキーを始めるときやバックホー掘削機の操作を覚えるときの苦労を思えば、赤ちゃんのハイハイのすごさがハッキリ分かります）。

何日も、何週間も、ときには何ヵ月も幼子はみなハイハイしながら闘います。目標は推進力《プロパルジョン》を身につけること。その推進力でもって環境に分け入り、探検し、自分の好きなモノへアクセスします。なかなかうまくいきません（前進しようとして逆に後退《ずさ》りしたり、転んだり、前にのめったり）。ひどい目に遭うこともあります。

にもかかわらず、懲りずに何時間も続けます。手の届かないところにあるモノに向かってさえも。なんとかして、そこまでハイハイしていく。どの子も、決意をみなぎらせています。子ども期《チャイルドフッド》は、このような実例にあふれています。

立ち上がり、歩き始める。おしゃべりをはじめる。食べ物を食べる。排泄をコントロールする。大人や仲間たちと社会的に交流する。どれもたいへんなことです。

《自信《コンフィデンス》》

「自信」は心の支えです。自分がいま取り組もうとしていることは挑戦に足ることで、成功のチャンスも十分にある。そう確信させるものです。

自信はまた、ひとつのことをやり遂げ、新しい情熱が求められたとき、もういちどイチからやり直す刺激を与えるものです。こうした自信に欠けると、生きるための日々の努力は価値のない不毛なものになってしまいます。この意味で自信とは生の閃き《スパーク・オブ・ライフ》であると言うことができるでしょう。

ここでわたしが、子どもたちはみな、いや、人は誰しも自信という性格上の特徴を表すものだと言い切ると、「そんなバカな。自信のない子が多いじゃないか」と思う人も多いことでしょう。

この点に関し至る所で聞かされるのは、親の育て方が悪いから、学校教育がしっかりしていないから、政治が不安定だから、生活レベルが低いから、子どもの自信が損なわれ、破壊され、それが絶望を広げている、という指摘です。

しかしこれは的外れの見方です。自信というものを、いわば文化の広報官が承認したライフスタイルでの成功としてのみとらえる狭い見方にすぎません。

だから「ぼくは偉い科学者になる」と言う子を「自信がある子」だと言い、「何をやっても、うまくいかない」と言う子を「自信のない子」と見てしまうわけです。

これはしかし自信というものの狭隘《きょうあい》な見方です。より大きくより深い見方は――これは目を凝らせば、ほとんどあらゆるところで見つけることができることですが――自信を「自分には、これをなんとかやり遂げる能力がある。たとえどんな大変なことが待ち受けようと、自分はやれる」という、その子、その人なりの感覚を表すものと見ます。

これは、たとえば奴隷たちに解放の日をもたらすものです。あるいは強制収容所に入れられた人びとに、自分たちを苦しめる者と向き合う力を与えるものです。〔原注1〕解雇された人に、いま何をなすべきか考えさせるものです。

自信とは人生の絶望の中にあるすべての人びとに、いずれもっと楽になる日が来る、生きることは無意味ではないという信念を手放さず生きる力を与えるものです。

原注1　第二次大戦中、ナチス・ドイツの強制収容所で、ユダヤ人たちが自分たちを励まし、しきりに唱えた言葉がある。それは、*Überleben*（ユーバーレーベン）――すなわち「その日を耐えて生き残る」だった。

このように「好奇心」と「性格」は個々人の教育にとって鍵を握る道具であるわけですが、ほかにもまだ大事なことがあります。

ひとつは《分析し、問題を解決する能力》です。

これはどういうことでしょう。ここでも赤ちゃんのハイハイのことを考えてみるのが最も分かりやすいようです。

ハイハイをはじめる赤ちゃんの動作は、最初は手当たり次第《ランダム》です。手足をあちこちに、とにかく動かします。混沌たる動作の集合が、だんだんと調整されたものになり段階的に進歩していきます。

やがて赤ちゃんはそれまでと違った方向へハイハイするようになります。最初のうちは混乱していますが、何度か試みるうちに、自分の満足するハイハイというものを覚えます。こっちへ、ハイハイしたほうがいい……。方向への期待が生まれるのです。逆に、この方向はだめだと思うようにもなります。

赤ちゃんの中で《ここに、問題《プロブレム》がある》という考えが兆すのは、このときのことです。《問題》というコンセプトが浮かび上がるわけです。「ぼくはこういうことを望んだけど、別のことが起きた。これは《問題》だ」と。

この理解を土台に、以下のような自問が続くのです。「この問題の性質って何だろう。どうしたら解決できるんだ」。

もちろん、いまわたしたちが話題にしているのは、まだ言葉を覚えていない赤ちゃんたちのことです。ですからいま、わたしが述べたようなことを言葉にしているわけではありません。

しかし赤ちゃんたちは、こうした思考プロセスが彼らの中で何らかのかたちで進行していることを示すように、体を実際に動かしているのです。

ここから、さらにこう言うことができます。赤ちゃんたちはみな、いずれ上手にハイハイするやり方を見つけいくわけですが、これは彼らの中に自分で問題を解決していく能力がもともと備わっていることを示すものだということです。さらには、この自分で問題を解決していく能力は、あらゆる年齢の、すべての人びとに生来、備わったものであるはずだとも言えるでしょう。〔原注2〕

一言で言えば、人に「問題解決」を教えることは、呼吸の仕方を教える以上に必要なことではありません。人は誰でも、問題解決の独自のアプローチ法を自分で育てているのです。もちろん、だからといって助けてくれそうな人に手助けを求めないわけではありません。それは助けを求めることそれ自体が、問題解決の中に含まれるから、そうするわけです。それは（また、あとで述べるように）わたしたち人間が独特の才能を発揮する場面でもあります。

さて、わたしたちが生まれながらに持っている、もうひとつの道具は《考えをめぐらす能力《コンテムプレーー》》です。すなわち、「われ思う、ゆえにわれ在り」。デカルトにとって、この道具は人間存在の本質でした。わたしたちの行動の多くは習慣的なものですが、わたしたちの人生は、そのほとんどがその中で考え、思索をめぐらし、それを自分自身の世界理解の進化の中に統合していく、そんな新たな状況との遭遇の連続であるわけです。

原注2　わたしたちはみな生まれつき問題を解決する能力を持っていて、生涯にわたり自分の問題解決の手助けになる、より複雑で精妙なテクニックを編み出しているが、このことは賢者がこれまで発見し篩（ふるい）にかけられた問題解決法となんら対立するものではない。わたしたちは本書ですでにそのいくつかにふれているが、特に有用な（かつ面白い）問題解決法については、以下を参照。Russell Ackoff, *The Art of Problem Solving* (New York : John Wiley and Sons, 1978)

「考えをめぐらすこと《コンテムプレーション》」で、そこに感情的なもの、美的なもの、知的なものが、すべて勢ぞろいします。これらすべては、わたしたちの生の瞬間、瞬間に一斉に活動するものです。

「考えをめぐらすこと」は、そうしているときにだけ生起するものではありません。美しい落日を眺めるとき、本を読んでいるとき、夢を描いているとき、ぼーっとした《ゾーン・アウト》とき、意味ある人生って何だろうと考え出したとき、宇宙の始まりについて考え出したとき、魅力的なからだの異性に遭ったとき、昔馴染みの人に久しぶりに会ったときなどに、わたしたちは知らない間に何事か考えをめぐらせているのです。

それは、わたしたちが目覚めているとき、いつもわたしたちとともにあるものなのです。わたしたちの夢の中でも、たぶんそうです。

「考えをめぐらすこと」を通じて、わたしたちは自分の「世界観《ヴェルトアンシャウウング》（*Weltanschauung*）」を形づくり、確かめ、付け加え、微調整《ツイーク》し、修正し、時に退け、再構成しています。このおかげで、わたしたちは統合された個性として存在することができているのです。

わたしたちの感覚器官に次々と襲いかかる無限のインプットの中から、余分なものを濾過して排除し、自分が焦点づけしたいもの、意味を与えたいものに研ぎ澄ませていく。これが「考えをめぐらすこと」です。

生まれたばかりの赤ちゃんにも、これを見ることができます。赤ちゃんの目はゆっくりと、自分の意味のあるパターンを選び取ることを、見て取ることを学んでいきます。

赤ちゃんの手は自分が生き始めた物理的世界の構造に関する、心的《メンタル》なイメージを絶えず描き出しています。赤ちゃんの耳は不協和音とハーモニーを区別しようと集中します。誰でも、どんな年齢の人も自分の生と自分を取り囲む世界について常に考えをめぐらせているのです。〔原注3〕

ところで人びとが生来、身につけている道具で最も強力《パワフル》なものは、おそらく《コミュニケートする能力》

です（ここで、わたしたちの持つ《コミュニケートする能力》が人間に「固有」のものだと言っても、だからといって他の動物たちの「コミュニケートする能力」を否定するものではありません）。

この能力は、わたしたち人類という種において高度に発達し、さまざまな交流形態を持つに至っています。身振り《ボディー・ランゲージ》や声の抑揚《イントネーション》、体の接触《フィジカル・コンタクト》を通じた、視覚と感情による多種多様な直接コミュニケーションから、言語を使ったさらに複雑で豊かなコミュニケーションまで幅広いものを持つに至っています。

言語の起源は象徴《シンボル》でもって心的なイメージ（思考《ソート》）を表す精神的な能力の中にあります。これらの象徴と、その背後にある思考をつなぐもの《リング》の性質は、なお謎《ミステリアス》のままです。この問題はさまざまな学問分野で幅広く追究されてきたものです。〔原注4〕

それにもまして難しい問題があります。社会全体、社会的サークル、国民や言語集団といった枠組み、あるいは異文化の交差の中にある人びとが互いに対面し合う場面で、各自の言語シンボル——それをわたしたちは、書き言葉や話し言葉、手話を含む言葉《ワード》と呼ぶことにします——にどうやって意味を持たせることができているのか、理解することはもっと難しいことです。

言語は人びとに共有された経験です。そのメカニズムがどのようなものか理解するのも難しいことですが、この《他の人びとの思考と学びを自分自身につなぎ、それによって自分が考え学ぶ力を途方もなく豊かにしていく能力》こそ、言語が個々人の生涯を通した教育に決定的な恩恵をもたらすものであることは変わらぬ事実です。

言語とは非常にリアルな意味で、全人類の心的資源を潜在的な可能性として自分自身の心的な資源に追加することを通し、自分という精神《マインド》が自分の人生に意味を創り出す能力を飛躍的に拡張するものなのです。

この事実は、人類誕生の夜明けから、今日に至るまでずっと続いて来た真実です。

言語シンボルを伝達し合うコミュニケーション形態が発展する中で潜在的な可能性を高めた言語は、思考、社会組織、経済的な生産性、文化的に豊かな生活様式におけるシステム的な優位性を次第に発展させながら、自分の姿を現して来たのです。

「書く」こと、一揃いの字母、活字、紙の大量生産、印刷の高速化、電気的情報の電線による伝送、ワイアレス電子コミュニケーション、オーディオ・ヴィジュアル・コミュニケーション、メディア用の持ち運び可能《ポータブル》な情報貯蔵法の発明は、その一つひとつが、誰もが生まれつき持ち合わせたコミュニケーション技能を通して自分を教育できる能力を飛躍的に進歩させて来たのです。

すでに述べたように、サイバースペースの近年における発達は、こうした生来の、人びとの間をつなぐコミュニケーションの潜在的な可能性を現実のものとしています。人類が出現して以来、わたしたちは他のどのような人類のメンバーともコミュニケートできる能力を持っていたわけですが、それがいまや文字通り、世界のあらゆる人びとと交流し得る――まだ完全にそうなってはいませんが――現実的な能力に変わりつつあるのです。わたしたちが持つ究極の学びの道具と言っていい、互いにコミュニケートし合い自分たちの教育の機会を増大させるこの能力は、いまや全人類を視野に収める、最大限の潜在可能性へと接近しつつあるのです。

R

「人間は生まれつき、好奇心を持っている」ということに、わたしは同意しますが、その好奇心はまた、

原注3　それにもかかわらず、わたしたちは教育者からひっきりなしに、子どもたちには「考え方のハウツーを教え込まなければならない」という話を聞かされ続けている。

この言い方には特別な意味が、油断のならない狡猾な意味合いが潜んでいる。ここには「合理思考（理性思考）」と呼ばれる特殊な分析法を、わたしたちの現実に対して適用できる唯一、正統な思考法とする意味合いが込められている。

この「合理思考」は古代ギリシャにおいて、数世紀に及ぶ哲学的な探求によって生み出されたもので、アリストテレスによって究極の祝福を受けたあと、西洋文化によって抱きしめられて来たものだが、この結果として「合理的である」という言い回しは「考えをめぐらす人のように考える」意味になってしまった。そして反対に「合理的でない」という言い方は、議論する相手から正統性を奪い取る侮蔑の言葉になってしまった。

しかしわたしたちは、古代ギリシャが文化のシーンに現れる以前も、それ以降もずっと、ギリシャの論理分析の枠外で、自分の心の中で考えをめぐらし、世界観の形成に従事して来たのである。

これは今日、世界で広く認められていることだが、非合理的な思考モードを思考の主流に組み込む強力な運動が西洋で足場を固める二〇世紀の半ばまでは、このような認識を持つ知的エリートは周縁部に追いやられていたのである。

合理思考の限界を認識することは、その有益性の理解と同じように大事なことだ。「どう合理的に考えるか」よりも「どう考えるか」のコンセプトの方が大きく、豊かで役に立つものであり、あらゆる人びとが生まれたときから持つ生来のものだと理解すれば、子どもたちすべてに、たったひとつの思考法を押し付ける必要性は雲散霧消する。

言い方を換えれば、こうなる。教育者たちが突如一斉に、子どもたちはみな、神秘家のような考え方をしてもらわなければならないと決めつけたら、どうなるか。そのとき、どれほどの反対の合唱が起きるか。具体的には東洋の宗教や哲学の方法、あるいはカバラ〔ユダヤ教の神秘思想〕を、子どもたち全員に教え込まねばならないと教育者たちが言いだしたら、どう思うか。

馬鹿げている……その通り。

それと同様に、「考えをめぐらす」たったひとつの特殊のかたちを、あらゆる人びとがそう思考すべきだという正統なやり方として押し付けようとすることもまた馬鹿げたことである。

原注4　ダニエル・グリーンバーグ著、『自由な学びとは　サドベリーの教育哲学（原題：*Worlds in Creation*）』（大沼訳、緑風出版、Sudbury Valley School Press）、「II　子どもたちと大人たち」を参照。

外的な要因でも抑圧され得るものです。

個々人の好奇心の追求は中世において、さまざまな理由から抑圧されていました。主たる要因は平均的な寿命が二七歳ほどにとどまっていたことです。

つまり新生児のかなりの部分が幼児期さえも乗り越えることができず、大人になる前に死んでいたのです。大人になった者も貧困にあえぎ、自分たちが生まれ落ちた小さな共同体の外へ旅することさえできませんでした。

こうした状況下、多くの人びとは当然ながら「人生の目的は何なのだ?」と問うたのです。

当時、欧州全域に大きな影響を及ぼしていた組織がひとつありました。カトリックの教会です。

カトリック教会はそうした問いに対して、こう答えを返したのです。「天国で永遠に生きることができるかもしれない。来世に備えなさい」と。

そこへ行き着くには、この世の生をカトリック教会の教えに従い生きるしかありませんでした。この世の人生への関心、好奇心はこれで挫かれたのです。人びとは、言われた通りのことだけするよう強いられたわけです。

社会を外側からの影響に対して開き、好奇心の復興を励ましたのが、十字軍であり、国々をつないだ通商であり、探検でした。

しかしながら好奇心に対する抑圧は今日でもなお、非常に微妙なかたちで続いています。

10 芸術の占める位置

その子が創り出すものの中で最も美しいものは、その子の「間違い《ミステーク》」です。子どもの努力《ワーク》がその子自身の「間違い」で満たされれば満たされるほど、その努力は素晴らしい《ワンダフル》ものになります。そして教師がその子の努力から間違いを取り除けば除くほど、それはより退屈で、よりみじめな、非人間的なものになってしまいます。

――フランツ・チィゼック〔訳注1〕

D

マイケル・グリーンバーグは、人間には文化をつくる三つの活動があると、以下のように書いています。

どんな文化にも、誰もが続ける活動が三つあります。「音楽をつくる《メーク・ミュージック》」「モノを飾る《デコレート》」「喋る《トーク》」です。この「喋る・音楽する・飾る」は、あらゆる人間の脳に組み込まれているようです。この三つは大なり小なり、どのような社会集団でも生まれる活動です。どんなに小さな集団であろうと、人は言葉を発明します。そして陶器にも、自分たちの身体にも、他の何にでも飾り模様をつけます。飾れるものには何にでも飾り付けます。そしてまた、どんな集団も自分たちの経験の中から生まれた何らかの音楽を持っています。「喋る・音楽する・飾る」とはつまり、もともと人間の脳から自然に転がり出る三つの表現モードであるように思われます。わたしたちの存在の一部です。〔原注1〕

この文章には、教育にとって特に重要な洞察が含まれています。実を言うと、わたし自身、ほんの数年前までは、ここに書かれたことの重要さに、ほとんど気づいていませんでした。ある面白いことがあったおかげで理解の素地ができていなければ、今でもわたしは、この意味の深さを知らずにいたことでしょう。

わたしは二〇〇〇年の春、当時、世界的な会計事務所だった「アーサー・アンダーセン」主催の（最後の）国際会議、「二一世紀の学び」で講演をしました。〔訳注2〕「アーサー・アンダーセン」はそのころまだ、監査やコンサルタント業はもちろん教育分野でも先端を行く優良企業との評判を維持していました。〔訳注3〕会議には、世界中から参加者が集まりました。そのとき、わたしの前に現れたのが、インドの教育家で行政官でもあるマヌ・クルカルニ博士〔訳注4〕でした。わたしの話を聴いて、興味深い講演だったと言ってくれました。

そのクルカルニ博士からわたしの元へ一冊の本が贈られて来たのは、その数ヵ月後のことです。インドから届いたその本には、「ダニエル・グリーンバーグに贈る……二一世紀の学びのための、そのラジカルな思想に」という献辞が書かれていたのですが、本の題は『芸術　教育の基礎（*Art: The Basis of Education*）』〔原注2〕でした。

献辞にあった「ラジカルな思想」とも、わたしが長年言い続けて来たこととも矛盾するような題だと思いました。わたしの講演は、教育の「基礎《ベイシス》」をかたちづくる「科目《サブジェクト》」に触れるものではなかったからです。芸術という科目を擁護する本を送るから読んでほしい、とでも思って贈ってくれたのかもしれない、と戸惑ったわけです。

わたしは〔デヴィ・プラサドというインド人が書いた〕その本を読まずに書架に置いていました。もうひとつ、

原注1　マイケル・グリーンバーグ、「会話の魔術（The Magic of Conversation）」（サドベリー・バレー・スクール・ジャーナル、June 2001）。Michael Greenberg, *The View from Inside* (Framingham, MA : The Sudbury Valley Press,2002) に収録。

〔補注〕マイケル・グリーンバーグは写真家で、本書の共著者、ダニエル・グリーンバーグの長男。一九六八～七九年、サドベリー・バレー校の創設時に学んだ。

原注2　デヴィ・プラサドの著書。版元は、National Book Trust（インド・ニューデリー）で、一九九八年の刊。

〔補注〕デヴィ・プラサド　Devi Prasad　インドの画家、陶芸家、美術運動家、平和活動家（一九二一～二〇一一年）。

訳注1　フランツ・チィゼック　Franz Cizek　オーストリアの美術教育家（一八六五～一九四六年）。ウィーンで、子どもたちのための無料絵画教室を開くなど「こどもアート運動」に尽力した。

訳注2　二〇〇〇年四月に行われた、この国際会議での講演「二一世紀の学校（*21st Century Schools*）」テキストは以下を参照。→http://www.sudval.org/essays/102008.shtml

訳注3　「アーサー・アンダーセン」はシカゴを本拠とする、「ビッグ5（世界の五大会計事務所）」の一角を占める有力企業だったが、エネルギー取引の「エンロン」（本社＝テキサス州ヒューストン）の巨額粉飾決算事件に巻き込まれ解散に追い込まれた。

訳注4　マヌ・クルカルニ　Manu Kulkarni　インドの教育家、開発問題専門家（一九三八年～　）。シダガンガ工科大学名誉教授。インド・カルナータカ州政府（州都＝バンガロール）などで行政官、コンサルタントとして開発行政、人口問題にも取り組む。

別の新しい出来事が起きなければ、本はそのまま本棚に置かれたままでいたことでしょう。

クルカルニ博士にはニュージャージーに親戚がいたようで、ときどきインドから来ていたようです。博士は翌年、二〇〇一年の夏、米国に行くので、滞在中一度わたしに会いたいと手紙で言ってよこしました（あとで分かったことですが、博士はそれまでわたしのいるマサチューセッツに来たことはなかったそうです）。

博士がせっかく贈ってくれた本に一言もふれずにお会いするわけにはいきません。わたしは書架から本を取り出し、読み始めました。

驚きました。こんな喜びは初めてのことでした。「本は表紙（や題）では分からない」とは昔から言われていることですが、その通りになったのです。

序文の冒頭、題辞《モットー》が書かれていました。それを読むなり、わたしは何か特別のことがこの本の中で待ち受けていることを確信したのです。

題辞に、こう書かれていました。「芸術家《アーチスト》は特別な種類の人間ではない。誰もが特別な種類の芸術家なのだ」。

そしてその本の本文には、こうしたことも書かれていたのです。それを読んだときの、わたしの喜びを想像してみて下さい。


教育プログラムを計画する際、子どもたちが生来持つものを無視したなら、大人の考えや大人の目標を押し付けることになります。これでは、子どもたちが自分の子ども時代を、自分の世界の中で思う存分楽しみながら育つことができなくなってしまいます。インドの民話によれば、自分の本能を無視され、教え込まれた子どもは、飼い主に仕込まれた言葉を繰り返すだけの、自分の言葉を忘れてしまった籠の中のオウムでしかありません。今の教育システムは、まさにこの実例です。教師は子どもたちをオウムに変えようとしているのです。子ども自身の子ども期を奪っているのです。……子どもたちがもし自然な発達に必要なだけ、自分自身の世界に在り続けることが許され励まされることになったら、自分の思いが叶った大人に育つことでしょう。

何かを学んだとき、それは教え込まれたから、そうなったのではありません。自分が自分に教えたからです。……インドの文化には実際のところ、「教える」というコンセプトはありません……（ここでヴィノバ・バーヴェ〔訳注5〕の言葉を引用し）「インドの憲法は一四の言語で書かれていますが、《教える》はそのうちのどの言語にもありません。しかし、そのどれにもある言葉がひとつあります。それは《学ぶ》です。英語の動詞である《teach（教える）》にあたるものは、サンスクリット語をはじめとするインドの諸言語にはないのです。……自分は教えることができると教師が思うのは、自己中心的な考えです。こういうプライドを大事にしている限り、わたしたちは教育の本質を決して理解することができません」。

ほんとうの自由とは、最も偉大な教師の一人です。

子どもたちは常に新しい経験を求めています。自分の目を引くもの、自分の予感がとらえるもの、そのすべてを調べて自分で確かめてみたいと思っています。……子どもは、大人が見向きもしなければ

訳注5　ヴィノバ・バーヴェ　Vinoba Bhave　インドの非暴力・平和主義者（一八九五～一九八二年）。ガンディーの後継者と言われる。土地を農民に分け与える運動を続けた。

ば関心も起こさないものにも魅せられるものです。

結局のところ、二つの違った世界があるのです。大人の世界と、子どもの世界とが……これはもちろん、子どもが関心を持ったものを大人は見てとれない、ということではありません。ここで明記しておくべきことは、大人が見るものが子どもと同じであったとしても、その機能やその形さえ、それを見る角度同様、子どもの視点とは違ったものであるはずだ、ということです。


プラサドの本の中でさらに感心したのは、「オーストリアのアーチスト、フランツ・チィゼックの仕事」について書かれた部分でした。プラサドはチィゼックの活動を「その、子どもたちの創造性に関する実践は革命的なもの」だったと指摘し、「子どもを大人の支配から守った」と書いていました。

わたしはチィゼックのことを聞いたこともありませんでした。知らなかったことは大きな損失でした。

わたしはさらに、デヴィ・プラサドがこの偉大な美術教育のパイオニアに対して、彼の本の中で敬意を表していることを知り、それがまたわたしの関心を、チィゼックの仕事と理論について最も詳しく書かれた、ヴィルヘルム・ヴィオラの *Child Art*（邦訳、『チィゼックの美術教育』〔原注3〕）に向けてくれたのです。

こうしてわたしはプラサドとヴィオラのおかげで、チィゼックの創造的精神の中から流れ出た洞察に思う存分親しむことができたわけです。チィゼックとはまさに、教育における偉大かつ革新的な思想家の一人と分かったわけです。〔原注4〕

ヴィオラの本には、チィゼックが一八九〇年代のオーストリア・ハンガリー帝国の首都、ウィーンで、美術学校をつくろうとしたいきさつが書かれています。

チィゼックは二〇歳の年（一八八五年）、（当時、オーストリア領内にあったボヘミアの小さな町、ライトメリッツから）ウィーンに出て美術アカデミーに入学しました。貧しい家庭に下宿しました。その家には幸いなことに、子どもたちがいたのです。

子どもたちはチィゼックが絵を描いているのを見て――チィゼック自身が当時を思い出し、その後、何度も語った言葉をかりれば――自分たちも「絵描きさんごっこをしたい」と言いました。

チィゼックは子どもが大好きでした。そしてそれが彼の成功の一因にもなったわけですが、チィゼックは子どもたちに鉛筆と絵筆、絵の具を手渡したのです。

原注3　この本はロンドン大学出版局、一九四二年の刊で、入手はかんたんではないが、この分野の古典であることに何の疑いもないものない。

〔補注〕しかし、わたしたちには邦訳がある。『チィゼックの美術教育』（久保貞次郎・深田尚彦訳、黎明書房）。

ヴィルヘルム・ヴィオラはチィゼックの教え子で、英国の王立美術協会で教えた人。

原注4　チィゼック以外でわたしの知る、偉大で革新的な教育者は次の二人である。ひとりは、サマーヒル校を開いたことで有名な、英国のA・S・ニイル。彼の仕事は一九二〇年代から始まった。もうひとりは、ロシアのトルストイ。トルストイの教育に関する驚くべき洞察は、以下の英訳本で読むことができるが、これまたなかなか入手しがたい。*Tolstoy on Education. Tolstoy's educational writings 1861-62*, selected and edited by Alan Pinch and Michael Armstrong and translated by Alan Pinch (Rutherford, NJ: Fairleigh Dickinson University Press,1982)

トルストイのような大作家が教育に関するエッセイを書き残していたのである。この事実は一般にはまだ広く知られていないことであり、エッセイもほとんど読まれていない。それはおそらくトルストイが、教育についてふつうの考え方とは全く違ったラジカルなヴィジョンを持っていたことと、トルストイが自ら実験的な学校を、短命に終わったとはいえ開いていたことに対しトルストイ文学の信奉者らが戸惑いを覚えたせいではないかと思われる。

こうして、子どもたちの手ですばらしい絵が描かれていったのです。

幸運にも恵まれました。それはチィゼックが、旧来の型にはまった美術に反対する若い画家、建築家らの芸術革命、「分離派」運動の創始者たちと親しくしていたことです。

チィゼックはこの友人たちに、子どもたちの作品を見てもらいました。友人たちはビックリして、子どもたちのための「美術学校」を開くようチィゼックを励ましました。**「学校」などという言葉を滅多に使わなかった彼らですが、ほかに言いようがなかったので、美術学校と呼んだわけです。子どもたちはその学校で、生まれてはじめて、自分がしたいことをすることを許されました。**〔太字強調は著者による追加〕

言うまでもないことですが、ウィーンの当局者は〔チィゼック自身の言葉をかりれば〕「子どもたち自身に自分を育たせ、発達させ、成熟させる」チィゼックのコンセプトに賛成しませんでした。チィゼックはそれでもなんとか、子どもたちのための美術のクラスを開いたのです。原則を押し通すことができたのは、政府からお金をもらわなかったからです。政府の干渉に苦しまずにすんだのです。

チィゼックは、子どもたちによって気づかされたラジカルな考えを人びとに伝えようと、まだ画学生のうちから活動を始めました。ヴィオラの本には、チィゼックが対話や講演で語った、驚くべき言葉の数々が収録されています。〔原注5〕以下はチィゼック自身の発言のいくつかです。

〔あなたはどのようなやり方をしているのですか〔と、対談相手のフランチェスカ・M・ウィルソンはチィゼックに尋ねた〕〕

「いや、わたしは何もしていないのです。わたしは蓋を外しただけです。美術の巨匠たちは、ぴしゃりと蓋をしてしまいますね。違いはそれだけです」

（でも、子どもたちに何かをして見せる必要は、ありますよね。子どもたちの間違いを、それに見合ったかたちで指摘しなくちゃなりませんよね。子どもたちに学んでもらうため、進歩してもらうため、あなたは何の指摘もしないのですか）

「そうじゃありません。その反対です。子どもたちは自分たちが従うべき自分自身の決まりを持っているのです。そうである以上、大人たちに、どのような干渉する権利があるというのでしょう。自分の感じた通りに描くべきです」

幼い子どもたちは常に教師や親たちより感覚的に鋭いものだ。頭脳はまだフレッシュで、いろんなことを最短の時間で考えられる。それを大人たちは理解できない。だから不安になる。

チィゼックは親のあり方についても、驚くべき洞察の言葉を遺しています。

三種類の親がいます。ひとつは絶えず子どもたちを叱りつける親です。コントロールし、矯正し、自分が歩んだのと同じ道を無理やり歩ませようとする親です。ふたつ目はご都合主義の極みですが、

原注5　チィゼックは米国のエール大学出版会から自著の執筆資金を得ていたが完成できなかった。原稿を書き終える前に亡くなったからだ。未刊に終わった本の草稿やノートは、そのまま埋もれてしまった。わたしたちがいま知ることが出来るチィゼックの考えは、彼を知る人びとの回想による。

子どもたちを完全に放り出してしまう親たちです。最後の三つ目は、理想的な親です。距離を置いて、子どもたちを眺める親です。必要なときに励まし、友だちになる用意ができた親たちです。

ヴィオラの本には「教師」の役割に関するチィゼックの見識も書かれています。そのいくつかを見ることにしましょう。

〔教師は〕子どもに、真剣に対する必要があります。真剣に対しているかどうか、子どもはすぐ分かります。真剣なふりをしても無意味です。道徳に遠く反することです。

わたしたちは、その子を、その子がつくった作品を大事にすべきです。むやみに際限なく褒《ほ》めろというのではありません。適度にぬくもりのある雰囲気が、子どもにとってはよいのです。冷たい、ネガティヴな批判は致命的ですが、称賛の大盤振る舞いも危険なことです。子どもたちの作品の奇跡のようなすばらしさを前にしたら、たしかにこう叫びたくもなります。「すごい絵を描《か》いたね。まるでゴッホやゴーギャンのようだ」。

しかし、もっとおだやかな言葉のほうがいい。抑制された称賛でなければならないのです。よい作品を描くことはごく自然なことだと、その子に感じてもらうことが大切なことです。

さらに言えば、その子のすることすべてがよいことなのだから、とくに褒めることはないと教師が思うようになるのも禁物です。作品の真価に対する過剰な評価よりも、過小な評価の方がより危険なことです。

逆説的に聞こえるかもしれませんが、なるべく助けない方がいい。この問題を突き詰めていくと、大人は助けるべきか、助けることができるか、ということに行き着きます。わたしたちは間接的なやり方がいいと思っています。一言でいいときもあります。表情、うなずきで十分なときもあります。

チィゼックは芸術《アート》を、全く新しい教育世界を拓く思考の入り口《エントリー・ポイント》にしていたわけです。芸術から入る――それは、わたしには思いもよらなかった経路でした。

しかしチィゼックは、分かっていたのです。子どもたちはみな、生まれつきリアルで、時に偉大なアートを生みだす力を持っていることを分かっていたのです。アートの活動が子どもたちにとって自然なものであり、その自然な成長に大人が介入することは有害な結果を招くことを分かっていたのです。

チィゼックはそのまま一気に、教育と子どもの発達のすべてを理解するところまで進みました。結論はこうでした。子どもたちの自然な、妨害のない成長こそ、人としての可能性を全面的に実現するところへ、子どもたちを導くものであり、大人の干渉は総じて財産以上に負債を子どもたちの発達過程に積み上げてしまうものだ、と。

アートという入口から子どもの成長のあらゆる分野へ、一気に進んだチィゼックの取り組みは、彼自身と彼の同志たちにとっていわば直観的なものでした。

この直観的な跳躍を可能とした土台に潜んだ意味を、わたしは本章の冒頭に掲げたチィゼックの言葉を知るまでは理解できませんでした。これを理解できたのはチィゼックのおかげですが、そればかりではありません。このことを理解することでわたし自身、それまでほとんど気づいていなかった、教育というものの自然なあり方について、これまでにない豊かな視野を持つことができたわけです。
問題の核心にあるもの、それは一定の人間活動は普遍的なものであり、文化の違いを超えたものであり、したがって人間存在の本質に関係するものだという観察結果です。
そしてさらに重要な真実は――ここでもチィゼックは意識的ではないにせよ、真っ直ぐ真理に衝きあたっているのですが――これらの活動に子どもたちは、生まれて間もないときから従事しているという事実認識です。

つまりこれらの活動は、子どもが社会的・文化的な影響を受ける以前からのものであり、社会的・文化的なものから生まれたものではない、ということです。文化の歴史に属するものではなく、人間の生物的な進化の領域にあることなのです。〔原注6〕

これら「音楽する」「飾る」「喋る」は、数十億年に及ぶ進化の結果として生まれたわけですから、それら自体、人間がこの自然世界の高み《イグザルティド・プレース》に占める重要な側面を表すものに違いありません。言い方を換えれば、これらの人間活動は進化の結果としてあるだけではなく、わたしたちホモ・サピエンスが自然界の秩序に占める特殊な立場を説明する重要な特徴を示すものだ、ということです。

子どもたちに、いや大人たちにも、自分の心が望むままこれら三つの活動に従事することを許すことは、人間存在の最も完全な可能性の実現を許すことです。逆にこの実践に外部から干渉することは、時として社会的な理由から正当化されようとも（人間は結局、社会的な動物です。これまたひとつの進化の側面であるわけですが）、生来のものを現実化する能力を常に何かしら損なうものになるわけです。

このことをいったん理解すれば、子どもたちの明確な性向と意志に反し、その生来の活動を大人の課題設定を外側から押し付けることで殺《そ》いでいく、教育者や児童発達専門家らが提唱する強制システムを認めることなど、ほとんど不可能なことになります。

これら生来の活動を殺ぐことは産業の時代において、何らかのかたちで経済的に正当化されるものであったかもしれません。しかし子どもたち生来の、進化によって培われた行動を抑圧することで利益を得られるなどという主張は、いまや通用するものではありません。

以上、述べて来たすべてを考え合わせれば、これら三つの活動がサドベリー・バレー校のような教育環境を支配している現実を目の当たりにしても、別に驚きはしないはずです。

どこを見渡しても、子どもたちは喋っています。相手の話を聞いています。音楽しています。あらゆる種類のアートに従事しています（スケッチしたり、絵を描いたり、写真を撮ったり、絵を眺めていたり）。

わたしはプラサド、ヴィオラ、チィゼックを読んで、自分の学校の当たり前のことに初めて気づいたのです。サドベリー・バレーは、アートの活動を育てる温床だという事実に気づかされたのです。

わたし自身も、これらの著者に出会う前、サドベリー・バレー校ではアーチストたちも育っているかもしれない、とだけは考えていました。これらの著者と出会ったあと、こう考え直すようになりました。

それはサドベリー・バレー校のもうひとつの特徴としてあるのではなく、この学校を統合する中心そのものである、と。

わたしは言葉人間《ヴァーバル・パーソン》なものですから、喋り、すなわち会話を交わすことの重要性に早いうちから気づいてい

原注6　マイケル・グリーンバーグは前掲書で、こうも指摘している。「（「音楽する・飾る＝アートをする・喋る」以外の）他の全てのものは、自分の気持ち次第で身につけられるものです。書き言葉を最初は持たない文化もありました……（自分で身につける）他のものとは、つまりテクノロジーです」。他のすべてものは、人間の生来のものというより二次的な文化の創造物であるというわけである。

ました。しかしわたしはこれらの著者に出会ってはじめて全体像《ホール・ピクチャー》を描けるようになったのです。そして、そのすべてを支えるものこそ人間的な自然《ヒューマン・ネイチャー》であったわけです。

わたしはいま思わず、それで「全体像を描けるようになった」などと言ってしまいましたが、まだほかにも大事な活動があります。それで文化の違いを超えた人間活動として、まだ二つ言い残したことがあります。それは遊び、そして好奇心の探求の二つです。この活動はどこでも、だれでも、みな従事しているものです。子どもたちもまた最も幼いうちから、この二つを続けているのです。この二つが、先の三つ、音楽する・飾る・喋ると同時進行しています。

遊びと好奇心が人間的自然の本質的な部分であり、生物進化の最も重要な側面であることは、かなり昔から理解されていたことです。アリストテレスは好奇心こそ、あらゆる革新と創造の源泉であることを明確に認識していました。そして、遊びの重要性についても、多くの観察者たちが意見を述べて来ました。

進化の流れの中における、これら五つの活動の重要性については、人間以外の種においても何らかのかたちで存在すること、そしてまた、人間ほどこれらが複雑なレベルに達した種はほかにいないことを理解することで、さらに認識が深まります。

ほかの動物たちも遊ぶのです。大人になってまで遊びを続ける種はほとんどいませんが、動物たちもたしかに遊ぶのです。しかし人間のような複雑なゲームのレベルまで達したものは皆無です。

ほかの動物たちも音声でコミュニケートします。しかしほかの動物は統語、文法、構文、語彙を備えた言語を、最も「原始的」な人間の言語並みのものさえ生みだしていません。ほかの動物たちは自分の周りに興味を向けますが、人間の好奇心による探索の射程の広がりにははるかに及びません。動物は音の高低、強弱で、音楽と言えそうなものを発してはいますが、協奏曲や交響曲を作曲するものはいません。動物のいくつかは自分を飾る方法を見つけていますが、人間ほど多彩な自己表現法を持ったものはないのです。

これら五つの活動は人間であることに不可欠なものですが、それだけではありません。

人間は《自分のイニシアチブで》それらの活動を発展させて来ました。

その発達の度合いを見れば、分かります。わたしたちの進化というものが、人間が地球上にこれだけ広がった事実を示す《インディケーター》ものであり、発達のかたちをデザインした設計主任であるという特別に重要な事実が分かります。

R

指導力《リーダーシップ》も芸術《アート》です。教えられて身につけるものではありません。その人に、その人の才が求められるのです。才能は人から人へと伝達できるものではありません。他の人にできることは、本人が自分の才能に気づき、それを自分で育てることを助けることです。そうした「気づき」「育て」こそ、教育の中心目標でなければなりません。


「芸術《アート》」という言葉には、関係し合っているけれど、しかし違った意味が少なくとも二つあります。ひとつは技能《スキル》と同じ意味で使われている「アート」です。「家具づくりのアート」とか、「建築のなかのアート」といった場合がそうです。この意味でいう「アート」は「工芸《クラフト》」とも同じです。

工芸は芸術的（美的）な作品を生みだす活動です。しかしその芸術的な性質は工芸の主たる機能ではありません。工芸は、あくまで「有用性《ユーティリティー》」機能が中心です。

イームズ〔訳注6〕やサーリネン〔訳注7〕がデザインした椅子は何よりも「そこに座るもの」であって、芸術作品であることはその次に来るものです。同様に彼らの建てた家もまた、何よりもまず屋根のある生活の場所であり、その次に芸術作品であるわけです。

これに対して芸術作品のいくつかは有用性を持っていません。その中心目的は、あくまで美的なものです（たとえば、ベートーベンの交響曲、セザンヌの絵画、ロダンの彫刻、シェークスピアの演劇……）。

「美術《ファイン・アート》」と「工芸」を区分する明確な一線はありません。グレーゾーンで隔てられているだけです。多くの美術館が家具や陶器といった工芸を展示しているのは、そのためです。

偉大な芸術・工芸作品を生みだすには、そこに常に技能がなければなりません。しかしそのために必要な技能を持っていても、それだけでは不十分です。偉大さはまた才能を求めるものです。多彩な美術・工芸は、多彩な才能を技能とともに求めるものです。

わたしが理解しているところでは美的機能には二つあり、その最初に来るものが理想の追求を喚起するもの、すなわち創造的機能《クリエイティブ・ファンクション》です。理想とは決して到達できないものですが、そこに向かって接近することはできます。

二番目の美的機能は、理想を追求しようとする気持ちを刺激し続けることです。つまり再創造機能《リクリエイティブ・ファンクション》です。

この再創造機能は、その追求それ自体に「楽しさ《プレジャー》」を供給します。「リフレッシュする仕切り直し」を供給します。そうした元気回復《リフレッシュメント》がなければ、理想という決して到達し得ないものを追い続けるなど不可能なことです。

芸術におけるこの再創造機能は「娯楽《エンターテイメント》」の中にも潜んでいます。わたしたちが芸人《エンターテイナー》を、しばしばアーチストと呼ぶのは、そういう理由があるからです。

しかし芸人はベートーベンやセザンヌと同じ種類のアーチストではありません。ルーシー〔訳注8〕もシナトラ〔訳注9〕も、わたしたちを楽しませ喜ばせてくれますが、わたしたちの心を喚起《インスパイア》しません。ベートーベンやセザンヌは過去の人ですが、いまもわたしたちの心を喚起します。

技能《スキル》は練習で身につけることができるかもしれません（たとえば、自転車に乗れるようになる）。技能の獲得は指示《インストラクション》でもたらされることもあります。たいていの人は絵画を習って覚えます。とても上手に描けるようになる人もいます。

しかし偉大なグラフィック・アーチストには、教わって成れるものではありません。美術や工芸作品を創造する技能の中には教えることのできるものがありますが、そこでは才能は必要とされません。才能は教え込むことができないのです。しかし、それを育てることはできます。

人は老いも若きも、芸術的であれ何であれ、何らかの才能に恵まれています。しかし、さまざまな芸術の才能を併せ持つ人は滅多にいません（ミケランジェロやダビンチは例外です）。たとえば偉大な作曲家が偉大な画家である、あるいはその反対はまずありません。

訳注6　イームズ　Eames　米国のデザイナー・カップル、チャールズ（一九〇七〜七八年）、レイ（一九一二〜八八年）・イームズ夫妻、あるいは夫妻による家具、家のデザインの総称。

訳注7　サーリネン　Saarinen　フィンランド系アメリカ人の工業デザイナー、建築家、エーロ・サーリネン（一九一〇〜六一年）その人、あるいはその椅子やテーブル、設計建築物の総称。

訳注8　ルーシー　米国のコメディーの女王、ルシル・ボール（一九一一〜八九年）が演じた、人気テレビ番組「アイ・ラブ・ルーシー」の主人公を指す。

訳注9　シナトラ　米国の歌手・映画俳優、フランク・シナトラ（一九一五〜九八年）を指す。

ここから、あらゆる年齢層に最も重要な教育機能とは何なのかが分かります。それはその個人に、自分がどのような才能を持っているか、自分で見つけ出させることです。それが見つかったら、その才能がひとつであれ、それ以上であれ、それを育てる道を見つけさせることです。

才能は実践《プラクティス》を通じてのみ発見されます（ペーパー・テスト《リトン・エグザミネーション》では見つけ出すことはできません）。もしわたしたちに絵画や文筆の才能があるとしても、自分で描くこと、書くことを通してしか見いだすことはできません。

したがって効果的な教育《エフェクティブ・エデューケーション》とは、あらゆる年齢層の「生徒」たちに、さまざまな芸術・工芸に分け入る機会を与えることでなければなりません。自分がどんなところに才能があるのか、自分自身で発見できるものでなければなりません。

才能を自分でうまく見つけ出すにしても、他の人に指示されて、できるものではありません。自己指示《セルフ・ディレクション》によってのみ、できることです。しかし、その他の人も相手の自己発見を促すことはできます。

芸術的な基準を、学んでいる人に押し付けては絶対になりません。ゴッホのような偉大なアーチストは、基準によっては発見されないものです。

偉大なアーチストの大半は、芸術の質に基準《スタンダード》を設定し、それを維持する人びとから未だに認められないままでいるのです。

そうした基準を打ち破ること——それが芸術創造に不可欠な部分でもあります。ロシアの作曲家、ストラヴィンスキーの『火の鳥』も、アイルランドの作家、ジェームズ・ジョイスの『フィネガンズ・ウェイク』にしても、偉大な芸術作品は当初人びとの敵意でもって迎えられました。

たとえば印象派の画家のように、同じ「派《スクール》」に属するアーチストにしても、メンバーの一人ひとりは、それぞれとてもユニークです。誰が描いたものか見ただけで分かる作品を描いているのです。

理想の姿《ヴィジョン》が、あるいは理想に近いものの姿が見いだされると、たとえ犠牲を払ってでも、その理想像を追い求めたいという人が引き寄せられるように出て来ます。その理想の姿をハッキリしたかたちで示すこと、これが指導力《リーダーシップ》の要件です。

指導者《リーダー》は必ずしも、人を動かすヴィジョンを自分で描き出す人でなくても構いません。そのヴィジョンを明確化できれば、それでいいのです。指導者は従う人びとの心を喚起し、引き寄せることができるようなヴィジョンを明確化できる人でなければなりません。

ロバート・ハチンズ〔訳注10〕はモルティマー・アドラー〔訳注11〕のヴィジョンをハッキリさせました。ですから指導者はハチンズであって、アドラーではないのです。

あるヴィジョンに人びとが引き寄せられるのは、指導者のようにヴィジョンを明確化できないまでも、それを共有しているからです。

人びとを喚起するヴィジョンの明確化とはアートの仕事です。それは指導力に不可欠な本質的なものです。指導者はまた、ヴィジョンを追求する方策《ストラテジー》を明確化することができる者でなければなりません。ヴィジョンの実現に向け、こうすれば進歩していくことができると道筋を示し、約束できる人でなければなりません。美術家にはこの能力は必ずしも必要ではありませんが、指導者たちは必ず、この力を持っていなければ

訳注10　ロバート・ハチンズ　Robert Hutchins　米国の教育哲学者（一八九九〜一九七七年）。シカゴ大学の学長として、モルティマー・アドラーの協力で、古典的文献に拠る「永続的教育主義（Educational Perennialism）」に基づくカリキュラム改革を行った。

訳注11　モルティマー・アドラー　Mortimer Adler　米国の教育哲学者（一九〇二〜二〇〇一年）。一九三〇年代、シカゴ大学の学長に就任したハチンズに、法律大学院の教授として招請され、「西洋名著プログラム（the Great Books of the Western World program）」を創設した。

なりません。たとえばゴッホは、絵画の新しい姿《ヴィジョン》をたしかに生みだしはしましたが、指導者とはとても言えない人でした。

ゴッホのような人は具体的な作品で信奉者を引き寄せるのです。革新者は模倣されますが、指導者ではありません。

喚起するヴィジョンを明確化し、それを効果的に追求する方策をハッキリ示す才能なくして指導者になることはできません。したがって「指導者養成講座」などというもののほとんどはインチキです。「マネージャーや管理者《アドミニストレーター》のあなたを、指導者に変えてみせます」などと言うのは偽りの約束です。指導者とマネージャーと管理者を区別できないでいるのです。

管理者とは、第三者が決めた「手段」を使って、第三者の決めた「目的」追求のために指示を出す人です。たとえば、注文、物資購入といった日常業務をこなす事務員の集団を監督する人は管理者です。

管理者の直属の上司は監督者《スーパーヴァイザー》ですが、管理者が部下にさせていることは、監督者よりもさらに上の権威者が決めたことです。

この監督者もまた、ふつう管理者の範疇に含まれます。

行政府（役所）とは、こんな管理者たちであふれた場所です。管理者たちは官僚機構の一部です。この官僚機構が、実際に職務を遂行する人びとの目的、手段を決めています。

これに対しマネージャーとは本来、ある目的を、自分自身が選んだ手段を使って実現するため、人びとを率いる人のことを言います。これが本来的なあり方なので、民間で「マネージャー」と呼ばれている人は実は「管理者」です。

組織が独裁的なものになればなるほどマネージャーは減り、管理者が増えていきます。組織がよりデモクラティックになればなるほど管理者の数は減り、マネージャーが増えていきます。

指導者とは、その指導者に従う信奉者たちが自発的に、自分たちが選んだ手段を使って目的追求のため、すすんで動いていくのを指導する人です。自発的にではないかたちで従わせている人は司令者《コマンダー》です。彼らは従わない者に懲罰を下すことで、従わせている者に権力を行使します。

司令者はある種のタイプのマネージャーでもあります。これに対してジャンヌ・ダルクは指導者でした。彼女は従う者たちに、何ら権力を行使しなかったからです。しかし南北戦争のパットン将軍は司令者でした。軍事のマネージャーでした。しかし指導者ではありませんでした。力で支配したからです。

指導力《リーダーシップ》とは以前、言われたように、指導力のある人を指すものではありません。その人の実践《プラクティス》を指す言葉です。実践としての指導力はアート同様、教え込まれて身につくものではありません。その人に指導力の才能があれば指導力が育ちます。才能なしには育ちません。

指導力とは実践ですから、自分自身で探究するか、あるいはそれに不可欠な才能や技量をすでに身につけ、発揮している人について学ぶのが一番です。

学校は――幼稚園から大学まで――、そのために不可欠な才能がその子にあれば、指導力を育てることが出来ますが、指導力そのものを生産することはできません。指導力にとって必要な技能を特定し、それが育つのを助けることはできますが、せいぜい〔マネージャーの〕マネジメントの質を改善できるだけです。

これはポスト学校教育、成人教育についても、全くあてはまることです。指導力を育てるというなら、それに不可欠な才能の持ち主に対して、そのための機会を提供し、才能（および、付随すべき技能）が動き出したときを見定め、援助し、開花させることが必要です。

工芸や美術に必要な技能を身につけることで、自分がつくる自分の人生の質の向上に大きく役立てることができます。それは自分の仕事、あるいは余技の中核を占める能力になり得るものです。自分の仕事、余技のどちらでも、こうした技能を使うことで、人生を豊かなものにすることができます。ここに教育のあるべき姿があります。

パート3　生涯教育の理想のヴィジョン

誰にもあてはまるルールとは、他人が用意した教育に頼ることではない。それに同意することでさえない。そうではなくて、物事をありのまま自分で見ようとすることだ。自分自身であり続けようとすることだ。敗北は、自らすすんで降伏することにある。

— ウッドロウ・ウィルソン

RD

11 わたしたちは理想の教育環境を心に描かなければならない。その理由は何か。どう思い描くべきか

わたしはいつだって証明してみせる。わたしが受けた教育は、本来のわたしではない別人を作りあげようとしたのだ。非難すべきは、教育者たちが自分たちの意図に合わせ、わたしを作り上げようとしたことで、それは有害なことである。だからわたしは彼らの手から、今あるわたしを返せと要求しているのだ。しかし彼らはわたしに、わたしを返すことはできない。だからこそ、わたしは非難と嘲笑を太鼓の音に込めて、世界の彼方へ鳴り響かせているのだ。

——フランツ・カフカ

わたしたちは対話を続ける中で、現行の教育システムを、人びとが効果的な学び方を学び、生涯を通して自らを動機づけできるシステムへ変革しなければならないことを示して来ました。そうした変革を引き起こすには、新たなシステムのあるべき姿《ヴィジョン》を明確にする必要があります。

理想のシステムを再設計するプロセスとは、こういうものです。

■《理想のシステムの再設計《リデザイン》とは、再設計者がいまその気になれば、直ちに現行のシステムと取り替えられるシステムを設計《デザイン》することである》

もっと具体的に言えば、新たな教育の設計者たちは、今の教育システムが「昨夜、突然、いっぺんに全部壊れてしまった。しかしその環境だけは今朝になってもまだ、全く同じかたちで残っている」という前提で再設計をしなければならないわけです。〔原注1〕

理想のデザインを描こうとする人は、再設計プロセスの中で以下の三つの条件を満たさなければなりません。

■新たに設計するシステムは、《テクノロジー的に実現可能》なものでなければならない。いま手元にないテクノロジーをあてにしてはならない。SF（サイエンス・フィクション）であってはならない。

原注1　この点については、以下を参照。Sheldon Rovin *et.al., An Idealised Design of the U.S. Healthcare System* (Baka Cynwyd, PA: Interact, 1994) pp.2-5.

■新しいデザインはいま直ちに採用されなくても、後で採用されようとも、《いつでも動き出す》ものでなければならない。つまり、いまこの瞬間に採用されても、そのまま動き始め、動き続けるものでなければならない。

■新たに設計されたデザインは、内側と外側から《絶えず改善されていくことが可能なもの》でなければならない。すぐ効果的に学び、適応できるものでなければならない。つまりそれ自体が理想を自ら追求できるシステムでなければならない。

教育システムを再設計するプロセスに関与する人はみな、自分たちが理想に向かって何ができるか心得ていなければなりません。未来に向けて意味ある目標を定めるには、自分たちが何をしようとしているかを知ることが不可欠です。

再設計によって生まれる理想のシステムとはそれがひとつの理想として終わるものではなく、「理想を追《アイディアル・》い求める《シーキング》」ものであるという意味で真に理想的なものであるわけです。それは経験を積み重ね、環境の変化をくぐり抜ける中で、改善し続けるものでなければなりません。わたしたちが五年、一〇年経っても、必ずまだ望んでいるはずだと思っていることでも、そのうちのいくつかは、そのときもはやわたしたちの望むものではなくなっているはずです。それだけは確かなことです。

こうしたヴィジョンは、わたしたちの心を喚起するものでなければなりません。これはつまりアートの仕事でもあるわけです。

これはたとえ目先の犠牲を払ってでも長期的な利益をつかもうとするものでなければなりません。居座り続けている教育の悪弊を抜本的に変える改革運動《クルセード》に、はるかなる課題《ホーリー・グレイル》を与え続けるものでなければなりま

せん。〔原注2〕

それではなぜ、教育システムの全体を再設計しなければならないのでしょう。個別的な問題をひとつずつ変えていき、ゆっくり変化させていくのは、どうしていけないことなのでしょう。

理由はかんたんです。問題がシステムの問題《システミック》だからです。そこにあるのは、軽いタッチひとつで修正し消すことのできる間違いではありません。教育システムの全体がそこに問題としてあるからです。

問題はすべて連関しています。そしてそれらはすべて現行の教育システムすべての枠組みの底にある根本的な欠陥から出て来ているものなのです。

現行教育システムの根本的な欠陥とはすなわち、わたしたちにはこの現代の発達した社会の中で自分自身の教育に責任を持てるだけの力はないとして、本来わたしたちに奉仕すべき教育システムが、外側からわたしたちを支配するものにしていることです。

生涯にわたる教育の理想的なデザインを生みだすため、わたしたちはこれまで対話を続けて来ました。わたしたちは議論を続ける中、本書の読者のみなさんに対し、わたしたちの考えのキーポイントを洗いざらい提示して来ました。デザインをどう構築していくかだけでなく、現行の教育システムの構成要素をなぜ除去していかなければならないかについても率直に述べて来ました。なぜ今、現行の教育システムが昨夜壊れてしまったという想定に立って、新たなシステムを構想しなければならないかについても語って来たわけです。

原注2　この点に関する簡単な背景説明は、以下を参照。Russelll L. Ackoff and Sheldon Rovin, “On the Ethical Use of Power and Political Behavior to Lead Systemic Change,” in *Power, Politics and Ethics in School Districts: Dynamic Leadership for Systemic Change*, edited by Francis M. Duffy, Leading Systemic School Improvement Series, No.6 (Lanham, MD: Rowman and Littlefield Education, 2006).

本書の背景《コンテキスト》にあるのは、西洋のリベラル・デモクラシーの文化全般であり、特にこのアメリカという国の社会環境です。しかしほかの文化状況にあって理想的な教育を構想するプロセスを始めることも、そこに生きる人びとにとってはもちろん重要なことです。

わたしたちとしては、わたしたちが生まれ育ち、生きて来た、わたしたちがよく知る文化環境に、どうしても焦点を絞らなければなりませんでした。

この点を踏まえ、議論をさらに続けていきます。

12　就学前をどうするか？

R
D

人生を通した学びの情熱《パッション》は――倦《う》むことなく、あらゆるものを取り組み、人生を通して粘り強く続く学びは――生まれた瞬間から、すべての人の中にその姿を現します。

人生の出発点に立つ子どもたちは、自分の周りの世界を自由に探索する機会を持つべきです。それがあるべき姿です。

自分のやり方で、自分のペースで、自分が行き当たったモノや人にどう対処したらいいか自分で考える。これが子どもたちに許されるべきことです。

そうすることで子どもたちは、自分自身の「現実モデル《モデル・オブ・リアリティー》」を創る《ファッション》ことができるのです。世界とはこういうものだと自分なりにつかんだ「現実モデル」は、人生の歩みの中で広がりと深さを増していきます。

子どもたちは本来、受動的なものだという一般的な理解があります。大人たちから絶えず刺激を受けないと、正しく発達することはできないというのです。こうした考え方は幼児だけでなく、若者たちにも当てはまると広く信じられています。

つまり人間という動物は生まれつき不活発《スタティック》なもので、ひとりにしておくとその時点で発達が止まり、じっと動かずにいると考えられているのです。子どもの発達の潜在的な可能性は、その子自身が自己実現できるものではなく、大人の側から働きかけなければ引き出すことはできない、というわけです。

しかし子どもたちを仔細に観察すれば、誰しもすぐ、こんな結論に達することでしょう。成長したくて、世界をわがものとしたくて、ウズウズ、ワクワクしている存在、それが子どもたちだと言うはずです。

自然は子どもたちに、大人になろうとする生来の衝動《ドライブ》を授けています。子どもたちはみな、よく分かっているのです。自分と大人の違いを知っていて、周りの大人たちのレベルへ届く橋を自分から架けたがっているのです。

自分で育つ、大人になる――これはとても強い衝動です。これにタガをはめるには、それなりの膨大な努力が必要です。そしてこの強烈な衝動こそ、人間に限らず動物一般の子どもたちに共通する基本的な特徴です。動物の種がこの世界で生存し続けるのに必要不可欠なもの、それがこの衝動です。

わたしたち人間が最も集中し全体をまるごと理解しようと学ぶのは、人生の最も早い時期にあたるこの数年間です。そしてその学びのすべてが自己主導《セルフ・イニシエイティド》、自己動機《セルフ・モチベイティド》によるもので、「教師」として振る舞う大人の力をかりたものではありません。就学前の子どもたちとは、驚くほど途方もない学びの射程《レインジ》を突き進いでいく究極の独学者《オートダクト》なのです。

生まれたばかりの赤ちゃんと二歳児の差を比べてみてください。

生まれたての赤ちゃんは、自分の感覚に入ってくるものをどう解釈するか、ゼロから学んでいかなければばなりません。たとえば筋肉を使って自分でコントロールしていかなければなりません。バランスのとり方も覚えなければなりません。自分の中から生まれる内発的な刺激をどう受けとめるか自己受容《プロプリオセプション》の仕方も学ばなければなりません。周りの人と関係しコミュニケートすることも学ばなければなりません。自分が独自の存在であることも理解しなければなりません。

一方、二歳児の方は、これらすべてを習得する学びの道を歩き切って、いまそこにいるわけです。自分自身のなかの生来の能力以外のものはないにもかかわらず、そこまで達したわけです。なんども失敗を繰り返しながら歩き通し、そこまで来たのです。

これらすべてを学び取ることは信じられないほど困難なことですが、このことに思いを巡らす人はほとんどいません。ハイハイの仕方ひとつとっても、それを覚えることは記念碑の立つような成果です。手足の動きのすべてをコントロールしなければなりません。ハイハイの全体の動きを調整することはさらに難しいことです。そうしてゴールにたどり着くわけです。

子どもを観察する親なら誰でも、赤ちゃんたちのこうした努力のプロセスを見守ることができます。赤ちゃんは意欲するのです。触れてみたい対象に近づきたいと意欲するところから始まります。手と足をゆっくり動かします。もともと身についた動き方ではありません。手足をいろいろ動かします。でも、体の位置はなかなか変えることができません。足しかうまく動かせなかったり、手だけうまく動かせたり。逆に後ずさりして、目標から遠ざかったことに気づくこともあります。

仰向けにひっくり返ってしまうこともあります。元に戻せなくてジタバタします（どうやって体を元に戻すか、これまたその子の努力目標になることです）。

しかし、あきらめません。だんだんとうまくやれるようになります。問題の山を自分で解決していきます。

テコでも動かない決意で障害を克服していくのです。そして最後に「ハイハイの達成者」である自分に気づくのです。

就学前の年月を通して、このような複雑な学びが生起しているわけですが、それはたとえば、赤ちゃんが早い時期に、モノを手でつかんで自分の口に持って来ようとする動きにも見られることです。複雑な学びは、もっとあとになって、まっすぐ立ち上がり歩こうとするときにも見られます。しかし最大の見どころは、その子がおしゃべりを始めるときです。長い、苦心のプロセスを経て、遂にスピーチを始めるわけです。

「話し始める」には、実に多くのファクターが関わっています。言葉（語《ワード》）の響きを周囲の雑音から聞き分けなければなりません。その言葉の音《サウンド》には意味があることを理解しなければなりません。その言葉の音が、自分の世界の中で起きていることと相手の世界の中で起きていることをつないでいる。そのことを自分の考えとして持たねばなりません。

「象徴《シンボル》」というコンセプトの意味も把握しなければなりません。「語《ワード》—音《サウンド》」が、自分が経験した何事かの象徴であることを理解しなければならないのです。

自分が話しかける相手もその経験を表すのに、その象徴を使っている、ということも理解できなければなりません。相手も自分に似た存在で、似通った経験をしていることにも気づかなければならないのです。

しかし、それ以上に難しいことがあります。その言葉（語）が象徴するものとはまさに何なのか、それを過不足なく定義することの難しさです。

これは実は哲学の問題でもあります。この問題を最初に突き詰めて考えたのはソクラテスでした。二五〇〇年ほど前のことです。以来、今日に至るまで、一連の思想家らが繰り返し検討し続けて来ました。しかし今なお、この問題に完全な解決は得られていません。

子どもたちとしても周りの大人たちのように、言葉の意味がどんどん変わっていく中で、とりあえず、これでよしとする意味で言葉を使っているわけです。そうしながら生涯にわたり、言葉をうまく使えるよう努力しなければなりません。

就学前の子どもの、この途方もない学びの能力を前にして、わたしたちは畏れを抱いて、ただただ立ち尽くすのみです。その子にとっても、その後の人生において、それを超えるものは出て来ないのです。

この学ぶ力は子どもの倦むことのない成長と、立派な大人になりたいという意欲の中で徹底して行使されます。そして、成長する子どもと一緒に歩いていきます。この学ぶ力こそ、自然に、そして気持ちよく、自己動機に基づく学びを一生続けることを可能にするものです。

これまでわたしたちは、社会が子どもたちの自発的《セルフ・ディレクティド》な活動をさまざまな方法で抑え込み、大人がコントロールする活動に変えている姿を見て来ました。これに対してわたしたちは一人ひとりができるかぎり自分自身のやり方で成長する、あるべき目標に向かって進んで行こうと提唱して来ました。

そんなわたしたちの視点に立てば、子どもたちがそれぞれ独自のやり方で成熟していくのは自然の理にかなった仕組み《スキーム》であるわけですが、それは同時に、わたしたち大人の側に責務を課すものでもあります。つまりわたしたちはできるだけ、子どもたち独自の成長を励まさなければなりません。子どもたちの望みを、大人の側の都合ですり替えようとしてはならないのです。

こうした視点から見えて来る最初の重要なポイントは、子どもたちの発達は彼らのニーズが満たされることで高まる、ということです。その子自身が自分のニーズを確かめ、それを自分のニーズだと言うことができるなら、子どもはさらに成長します。

これに対して多くの人は、子どものニーズを満たすと、その子はスポイルされると考えています。

しかし子どもたちは何よりも育ちたいと思っている存在です。そうである以上、彼らが求めるニーズは、その育ちたいと思う意欲に役立つものであるはずです。彼らの成長のプロセスは、そのニーズを満たすことで速まるはずです。

子どもたちのニーズこそ、子どもたちを成長させるものです。

子どもたちのニーズを満たすと、もっと欲しがり、もっと依存するようになるとは、あまりにも多くの人から聞かされることです。

なぜ、そう言うのか。

大半の子育てが子どもたちのほんとうのニーズを歪め、代わりに《子どもはこうでなければならない》という親の考え方を押しつけようとしているからです。その結果、子どもたちは自立と成熟へ向かう道から引きずり下ろされます。大人が敷いたレールに据えられるわけです。そうして自分が進むべき場所を探すにも大人を頼るようになってしまうのです。

赤ちゃんの授乳《フィーディング》のことを考えて下さい。赤ちゃんが欲しがるなら、前の授乳から時間が経っていようといまいと、ニーズは満たされなければなりません。

長い目で見た場合、それが子どもの自立を最大化するものなのです。やがて子どもは自分自身を家族の中に統合する中で、自分の周りにいる人に合わせて自分の欲求パターンを調整することを学び取っていくでしょう。

これとは正反対に大半の人は、子どもたちをスケジュールの決まりの中に置くべきだと考えています。そうすることで、子どもはほかの家族の生活パターンに合わせることができるようになる。いつも「自分の思い通りにはならない」現実にも慣れるはず、というわけです。

こうして子どもの食事パターンが、子どもの成長によいものとして、大人たちによってつくられることになります。この結果、子どもたちは自分が食べたくないときにも食べることを学びます。親が食べさせたいときに食べることを学ぶのです。これが最初のステップです。子どもたちを彼らの内なる自己調整メカニズム《インターナル・レギュラトリー・システム》から逸《そ》らすのです。いつ食べるか決める外部メカニズムに頼るよう教え込むわけです。

子どもをダメにするスポイリングの次のステップはこうです。

子どもたちが決められたスケジュールの中に置かれるとき、「食事時」と「食事間」の違いが強調されます。食事間は泣き放題で、放っておかれます。手におえないと罰を受けます。しかし食事時になると、とたんに抱かれ、あやされ、面倒をみてもらえます。こうして食事のニーズが人工的につくられ、砂糖をまぶしたような甘いものになります。これが子どもたちに対して何度も繰り返されていくパターンです。

親たちは、あるいは権威ある立場の大人たちは、子どもたちを彼らがほんとうに望んでいるニーズから逸らしてしまいます。大人が望むことに替えてしまうのです。そうしておいて甘やかすわけです。

この結果、子どもたちは大人に、これまでになく依存することになります。ほんとうの望みが得られない以上、代替物でもいいから、とにかく得ようと必死になるわけです。すべて奪われるより、まだましだからです。

このプロセスが、他の人に頼り切る「スポイルされた」人を産み出していくのです。自分の内なる指針《コンパス》に従って自分が決めたのではないものに依存し、他人が何を重要だと思っているか知ろうと顔色をうかがう人をつくっていくのです。

さて幼い子どもたちのニーズで、注意しなければならないことがひとつあります。それは、その子の心の中で起きていることを過小評価してしまうことです。

わたしたちの多くは、幼い子どもたちはかなり「心ここにあらず《アウト・オブ・イット》」で、それが何であれ自分では十分理解できないものだと信じ込んでいます。だから、その子が何事かをしっかり認識しているのを目の当たりにしたとき、驚いてしまうわけです。子どもたちが自分の周りを意味づけしていることを知るたびに――たいていは偶然の機会に知るわけですが――、非常な興味を掻き立てられるわけです。

しかしふつう大人は、そんな偶然の機会に滅多に恵まれません。ですからわたしたちは、子どもたちを長い間、しっかり細心の注意で観察しなければならないのです。そうしているうち、ときに思いがけない洞察がもたらされるのです。

そのとき、分かります。そう、子どもたちは自分の周りの環境を彼らに独特のパターンで見ています。そしてその環境の中で追究し、理解し、反応しているのです。

幼い子どもの心の中で、どのような考えが浮かんでいるか。これを把握することは、とても難しいことです。感受性を極度に研ぎ澄まさないといけません。最大限の注意深さで、鋭敏になって、その子が発するシグナルを解読しなければなりません。

この点でより重要なことは、いくら真剣に観察してもほとんどすべてを見落とし見逃してしまうことです。このことを学ばなければなりません。これはたぶん誰にとっても残念なことですが、悲劇でもなければ痛手でもありません。

子どもの側に立ってみても、仮に幼い子どものニーズのすべてを親の側が漏れなく察知し、応えることができるなら、その子は安心するでしょう。でも、現実はそうではないのですから、そのうちこう思うようになるかもしれません。自分からのメッセージが親に届かないのは、あながち自分の努力が足りないせいではないと。

子どもたちもまた人生の始まりから欲求不満《フラストレーション》や失望と折り合いをつけながら、生きているわけです。不満、失望は実存の一部です。老いも若きも、大人も子どもも、その点で何の違いもありません。

こうしてみると、すべては一点に集約されます。幼い子どもたちが抱える問題とはつまり、コミュニケーションの問題なのです。

彼らは自分の世界に存在しているのです。そこは感覚《センセーション》と感情《エモーション》と、感じ方《フィーリング》と納得《アンダスタンディング》にあふれた場所です。しかし彼らはまだ外部世界とどう関係していいか分かっていません。とりわけ他者とどうコミュニケーションを取ったらいいか分かっていません。

このコミュニケーションの問題でわたしたちは、人間の発達段階を大きく三段階に分けて考えることができます。

最初の段階は、生まれてから一歳になるまで一年間の乳児期《インファンシー》です。この間、子どもたちは負け戦《いくさ》を続けます。周りの注目を集めるのに長けた乳児たちですが、周りの世界とはどのようなところか分かっていません。しかし大人たちもまた、乳児たちの内面世界がどうなっているのか分かっていないのです。

その子も大人も、それぞれの側がたがいを理解しようと悪戦苦闘するわけです。しかし、子どもの方が大人より懸命に努力します。成長したいという生来の衝動が、そうさせるのです。

第二の段階は一歳から四歳までの期間です。この段階で子どもたちはゆっくりと、周りの大人たちの言葉をつかんでいきます。コミュニケーションの仕方を学んで、自信を発揮するようになります。格段に精緻な世界観を身につけます。しかしまだ、ひどい欲求不満を抱いています。自分が理解したことにコミュニケーション能力が追いついていないからです。

第三段階は、それ以降の人生のすべてにわたります。この段階では、誰もがコミュニケーションの技をマスターしており、自分の心に浮かんだものをハッキリさせることができます。だいたいのところ、その人の理解と、その理解を伝えるコミュニケーション能力は釣り合っています。

さて第一段階、あるいはそれに続く年月をその後の人生全般にとってとても重要な時期にしているもの、それがコミュニケーションの難しさです。生まれて間もない子どもたちはこの時点で、受け取った情報を処理し切るメカニズムを持ち合わせていません。自分の経験を簡潔に言葉にして表すメカニズムを持っていないのです。

記憶にとどめた情報にアクセスし回収する能力にも、まだ限りがあります。これが何を意味するかというと、最初の一年かそこらに、その子に起きたことは、将来のその子の行動に影響するものであるにもかかわらず、その時点で立ち止まり分析して考えることができない、ということです。

これは、その子にとって危険を秘めた情況です。幼い子にはしばしば、その子の処理能力を超えた重大な経験が襲いかかるからです。重大な経験が生のまま、その後の人生のすべてに、永続的なインパクトを及ぼしかねないからです。そんな幼い子に、大人であるわたしたちは、なんと大きな責任を負っていることでしょう。

幼い子どもたちと違ってわたしたち大人は経験を処理し記憶の中に収納することができます。あとで記憶の中から経験を回収し、再処理を施し、再分析してから自分の世界観のなかへ再統合することができます。つまり大人は環境と折り合い、あらゆる種類の人生経験に適応できるわけです。失望も失敗も成功も、危険との遭遇も、すべて潜り抜けることができます。そういう経験を経ても、自分の性格をほとんどそのまま維持することができます。

幼い子どもたちは、そうではありません。彼らにとって経験のほとんどがほとんど処理不能なことなのです。

幼い子どもたちの自発的な発達に対する外部からの干渉が、年上の子どもと比べ、非常に危険なものになり得る理由がここにあります。年上の子どもなら、その子の経験を人生理解の中に統合してもらうため、大人が言い聞かせることができます。しかしまだ言葉を覚えていない子どもにとって、干渉は生々《なまなま》しい権力行使であり、その子の自発性をもろに踏みにじることです。生まれたての最初の一年において、大人は寛容を心がけるべきだという理由はここにあります。大人はその子が大きくなったときに我慢しなくていいものも、この時期は我慢しなければなりません。

幼い子どもたちにとって、「あれが出来ない、これが出来ない」ことから自分なりに学んでいくことは、健全な発達の一部です。子どもたちが学んだ、うまくいかないネガティヴな経験こそ、外部の大人たちが理由を問わずに認めていかなければならないものなのです。

ここで子どもたちが学ぶべき最も大事なことを絞り込むとするなら、それはたった　つ、独力でことにあたる、ということになります。自分と周りの環境を、自分で学んでいくのです。失敗したら、その子は怒って不満をぶつけるかもしれません。癇癪玉《かんしゃくだま》を破裂させるかもしれません。

しかし、そうした幼い子の試みこそ、わたしたち大人が励まさねばならないことです。自分から主体的に動いていくことが、さまざま経験に対して自由に反応していくことが、その子にとってはよいことなのです。

親たちにはもちろん、わが子を身体的な危険から守る責任があります（一般にわたしたち大人は、迫りつつある身体的な危険から他者を守るためにベストを尽くす倫理的な義務感を持っているようです）。

その場合、何が「危険な状況」なのかは判断の問題になります。子どもたちも、危険だと分かっていることに、自分から進んで近づくことはありません。そうして試行錯誤の中で危険を避けることを学んでいくのですが、試行錯誤できる危険とは破局的なものではないのです。

ここで親たちは微妙な判断を迫られます。その危険が子ども自身で気づくべきものか、そのままにしておくと取り返しがつかなくなるものなので親として禁じるべきか判断しなければなりません。

次の第二段階、一歳から四歳までは、その子にとっての過渡期《トランジション・ピリオド》です。この期間に子どもたちは話し言葉を使うなど、周囲の世界と効果的に相互作用する手段を発達させます。

この第二段階は「第一の青春《ファースト・アドレサンス》」と言えます。青春とは、さらに進んだ発達段階に向かう移行期であるからです。近代の西洋文化では、青春をもっとあとの「思春期《ピュバティー》」に限定していますが、最初の青春は一～四歳の段階で起きるものなのです。

この段階では、世界に対する基本的な関係、態度が、最初の一年間、つまり第一段階とは全く違ったやり方で決定されます。

第一段階、最初の一年での扱われ方で、彼らの安心の仕方が、自信の持ち方が決定されます。これらは主に、その子の心理的な発達に関する内面的な特徴です。

これに対して一歳から四歳のこの段階で問題になるのは、その子の他者に対する、世界のすべてに対する基本態度です。子どもたちはこの歳月において、他者と相互に作用する力を発達させるのです。中でも重要なのは、他者がどう反応するかを知ることです。

これにはさまざまな意味合いが含まれています。たとえば子どもが何かを伝えようと一生懸命になっている姿を考えて見て下さい。子どもはそれほど時間をかけずに気づくはずです。自分に注意を払っている人がいるかどうか、自分の分かりにくい訴えを理解しようと努力している人がいるかどうか気づくはずです。

この一～四歳の段階で、子どものことを理解しようとしない親に育てられた子は、やがてこう結論づけるのです。親は自分のことを面倒みてくれなかった、自分のニーズに親はほんとうに鈍感だった、と（これは、思春期の子どもたちに典型的な科白《せりふ》です）。

親としてはそれまで、子どもをあやすのにさんざん気をつかって来たかもしれません。最初の一年間に必要な、安全とぬくもりのすべてを与えて来たかもしれません。しかしそれだけではまだ、一～四歳段階の子どもの成長には足りないのです。

この段階では、子どもの親に対する態度が決まるだけではありません。ほかの大人たちのいる世界に対する態度も決まるのです。自分に注意を向けて、自分を理解しようとしてくれる親以外の大人や年上の子どもたちに囲まれて育った子は、人間に対してポジティヴな見方（そして、一緒に何かができるという考え）を育てる傾向があります。

これに対して無関心な環境に置かれた子は世界に対して悲観的な見方をしがちです。自分から何事かを試みることもありません。誰も聞いてくれないと思ってしまうからです。

そんな子でも四歳になるまでは、完全な冷笑家《シニック》にはなりきらないものです。

しかし四歳になってしまうと違います。おかしな言い方に聞こえるかもしれませんが、「四歳にして冷笑家になる《フォーイヤー・オールド・シニック》」はいまや、わたしたちの西洋文化の決まりになっていることです。子どもたちをすこし観察すれば、この見方があたっていることが分かります。早くも四歳にして大半の子が友だち以外と意味あるコミュニケーションを交わすことにシニカルな態度をとっています。

いわゆる「世代間の溝《ジェネレーション・ギャップ》」の根も、実はここにあるのです。すべては一～四歳に始まります。それを防ぐのも、この時期の大人の側の努力にかかっています。

子どもたちの中で育つコミュニケーションは、親やそれ以外の人との相互作用だけにとどまりません。周囲の世界との相互作用もあります。

周りの世界と自由に関わり、それを習得する機会を与えられた一～四歳児は、世界全体にたいして建設的な態度をとる傾向があります。だからいろいろと動き回り、道具と遊んで試したり、食べ物をいじくったり、台所のポットや鍋にさわったりすることは許されるべきです。

失敗も許されるべきです。こぼそうと、こわそうと許されるべきです。子どもたちは自分が間違いを仕出かしたことを知っているのです。彼らは失敗を失敗と思わない錯覚の中にいるのではありません。

子どもたちは最も細かいところまで鋭敏《パーセプティヴ》です。子どもたちは繊細なところに集中できない、などと思うのはとんでもない間違いです。反対に子どもたちは微細なところに焦点をあてる素晴らしい能力を持っています。だからどのようなささいなことでも、それがいつもの決まった場所にないと気を動転させます。

子どもが小麦粉をまき散らしてしまったとします。その子がまずいことをしたことは、疑い得ないことです。しかし、それが起きても許されれば、子どもは、間違いは正常なことで健康なことだと思うでしょう。それによって、誰も自分をぶったりはしないことだと。こうして子どもたちは、周りの世界を自分で対処することが可能なものと実感していくのです。

これに対して周囲の世界から隔てられて育った子どもたちは――台所でのイタズラや外遊びや泥んこ遊

びを禁じられるなど、これはいいけどあれはダメで育った子どもたちは、機械や自然を、外出や雨を恐れる人間になってしまうのです。子どもたちを過保護にすることは、彼らを自分の世界における異邦人《ストレンジャー》にしてしまうのです。

子どもに自由をたっぷり与えることに躊躇する人がたくさんいます。いろいろダメにされてしまうからです。買い替えなければならないので、お金もかかるからです。テッシュの箱をやられたらと思ったら、次の日にはトイレット・ペーパーです。また次の日には小麦粉をまき散らす。そんな繰り返し。まるでなんでも壊したくて仕方ないようです。

こんなとき、ちょっとした忍耐心と見通しを持つと道がひらけます。とにかく少し様子を見ることです。すぐに分かります。子どもは壊すためにそうしているのではないのです。自分の周りにあるものを安全に、適切に、どう扱ったらいいか学んでいるのです。

破壊《ディストラクティヴネス》の正反対です。学びのプロセスの中にいるのです。ですから大人と同じように、何か新しいことに衝き当たると失敗します。

させておいたらいい。そのうち、子どもたちはなんでもうまくやれるようになり、悪さは止みます。逆に抑え込んだら、欲求不満と怒りがどんどんたまっていきます。ほんとうの破壊の種が撒かれることになります。

この第二段階でもうひとつ、重要なファクターが働き出します。子ども期全般を通じて大事な働きをするものです。それが「大人の役割モデル《アダルト・ロール・モデリング》」です。

子どもたちはみな、大人たちを見て、社会的な振る舞いを学ぼうとします。周りの大人が正しいとみなす社会的な行動を、とにかく真似しようと努めるわけです。子どもたちにとってポジティヴな「大人の役割モデル」がいかに大事なものか、強調しすぎることはありません。

これは社会的な階層がどうあれ、言えることです。裕福な家の子であっても、経済的・文化的な極貧に生きる子どもたち同様、このポジティヴな「大人の役割モデル」を奪われることがあります。親や、その子のそばで面倒を見る人が役割モデルを果たせないとき、社会が責任を持って欠落を埋めなければなりません。その子に社会に貢献する大人になってもらいたいなら、そうしなければなりません。

この時期に問題を正しておくことは決定的に重要なことです。この第二段階において、子どもたちの基本的態度《ベイシック・アティチュード》というものが決まってしまうからです。もちろんあとになって取り返しのつくこともあります。これでもう絶対に終わりだ、ということもないでしょう。しかし四歳になるまでに出来上がってしまった基本的態度をひっくり返すには、膨大な努力が必要です。一〜四歳のとき、自由に子どもたちを育てることと比べたら、時間も努力もお金も失敗も、とにかくあらゆる点で余計にかかってしまいます。

たしかに子どもたちが散らかしたあとを追いかけ拾って歩くのは面倒なことです。これが自分の子どもじゃなく小型ロボットで、ベビーサークルのようなところに閉じ込めて放っておくことができたら、どんなに楽かしれません。しかしこの期間の努力は、その後の人生すべてにおいて、間違いなく報われるものです。自分はしっかり育ててもらった、この世界は自分の居場所なのだと思える大人が生まれるわけですから。

就学前の、もうひとつの問題は「依存」です。生まれて最初の一年間、子どもたちはあらゆることで親や周囲の大人たちに完全に依存します。世話してもらえなければ、いのちを落とします。自分の基本的なニーズを満たすために移動できないばかりか、体を自由に動かすこともできないからです。

そしてこれに続く一～四歳の段階は、第一の青春、すなわち依存から独立への過渡期になります。子どもたちはここで激しく独り立ちしようとしますが、実際問題としてはまだまだ依存せざるを得ず、ここから親子間のさまざまな問題が生まれるわけです。

自立しようとしている子どもたちの側からすれば、依存を強いられることくらいイラつくことはありません。屈辱以外のなにものでもありませんし癪《しゃく》に障《さわ》ることです。どんどん成長している子どもたちですから、なおさらそうです。全実存を成熟の衝動に、独立することに注ぎ込んでいるので、どんなささいな依存であっても無理強いは怒りを引き起こしてしまうのです。

しかしだからといって、大人は子どもが許し難いことをしても必ず我慢しなければならない、ということではありません。そうではなく、それもまた子どもたちが成熟する上で欠かせないものだと認識することが大切なことなのです。自分で怒ったことのない子どもは、世話や援助から独立する困難な闘いを始めることはないでしょう。

子どもたちの行動に許容範囲の一線を引くことは、子どもたちの主体性をつぶしてしまうか、それとも自分と関わる他人を邪魔してはならないことを教えられるか、の間をいく微妙な綱渡りのようなものです。

就学前の年月を子どもたちが健康に育つには、周囲の大人たち、特に親たちの、とてつもなく大きな忍耐が必要です。つまるところ社会が子どもたちをどう扱ったかしだいで、その子たちが大人になったとき創造性や好奇心、互いの敬意をどう発揮し得るかが決まっていくのです。

13　幼稚園から高校（K―12）まで

R D

人を育てる理想の教育環境とは何か。わたしたちのこれまでの議論から、それが以下のような特徴を備えたものであることはお分かりのことだと思います。

■《学びは自己動機と自己規律《セルフ・レギュレーション》を通して生起する》　人を育てる理想の教育環境において、人は自分が学びたいと心から思っていることを、どんなハードワークになろうと学びたいと思っていることを、自分自身の主体性で学んでいかねばなりません。学習資源も学習教材も、自分が必要とする場面では教師さえも自由に選べるべきです。生徒・学生は独立した存在でなければなりません。責任ある人間として扱われなければなりません。

■《すべての関心事《インタレスト》に平等の地位が与えられる》　特定の活動、科目《サブジェクト》（問題）が他よりも優位に立ち、他より好ましいとする考えは、既存のカリキュラムすべての土台になっているものですが、この理想の教育環境に入り込む余地はありません。学びの探求の全領域が等しく貴重なものと考えるべきです。科目のヒエラルキー（位階制）は、ここにはありません。

■《学び手が学んだ結果は、自己評価によって判断される。この自己評価のコンセプトには、外部からのフィードバックを求める自由も含まれている》 そこでは、学習仲間からのフィードバックが奨励されるべきです。フィードバックの受け手としては、それがポジティヴなものであれネガティヴなものであれ、それを受け入れ、自己改善に生かすことができます。送り手としてもフィードバックを返すことで、自分の問題をより深く学ぶことができます。そこには外部の権威が押し付けるテストや成績評価があってはなりません。そうすれば学ぶ環境の中で、学び手の独自性《インディヴィジュアリティー》、創造性が開花すること請け合いです。

■《学習集団は共通する関心事をもとに形成される》 学習集団は年齢で区切り、組んではなりません。グループ分けを勝手な人選でしたり、集団の規模を予め決めたりしてもなりません。そのようなことをしなければ、たとえばさまざまな年齢の子の「年齢ミックス《エイジ・ミクシング》」集団が生まれます。この年齢ミックスは、仕事や遊びの場面で常に見られることです。さまざまな年齢が混じり合うことでよい結果が生まれます。〔原注1〕

■《学習する人と教える人を線引きし、分けてしまわない》 誰もが学ぶ人です。そして誰もが教

原注1　こうした学校環境での、自由な「年齢ミックス」の学びに対する効果については、以下を参照。Peter Gray and Jay Feldman, "Patterns of age mixing and gender mixing among children and adolescents at an ungraded democratic school," *Merrill-Palmer Quarterly*, 43, 1997, 67-87

える人です。それは状況しだいで変わることです。

■《学びのコミュニティーの全メンバーが、その活動の運営に完全に参加している》〔さまざまな学びが生起する〕学習コミュニティーは、リベラル・デモクラシー社会に適合した教育環境、すなわち参加型デモクラシーによって動くものでなければなりません。この学習コミュニティーは、運営の全側面に責任を持つものでなければなりません。（学習コミュニティーが設置し、運営する公正な司法システムを通して）規則をつくる、規則を守らせる、学校財政を運営する、誰を雇用するか決める、雇用する人の義務は何かを決定する。これらがその中に含まれます。

以上の特徴が、理想的な学習環境の中心的な要素です。これらは幼稚園～第一二学年（高校）の学校だけでなく、それより上の学生のための教育機関（大学、大学院、技術・職業学校、専門教育機関、調査教育機関など）にも、等しく有効に適用されなければなりません。

昔は少なくとも大人たち向けの学習の場では、これらの要素が適用されていたものです。それも今や過去の話になってしまいましたが……。

今ではこれまで見て来たような社会・経済的ファクターが絡んだことで、子どもたちは絶えざる指導と監視が必要な無力な人間として扱われるようになっています。しかしこれをこのまま続けていかなければならない理由は今やどこにもありません。もうとっくに変化のプロセスへ動き出さねばならない時が来ているのです。現行の教育状況を変革し、これら理想の学習環境へより近づいていくべき時はすでに来ているのです。

それではこうした特徴を持つ学校とは、どのようなものなのでしょう。あらゆる年齢の子どもたちが、自分で自分の活動を開始し、自分で学びの環境を整え、大人の助けが必要なときに自分の責任で援助を求めていく学校とは、実際問題としてどのような姿の場所なのでしょう。

それは、子どもたちの活動にあふれた場所になると思います。自分が選んで決めたことを、子どもたちは熱中と集中の中で進めていきます。

本を読みふける子もいるでしょう。話し合う子も遊ぶ子もいるでしょう。暗室で写真を現像し、焼き付けをする子もいるでしょう。ダンスのクラスで踊る子もいるでしょう。歴史のゼミや木工のクラスで学ぶ子もいるはずです。

作曲をする子もいるかもしれません。フランス語を、生物学を、代数を学んでいる子も。パソコンを操作する子もいます。学校の事務室で管理事務にあたる子もいます。チェスをしたり、劇の稽古をしたり、ロール・プレー・ゲームに興じたり。新しい備品を購入する資金稼ぎで、食べ物を売るグループも出て来るはず。スケッチや絵描き、裁縫、粘土細工……。

とにかく、いつも幸せです。忙しくしているのです。インドアでも、アウトドアでも。四季それぞれ、あらゆる天気の中で。

そうした学校には特別な活動用の部屋もあってしかるべきです。たとえば必要な設備の整った、静かに読書できる部屋、美術室、木工やコンピューター教室。ゲームで遊べる部屋。自分で遊べるアウトドアのスペース。

体操や競技、運動ができるフル装備のインドア体育館もあればいい。イベントや全校集会で全員が集まることのできる大教室もあった方がいい。

学校は一日中、開かれていて、子どもたちが好きなときに来て、好きなときに帰れるような（ただし州当局が定めた出席要件を満たす）場所でなければなりません。予め決められた時間割がないので、子どもたちは自分の好きな活動に集中できます。あるいは掛け持ちで活動できます。何か特別なイベントをするときは予告を掲示し、どのようなものか告知すればよいわけです。

こうした学校では、大人たちも含めあらゆる年齢の子が気軽にコミュニケーションを取り合います。その自由さを目の当たりにしたら、きっと驚くはずです。そこには楽しさ、自信、活気がみなぎっています。失敗しても咎《とが》められない自由があるので、自分が一番苦手とする最難関に挑戦する子も出てくるはずです。

決められたカリキュラムもありません。しかしこうした学校は子どもたちの中に、その子が現代世界を生きる大人になったときに役立つ、価値ある道具を育てます。子どもたちは集中と忍耐を学ぶでしょう。倫理的な問題に考えをめぐらすことも学ぶはずです。自分の望みを相手にどう伝え、どう頼んだらいいかも学んでいきます。試行も、成功の仕方も学びます。挑戦して失敗して、また挑戦する仕方を学びます。そうしながら何よりも自分とは何なのか、自分自身を知っていきます。

こうした学校の子どもたちはデモクラシー社会の市民として活動する準備を整えていくのです。参加型デモクラシーで運営される学校で学ぶからです。子どもたちはみな、教師たちと同様、あらゆる決定に同じ発言権《ヴォイス》をもって参加します。校内で認められる行動、設備の使い方、費用の支出、スタッフの採用、司法手続き。これらに関するすべての政治的《ポリシー》な決定は、デモクラティックな議会手続きによる話し合いを経て行われます。

一言で言えばこうなります。そこは自由が大切にされるところです。尊敬し合うことが、あたりまえ《ノーム》の姿です。子どもと大人が一緒にいて、気安いところです。学びは学校での生活として常に続いていくのです。

これらの特徴を備えた、四歳から高校生までの子どもたちが学ぶ学校は、すでにいくつか存在しています。

それどころか、ひとつの流れとして八〇年以上もの歴史を持つに至っています。こうした学校での子どもたちの経験、さらにはそこを巣立った子どもたちのその後の人生についても、すでに詳しく記録されています。〔原注2〕そうした学校の、いわば香りというべきものを、そんな学校のひとつ、サドベリー・バレー校で学校生活のすべてを過ごした卒業生（男子）が、こんな素晴らしい言葉で伝えています。〔原注3〕

ぼくは教育を受けているなんて考えたこともありませんでした。教育を不自然な《アーティフィシャリー》かたちで《ゲット（get）》できるなんて、そういう考え方を、ぼくは理解できませんでした。この世界に生きているのだし、この世界で毎日、学んでいるのですから、それで賢くなれると思っていたのです。自分の頭の中から何かを消し去ってしまわない限り、愚かになるはずがない、と。

ある日、誰かに、何かを話します。また別の日には、別の何かを別の人に話している。そうしているうちに、周りのみんなと仲良くなっている。そんな感じでした。

来た人によく、こう聞かれたものです。「今日、何を学んだの？」。

そんなとき、ぼくたちは思ったものです。「何を学んだ、だって？　何、言ってるの、この人」。

原注2　サドベリー・バレー校出版会がまとめた記録集は、以下のサイトを参照。**www.sudval.org**　こうした在校時を回想する記録のとりまとめは、サドベリー・バレー校だけでなく、同校をモデルにした「サドベリー校」グループで広く、行われていることだ。

原注3　こうした点については、サドベリー校に関する本書の付録を参照。

図書室にこもって勉強したり、その日の課題を勉強するといったふうじゃなかったから。

その代わり、みんなでいっぱい話し合っていました。

ひとつの科目を終えて次の科目へ、ということもなかった。ぼくたちはもっと有機的なかたちで学んでいました。みんな、いろんなことをたくさんしていました。そこでいろんなことをちょっとずつ学んで、それが大きな絵に付け加わって、もっともっと大きな絵になっていきました。

どうしてそれを学んだか、わからないことも多かった。何かを学び始めたら、いろんなところから情報が集まって来る。本の中からも、話し相手からも、幼いころ経験したことからも。だから、それをどうやって学んだかと言われても、わからないのです。

14　大学、大学院での学び

R

D

大学《ユニヴァーシティー》はいま高校の延長になってしまいました。そして「(大)学卒」後の教育もまた、大学教育の延長と化しています。

これまでわたしたちが見てきた学校教育における過ちの数々は、大学にも「K—12」段階と同じだけ当てはまるものです。大学で学生が経験することは大学に入る前と比べ、創造性でも好奇心でも、学ぶ意欲の面でも、さらには協働しあって学ぶ技術の獲得という点でも、学生の個人としての発達を支えるものになっていません。

代わりに大学は、若者たちをさらに四年間、仕事の場から切り離しておく社会的機能を果たしているように見受けられます。一人前の社会人として大人社会に参加したいと思う本来のニーズから切り離されたところで、さらに四年間過ごさなければならないわけです。

こうした見方の正しさは、大学側が労働市場入りする不可欠の関門として自分たちを売り込んでいる姿からも裏付けられます。高卒の若者は、こんなふうに聞かされるのです。どうして大学に行かなかったの？大学に行かなかったから、これからきっと労働市場で損をするよ。生活の糧を稼ぐ君の力も、これで一生台無しだ、と。

おかげで教育界では、進学したいと思う全員に無償の大学教育を、という声が強まっています。わたしたちはいま、二〇世紀で見られた、無償教育を初等教育から高校へ拡大したときと同じような移行の場面にいるのかもしれません。

大学が果たしているもうひとつの社会機能は、大卒者の多くに雇用の場を提供していることです。このことは、しだいに数を増している、政府の拠出によるさまざまな機関・事業にもあてはまります。子どものころから過ごしてきた学校環境と本質的に変わらない職場を求める大卒者に対して、雇用と安定を提供しているのです。

さて、ここで注意深く再検討すべき問題が出て来ます。それはなぜわたしたちはいま大学を持たなければならないか、という問題です。それはまた、大学生のための「一般教養《リベラル》」教育の目的は何なのか、それはほかの高校卒業後の教育とどのような違いがあるのか、という問題でもあります。

この国の若者たちは一七〜一九歳で高校という教育環境を離れるのがふつうです。そしてそのまま「現実」世界に入り、よき人生を送ろうとします。これは実業の世界にいきなり飛び込む若者や、アーチストとしてキャリアを追求する若者に限りません。最近増えている高度なハイテク分野に進もうとする若者の場合もそうです。

このように、人生の次のステージでどのようなキャリアを追求するかハッキリ分かっている若者たちがいる反面、大多数の若者たちは大人になり切っておらず、自分というものを理解して自分の人生目標を見定める途上にあることも一方の現実です。

こうした若者たちのために発達のための環境を与えることは――彼らがこの世界にある無数の関心分野の中から何かを選び取り、自分のペースで自分のやり方で学べるようにすることは大事なことです。そして何より、彼らが老いも若きもさまざまな人びとと交流し、会話や協働を通じて他者の知性や知恵に自分自身を曝すことができることが最も大事なことです。

大学はしたがって、学生たちに本来的に備わった、学生一人ひとりの固有《イントリンシック》の価値領域に焦点を置くものでなければなりません。学生本人にとって学ぶことが楽しいものに絞り込むべきです。その学生にとって非本質的《エクストリンシック》な〔大学院と違って〕専門的な「実践《プラクティス》」が必要な学びであってはなりません。〔原注1〕大学教育は、学生たちに幅広く多彩な、彼らの人生に関係する知的な体験に浸る機会と自由時間《レジャー》を環境として提供するものでなければなりません。

大学ではたとえばアートも、楽しみながら学ぶことができなければなりません。アートを味わうわけです。文学も、歴史も、哲学も、科学も、ただただ学びの喜びのために楽しんで学ぶことができなければなりません。必ずしも自分の将来のことを念頭に置く必要はありません。

大学教育はもうひとつ重要な機能を果たすべきです。学生たちの創造性を育み、励まし、学び方を学び取る能力を培い、学びの報い、学びの中に秘められた喜びのために、人生を通し、自分から学んでいく自己

原注1　後述するように「大学院教育」の焦点は、逆にここにある。たとえば文学と歴史学で言うと、これは大学教育の科目でもあるわけだが、もしそれらの分野で教職、研究職に就こうとする場合、大学院が提供する「実践」の追究が求められることになる。

動機づけを育てていくことです。

入学に壁をつくってはなりません（要件の設定は、卒業時に限ります。卒業証書は、学生からある領域の専門知識を習得したことの証明書の請求があったとき、要件にもとづき判断し、出せばよいのです）。

こうした環境は、若者たちが成熟プロセスを辿り終える上で、理想的な場を提供するものになるに違いありません。そこでようやく自分の力に、自分の弱さに、自分の性向に、自分の関心に気づくことができるのです。そこで究極的に、自分自身の運命というものを知ることができるわけです。

そうした環境こそ、大学のあるべき姿です。それは、体験したいと思うすべての人に開かれていなければなりません。特定の職業的なキャリアを追い求めるのではなく、学生個人の自己実現に焦点を置くものでなければなりません。

そういう大学からそろそろ巣立つときだな、と自分から思える学生は卒業の準備が整った学生です。世界に直接、参加していくか、ある特定分野の専門的な技能の習得に向かい、その分野で実践《プラクティス》免許を得ようとする学生です。

一方、大学院教育は、専門的な実践者《プラクティショナー》たち、すなわち専門職の実践に習熟しようとする人たちのためのものです。専門の実践は、それに従事する中でしか学ぶことのできない活動ですが、そうした学びは大学院での読解や聴講で補われ、強化され得るものです。具体例を挙げれば、医療、法律、建築の実践がそれに該当します。教職や調査研究の実践もあてはまります。これらの特徴こそ、大学院教育のあるべき姿を示すものです。大学教育との違いもこの点にあります。

専門の実践とは、教えられてできるものではありません。実際に従事して、自ら学び取るべきことです。

実践を通じた学びは、科目やコースや学期といった、個々バラバラな、分解された要素を組み立てて得ることができないものです。強制も、押し付けることもできません。

実践を土台に置く大学院教育のプログラムは、その分野に関係するすべての当事者《ステークホルダー》を考慮に入れる実践でなければなりません。医療の例で言えば患者も家族も医療保険者も、医者も看護師も技師もサービス要員もみな、医療の当事者です。これら関係当事者すべての役割を知り、その思い、ニーズを理解し、それを認めることは医療の実践を通してのみできることです。

実践《プラクティス》は、独立した（分離可能な）問題をバラバラに取り扱うものではありません。実践が取り扱うのは相互に連関した問題であって、解決もまた相互に依存し合うものになります。

現実というものは、わたしたちが「混乱《メス》」と呼んでいる「問題のシステム《システム・オブ・プロブレム》」、すなわち相互に作用し合う問題群から構成されています。

すでに述べたように、問題とは解析によって現実から抽《ひ》き出した抽象です。それゆえ実践のための教育とは、問題のシステムを全体的《ホーリスティック》に扱う方法を発達させ適用するものでなければなりません。「混乱」とは複雑《コンプレックス》なものですから、これはつまり複雑さ《コンプレクスィティー》に対処する能力を求めるものです。

この複雑さと取り組むには「デザイン（設計）」という実践を通じて対処するのが、教室や研究所の中で学問的に対処するより、もっとかんたんです。たとえば「高層ビル」という複雑な問題は、実際にデザインしてみるとより簡単に対処できます。複雑さを取り扱うのに、「理論」は不要です。「デザイン」で対処できます。

同じ鋳型の院生ばかり受け入れることを避けるためにも、大学院プログラムへの入学要件は不要です。しかし卒業要件はなければなりません。卒業を望む者は、自分が選んだ分野で責任を持って効果的に実践できる能力を示さなければなりません。

多彩な院生が入学してくることで、たがいに学び合う機会が増えます。自分の専門の実践と直接つながらない問題を学ぶ機会も増えます。

こうした多彩さの幅を院生自ら広げていくためにも、自分で自分の教育プログラムを「必須科目」の制約にとらわれることなくデザインできなければなりません。学習ソースも自分が望むものは何でも利用できるようにしなければなりません。

院生たちがつくる各自の教育プログラムは、その道の専門的な実践家によって検討される必要があります。関係する教員らは院生たちのために役立つ必要があります。どのような情報、知識、理解がその分野での実践にとって有効か、どのような選択肢が望ましいか意見を述べる必要があります。

こうして教員たちから提供された情報を、院生たちは自分の教育プログラムに役立てるかもしれないし役立てないかもしれません。いずれにせよ院生たちは、自分がつくった教育プログラムを提出する際、なぜそれを学ぶのか、科目や方法の選択に関し、教員たちの前で説明し自己弁護する必要があります。

院生の実践が、そのサービスの受け手（たとえば、依頼者《クライアント》）を巻き込むものであれば、サービスの受け手はみな院生の実践に参加しなければなりません。〔原注2〕そしてその受け手の側には、院生が試みるサービスを拒否する権利がなければなりません。

また実践を受ける側、あるいはその代理人は、受けた実践の対価を支払わなければなりません。そうして院生の実践を、大きな学びを手にできる、リアルなものにする必要があります。実践の受け手も、院生が必要とする手助けができたと思えなければなりません。院生が実践で手にした収入は、その院生の教育プログラムの支えにもなりますし、経済的に苦しい院生たちへの奨学金に充てることもできます。

そうした院生の実践、すなわち教育プログラム下にある院生の専門職の実践を軸に「研究細胞《リサーチ・セル》」をつくることも可能です。院生が同じ学科の教員、一人あるいはそれ以上とともに研究細胞をつくるわけです。実践の中で自分が何を学んでいるか意識を高め、コミュニケーションの効果的な取り方を学ぶのが目的です。

院生各自の教育プログラムは、院生本人だけでなく学科の教員、支援スタッフも一緒になって進められるものでなければなりません。それも、そこに参加する者それぞれが一票の権利を持つもの（全員が委員になり、ひとつの委員会をつくる「全員参加の委員会」形式のもの）でなければなりません。プログラムに参加する教員の選任、再任、免職は、その承認を得て行われなければなりません。

院生の教育プログラムに参加する学科の教員は同じ地位《ランク》と呼称《タイトル》を持つべきです。そうして教育プログラムを、ひとつの無階級社会にするのです。それによって、いまや多くの大学の学部学科で無駄な時間を費やす元凶になった「内輪の政治的な駆け引き」を減らすことができます。学科の教員に「身分保障《テニュア》」は与えられるべきではありません。学問の自由より、無能を守るものになっているからです。さらに言えば、正当な裁定《コート》の場を設けるほうが身分保障よりも、学問の自由を守るものになるでしょう。

それぞれの教育プログラムを進めるルールのすべては、全員参加の委員会で決定されるべきです。司法手続きも委員会で決めます。教育プログラムの全当事者が手続きづくりに参加します。司法手続きはルールの適切さ、公正な運用を保障するためのものです。その中には教育プログラムに加わる全メンバーの学問の自由を保護する規定が明文化され設けられるべきです。

高等教育機関の大半では、教員の研究室が修道院の僧房のように配列されています。メンバー個々のプ

原注2　しかしこの場合、学生が監督されずに、勝手に依頼者に対応することは許されない。

ライバシーは最大化されていますが、教員に対するアクセスの難しさも最大化されています。逆に教員同士、教員と学生間の打ち解けた付き合いは最小化されています。しかし、この打ち解けた屈託ない交流こそ実は、教員にとっても学生にとっても貴重な学びの経験を生みだし得るものです。

教員と学生たちのための設備はオープン・スペースに配置すべきです。接触がかんたんにできるからです。自分たちだけで使える（少人数の集団学習や会話のための）小さな部屋も、会議室もラウンジもパソコン室も、事務機器も講堂も、大学院の学科には不可欠なものです。

こんな経験があります。大学院教育のアプローチの仕方をラジカルに変えた結果、こんな可能性が開かれたのです。

ある日、ペルーとブラジルの院生が二人そろって、わたしの部屋にやって来て、中進国向けの発展計画策定プログラムを開講してほしいと言いました。学科には中進国で計画策定に携わった経験のある教員が五人もいる。一方、中進国出身の院生は一三人いて、この二人を含む全員が開講を切望している、というのです。そこでわたしは院生代表の二人に、こう言ったのです。「開講しましょう。ただし、教えるのは君たちだ。君たち一三人で教えてもらいます」。代表の院生二人はビックリして固まってしまいした。そしてわたしにこう聞き返したのです。「じゃあ、誰に教えることになるのですか？」。

わたしは答えました。「その五人の教員たちに教えるんだよ」。院生代表、「でも五人の先生はもう十分、分かっていますけど」。わたし、「なら、その五人は君たちの講義を聴くことで、自分たちが実はどれだけ自分のコースのことを分かっていたかチェックできることになるね」。

院生代表はまだ不安げに、わたしにこう言いました。五人の先生たちはちゃんと宿題をやるだろうか、毎回、出席するだろうか、学生としての務めをちゃんと果たしてくれるだろうか。

わたしは確約しました。君たちの講義が受講に価するものなら、五人の教員たちはみな、君たちの「よき学生になるであろう」と。

院生たちは開講準備に一学期をかけたいと言って来ました。許可しました。

講義が始まりました。一三人の院生がそれぞれ祖国の開発計画についてプレゼンしたのです。わたしも受講しました。それはわたしが参加した講義の中で最高のものの一つでした。

コースを組織したペルーの院生は世界銀行の首席戦略プランナーになり、その後、ペルーに帰って同じような役職に就きました。そのペルーの院生の「代理」を務めたブラジルの院生も帰国して、ブラジルの主要州政府の首席プランナーに就任したのです。その他の院生もみな、大学院を出たあと帰国し、開発計画の仕事で活躍するようになりました、彼らは教えることで十分に学んだのです。教えられて学んだのではなく、自分が教えることで学んだのです。

こうしてみると「大学院教育《グラデュエイト・エデュケーション》」(訳注1)という呼び名は、ちょっとまずい選択だったかもしれません。さまざまな分野で活躍する有能な実践家を産みだす高等教育機関であるという、その機能面をより正確に語る、もっと別の言い方があってしかるべきでしょう。

訳注1　(日本でいう)「大学院」は、米国では「卒業者(graduate)の学校」と呼ばれている。字義通りには「大学卒業者が学ぶところ」であり、本書著者の言う通り、機能面にふれた名称にはなっていない。

そうすれば、こうした高等教育機関に入学する院生たちは、自分が選んだ専門分野で職業的なキャリアを追求するため、実践家として歩みだすにふさわしいレベルに向け、理論面でも技能面でも修練を重ね目標に到達するのだという明確な目的意識を持つことでしょう。

さて、現代社会の新しい特徴で、その重要性が知られているようでまだ十分に知られていないことがひとつあります。それは今や、わたしたちの社会が、さまざまな職業的キャリアを追求する機会に恵まれていることです。寿命が延びたことと、養成機関にアクセスしやすくなったために、働けるうち新たな職業的キャリアに向かう機会をつかむことができるわけです。

一生涯、同じキャリアを続ける生き方ももちろんありますが、新しい自分の役割に目覚め、その呼びかけに応えて、自分の職業的キャリアを数回にわたって変える人さえ、どんどん増えています。このため専門職の養成校には今後、さまざまな年齢層から入学・資格申請の申し込みが増えていくとみられます。

すでに特定の職業に就いている人、あるいは職業をいくつか掛け持ちしている人が、新たなキャリアを目指して、こうした養成校に入り直すわけです。養成校は「再訓練」の機関になるわけです。

アルベルト・シュバイツァーは、もともとヨーロッパ屈指のオルガン奏者として演奏活動を続けていた人です。そして三〇代の半ばに医師になってアフリカで医療奉仕をすると決心し、キャリアを変えた人です。こうした生き方は今後、例外的なことではなく、専門職教育が波のように広がる中、職業的キャリア追求の元型《アーキタイプ》と見なされていくことでしょう。

新しい教育の光景《ランドスケープ》は高校を卒業して実社会入りした若者たちに、その後直接「大学院教育」に進むことを許すものにもなるでしょう。大学に進んで成熟するプロセスを踏まず、あるいは大学でまるまる時間を過ごさずに（大学在学を二、三年で切りあげ）、ダイレクトに専門職の実践家に向かう道が拓かれるわけです。

ここでとくにもう一度強調しておきたいのは、こうしたアプローチの先駆的な事例がすでに生まれていることです。高校から、大学を経ずにダイレクトに数年課程の医学教育に進む学び方も現実のものになっています。こうしたケースは今のところ稀ですが、いずれ普通になっていくものと期待されています。

「大学」と「大学院」の機能が最終的にハッキリ区別され、違いが明確化したとき、そうしたアプローチもまた、ごく当たり前と見なされていくはずです。

15　教育と人生

R
D

新しい知識は急速に広がり、古い知識は急速に廃《すた》れています。こうした中で学齢期を終えた人たちは、もっと学びたいという意欲を強めています。

理由は二つあります。二つある理由の両方またはいずれかで、学びたいという気持ちになっているのです。

理由のひとつは、仕事に関係する能力を高めたい、というものです。もうひとつは学ぶことそれ自体を目的としたものです。個人的な喜びのため、新たに学ぼうとするものです。順に見ていきましょう。

働く人たちの大半が折にふれ「再生《リトリーディング》」する必要を感じています。自分を向上させようと学ぶようになっており、学習に割《さ》く時間は増加の一途をたどっています。「仕事」と「学び」の区別がますます薄らいでいるのは、このためです。「学び」は今後「仕事」の一部になっていくことでしょう。「仕事」も「学び」の一部になっていくはずです。

これは「知識」を「組織の資源」《オーガニゼーショナル・リソース》として見る、最近の関心の高まりの中にも見られることです。企業はいまや教育機関と化しています。実際、学校よりも企業で、教育が盛んなような事態になっています。

教育機関の側も、自分のキャンパスでは教えていない科目を外部に提供するようにもなっています。学校ではないところが教育施設を運営し、あるいは働く人びとの現場に出向いて、その場で必要な科目を開講するようにもなっています。

しかし今のこうした教育のあり方には、大きな欠陥があります。それは、すでに経験を重ねた人びとをまるで何もわからない新入生のように扱っていることです。それでは生かせる経験も生かせなくなってしまいます。現実世界を知らない学生のための教育ではないのですから、全く違ったかたちの教育が構想されねばなりません。

こうした生涯教育プログラム《コンティニュイング・エデュケーション》で学ぶ人びとは、情報や知識を一方的に受け取るのではなく、自分が参加するプログラムに対し積極的な貢献をしなければなりません。ほかの参加者と知識を交換する機会もいっぱいあるはずです。ノートのつき合わせも必要です。自分の理解、大事なポイントを一緒につき合わせするのです。

そうしたクラスでは、具体的な成功事例つきの教材が「それ、どういうこと?」と意見をぶつけ合う議論とセットで提起されねばなりません。また、受講者にとって具体的な成功事例ほど説得的なものはありません。そうした成功事例の現場に足を運ぶのは、とくに役立ちます。

また、大学、職業・技能学校、企業は、自分の専門分野で最新の状態でありたいと願う人びと(購読者)に対し、「実力維持プログラム」《コンピタンス・メンテナンス》を提供しなければなりません。その分野における最新の進展状況を購読者に対して、ソース一覧を添えて定期的にレポートしなければなりません。こうした「実力維持プログラム」

は、すでにネット上で自発的に始まっていますが、専門家個人あるいは専門家グループによるプログラムの新たな立ち上げが今後、見込まれるところです。

一方、「学びそれ自身のための学び《ラーニング・フォー・イッツ・オウン・セイク》」は仕事とは関係ないものなので、基本的にはレクリエーションとしてあるものですが、この先、数十年にわたって拡大し続けるものと見られています。ここでもまたインターネットが中心的な役割を果たすことでしょう。コンピューター・プログラムの高速接続は今後ますます膨大な数の人びとをつなぎ合わせるとともに、文化の営みの中で蓄積されて来た知恵や知識を人びとに供給する役目を果たしていくことでしょう。

こうした中で大学はすでに学校教育を終えた成人に対し、入学要件を課すことなく高等教育へのアクセス提供を拡大しなければなりません。これはすでに昼・夜間の一般向け公開プログラム《エクステンション》というかたちで始まっています。美術館や図書館、コミュニティー・センター、宗教施設などでも開設されています。

新しいことを学び、新しいことを学ぶ意欲を育てる、とてもかんたんで効果的な方法があります。それは何人かで議論することです。そんな議論を通じて、自分はその問題についてどう思っているのか気づくこともできるし、相手がその問題をどう考えているか知ることもできるのです。

「学習ユニット《ラーニング・セル》」ともいうべき少人数の学習グループをつくって、自分たちが選んだトピックについて話し合う、そんな機会がなければなりません。予め文献、教材を配っておくと、話し合いの焦点が定まります。専門家ら外部の人も呼んで意見を聞き、話し合いに加わってもらうのも、よい方法です。議論をする、といっても形式張らず、くだけた雰囲気で話し合うことです。たとえば、ランチを一緒に食べたりしながら（あるいは、みんなでお弁当を持って、どこかに食べに行ったりして）。誰かの家に集まって夜の勉強会《イヴニング・セッション》をするのも、ひとつの方法です。

学習ユニットのメンバーは互いの関心のありかに気づいていきます。そして「こんなことがあるよ」と仲間の関心を引きそうな話をするようになります。そんなふうにして周りの人から新しいことをいろいろ教わります。これほど自分の関心を最新状態《アップ・ツー・デイト》にしてくれるものはありません。

企業、ＮＰＯ、研究所など活動目標を明確化した組織もまた、特定技能の訓練に特化したところは別として、一般の人びとの学習を励ます動機を持ち合わせています。しかし、そうした組織での教育的な取り組みは本来の活動目標と直接結びつかないものだと見なされがちでした。とくに製造業、サービス業の企業は自分たちの生産・営業に集中しがちで、「金の無駄遣い」でしかない余計な仕事に目を向けることはなかったのです。

そうした働く場の現実が、現在の社会・経済的な状況の中で根本から変わっているのです。熟練、非熟練を問わず、勤労者の流動性が高まっています。場所を替え、職を替えています。

このため企業としては、仕事のできるチームを維持しなければなりません。そこから企業として、あらゆるレベルの働き手が、そこで働いて満足できる方策を見つけ出す必要性が出てきます。

さらに言えば、あらゆる活動場面でいま急激かつ継続的な変化が起きていることが挙げられます。その結果、組織の側にもまた柔軟さが求められることになります。新しい文化環境が生みだす変化に対応し、なによりも創造的にならなければなりません。

働き手がここは居心地がいい、自分は大事にされている、ここで自分は力づけられている《エムパワード》、認められていると思えるような、より人を育て、より人を理解していく、そんな環境を整えていく以外に、この先どのような効果的な方法があるでしょう。

企業が働き手を確保し、働き続けてもらうために医療や退職給付のほか、託児やフィットネスなどにますます力を入れていることは、わたしたちが毎日、耳にしていることです。中でも学びの機会の提供、自由なコミュニケーションの実現は、今後さらに重要さを増すはずです。

いまや働き手の大半は自分の研究・学習課題を自らすすんで設定していく人たちです。ですからこれからの働き手は、情報収集とコミュニケーションのための最新手段に十分アクセスできなければなりません。気軽に集まれるスペースも整えなければなりません。読書や勉強のための静かな部屋も用意しなければなりません。日常の作業と直接つながらない分野の専門家を呼んで、議論し合い意見を交換することも奨励されるべきことです。

実はいま「仕事に関係する継続学習」と「学びたいことを学ぶ」の両方で、おもしろい現象が起きています。学習ソースへのアクセスがかんたんになればなるほど、アクセスへの要求《デマンド》が強まっているのです。CD、DVD、インターネット、マルチメディアを使った相互交流、安くてかんたんに手に入る印刷教材——これらのすべてが、人びとの学びの要求を強めているのです。よりよい学びを、より意味あることを、より深い情報・知識・理解・知恵を、ますます求めているのです。

供給《サプライ》が需要《デマンド》を産みだしています。そしてわたしたちはいまや、誰もが学び手であり、自分の学びの作り手であり、ほかのあらゆる人にアクセスできる時代の到来を予感しています。そうした環境下では、周りの文化そのものが生涯にわたる継続教育の源泉になるでしょう。誰もがそこから恩恵を受け取ることができるようになるのです。

16 「引退」なき老後

R
D

「産業の時代」は人生の両端、人生のはじまりとおわりの両局面に災難をもたらしました。子どもたちが社会生活への積極参加から除外されたように老人たちも排除され、社会の主流からはじき出されました。かつて高齢は知恵の貯蔵庫と敬われていたのに、社会や文化に何の貢献もしない時代遅れのシンボルとみなされるようになったのです。これに対して「ポスト産業の時代」は、「シニア市民」と呼ばれる老人たちがなぜこれまで不幸な境遇に置かれて来たのか、そのすべての原因を批判の俎上にのせるものです。

平均寿命が延び続けていることで、知的かつ生産的な社会生活を送る年齢制限というべきものがなくなりました。この見方の正しさは、以下のふたつの時代の進歩の意味を探れば分かります。

第一の重大な変化は、情報交換、情報の回収のスピードと利用しやすさの驚くべき増大です。これによってどのようなところで暮らしていようと、誰もが学習、相互交流、個人として成長する機会に、制限されずに接続可能になりました。前章でみた新たな教育のあり方《モード》は、働く場にある人びとばかりか学校教育を終えたあらゆる年齢層にもあてはまるものです。年齢制限のあるものは、ひとつもありません。

第二は、現代経済の舞台《シーン》が変貌し続けていることと関係しています。経済の中に生みだされる新しい隙間《ニッチ》は人びとの生産活動を活発化し、新たに特定された欲求やニーズに対応して所得を生みだすものですが、その創出を阻む障害物が年ごとに消えていることです〔原注1〕。そしてシニア市民の経験こそ非常に貴重なものであり、その経験の資源に分け入ることがとても価値あることだという認識が、ビジネスや学校、大学、専門職のグループ、実業界、研究機関、非営利の慈善団体の間に広がっています。

ですから、一般に「定年《リタイアメント・エイジ》」といわれる年齢に達したからといって「引退する《リタイア》」必要性はもはやないのです。歴史を振り返ってみても「定年」などというものは、ほとんどの時代、どこにも存在しなかったものです。未来世代が振り返ったとき、昔はよくも「定年」という変なものがあったものだ、ということになるでしょう。経済が発展したという、高々この数百年の間に生まれた、奇怪な遺物と見なされるだけです。

生涯を通じた継続学習は、人間存在のあり方におけるこの歓迎すべき進歩の鍵を握るものです。いや、もっと適切な言い方をすれば、老人を宝とする、昔ながらのあり方への歓迎すべき回帰の鍵を握るものです。教育の機会提供の面で年齢差別をなくしてしまえば、人びとの社会参加における年齢差別も存在しなくなります。

原注1　この点に関する、より突っ込んだ議論は、以下を参照。非常に面白い本である。*The Long Tail: Why the Future of Business Is Selling Less of More*, by Chris Anderson (New York: Hyperion, 2006).

パート4　補論《エクスカーサス》　理想の学校に資金を回す

R
D

「理想の学校《アイデアル・スクール》」は、それをつくりだす人びとのニーズや、希望しだいで、異なるかたちを取り、多彩に生まれてくるはずです。しかし多彩ではあれ、同じ重要な特徴をともに持ち合うものになるでしょう。

「理想の学校」はみな、生徒一人ひとりに可能な、自己実現の最大化を励ますものになります。それらはみな、ある共通する「環境」を、生徒たちのために整えます。その環境では誰もが、自分自身の目標を自分自身で明確に立てることができます。その目標に向かって進もうとする自己動機によって、生徒は活発に動き出します。

そこではどんなやり方をしようと、どのようなペースであろうと、自分の学び（自分独りで、あるいは仲間と一緒に）を自分で統御する自由が保障されます。

「理想の学校」はまた、自治のコミュニティーでなければなりません。全当事者が、学校運営のすべてを――規則を、財政を、人事を、行政を――決める完全な発言権を持っているのです。

「理想の学校」はまた、教育の「脱・中央集権化《ディセントラリゼーション》」です。個々人の教育を、その人自身の人生のなかへ権限委譲《ディヴォリューション》することです。国民国家や州政府は、これらの学校の個々のメンバーの生涯を通した探究を援助するとともに、メンバーがまだ若く、幼いうちはその子の教育をファイナンスする憲法上の責務を負っています。

ここでいう「若く、幼い」の年齢幅はこれまで、どんどん拡張されて来ました。この国で、国家が支援する一斉教育が始まった当時、それは六、七歳から始まる六年間の無償教育でした。それがいまでは三、四歳児まで下がり、小中高一二年間を超えた、四年間もしくはそれ以上の「高卒後教育」を希望者に対して無償化する議論さえ出ているところです。〔原注1〕

これまでのところ州政府がファイナンスする〔米国の〕公教育は、政府による統制教育《ステート・コントロールド・エデュケーション》として行われて来ました。州当局は、そしてワシントンの連邦政府も、ここ一世代ほどの間に、カリキュラムからテスト、教員資格、特殊教育の範囲、学校設備の果てに至るまで、あらゆる学校運営に直接、口出しするようになったのです。おかげで地元教育学区《スクール・ディストリクト》の裁量も大幅に狭められ、個々の公立学校《パブリック・スクール》の自由など無きに等しいものにされて来ました。これまでかなりの裁量権を許されていた私立学校《プライヴェート・スクール》もまた、しだいに政府当局の統制下に置かれるようになったのです。

わたしたちがこの本で語り合って来た「理想の学校」は、その一つひとつが自治のコミュニティーであるという前提に立つものです。そこに制限を課すものがあるとすれば、それはその学校コミュニティーの集団的な決定と、外部世界《アウトサイド・ワールド》の背景的な現実しかありません。〔原注2〕

州当局などによる、こうした学校の教育に対する統制を排除することはもちろん、子どもたち一人ひと

原注1　米国では、高校卒業後、最低限の授業料しか徴収しない「コミュニティー・カレッジ」〔主に二年制の公立短大〕へ進学できる道を用意している地域も多い。

原注2　学校という共同体もまた、自分たちがそこに存在する地域社会の法律には従わなければならない、ということである。地域社会の法律への違反は見逃されてはならない。

実践家を養成する大学院について言えば、外部世界の顧客（クライアント）になる人びとと交流しなければならない。自分たちが教育して送り出す院生たちが、外部世界がその専門職の実践に課している要件を満たしているかどうか確かめなければならない。

りを支援しなければならない州政府の憲法上の義務〔訳注1〕まで取り除くものではありません。

ここで、こうした「理想の学校」を実現する上で、ますます重要性を増す大きな問題がひとつ出て来るわけです。

その問題とはこうです。州政府から財政措置を受けながら、どうしたら「理想の学校」として機能できる自治を保つことができるか?

この難題を解く鍵は「バウチャー〔訳注2〕」構想に潜んでいます。

バウチャーについては、これまでさまざまな議論が交わされて来ましたが、わたしたちとしては以下のような形でデザインされたものであれば、「理想の学校」を十分に財政的な支える一方、これまでバウチャー制度に対して提起されて来た反論に応えることができるのではないか、と考えています。

■《誰がバウチャーを受け取るか?》　学齢期の子ども（バウチャー資格者《ベアラー》）の場合、その親、あるいは保護者が毎年、受け取ります。成人に達した者に対しては直接、交付されます。〔原注3〕

■《バウチャーの額面（金額）は?》　交付するバウチャーの額面は、生徒一人当たりの支出が多い、州内上位一〇の学区を平均化した金額にすべきです。〔原注4〕これによって最初から教育の質を確保できることになります。バウチャー制度で州政府は子どもたちに不十分な財政支援しかしなくなるという批判を受けずに済みます。

■《バウチャーで何ができる?》　子どもを希望する学校に入れることができたとき、使うことができます。また親たちが一緒になって、自分たちの子どもたちのために学校をつくるときにも使うことができます。ただし〔政教分離の原則から〕宗教団体に付属した宗教学校でないこと、宗教教

育を行っていないところに限ります。〔原注5〕

■《学校にどのような報告義務が課せられるべきか？》　バウチャーを持った子どもを受け入れた学校は、普通の会計基準に従って財務諸表をまとめ、公開しなければなりません。また、教育プログラムの枠組みを公開し、それがどう具体化されているかも開示しなければなりません。〔原注6〕

■《学校はどのようなふうにファイナンスされるか？》　学校財政《スクール・ファイナンシング》には二つの側面があります。運営経費《オペレーショナル・エクスペンス》と資本的経費《キャピタル・エクスペンス》です。この点で公立学校と私立学校での違いが出て来ます。公立校にとってバウチャーは、学校を運営していく唯一の収入源になります（ですから、たとえば十分な数の生徒

原注3　バウチャーを支給する「子ども」の定義は――すなわち何歳から何歳までの子どもに適用するかは――各州の州民の決定に委ねられなければならない。バウチャーの経費を負担するのは結局のところ州民であるからだ。

原注4　生徒一人当たりの支出を算出するうえで重要なことは、通常の公立学校予算に含まれていないものをすべて算入して計算することだ。たとえば学校の特別プログラムに対する交付団体からの交付金、州政府当局からの各種交付金（保険、自己保険、法的経費、その他）を算入して、生徒一人当たりの支出として弾き出す。

原注5　これはバウチャーの合憲性を保つ上で本質不可欠なものである。しかしながら特定の宗派の教義を教え込むものではない宗教一般に関する教育活動は禁止されない。

原注6　学校のパフォーマンスは人びとのインターネットを通じたフィードバックにより、こんご急速に開示されていくことになるだろう。開校した「理想の学校」のよい点、悪い点をめぐって熱い議論が交わされることが普通の姿になるに違いない。それによって「理想の学校」のための「開かれた市場」が生まれ、淘汰が進むことになる。

訳注1　米国の各州は州憲法を持っている。

訳注2　バウチャー　Voucher　本来は金券、クーポンの意味。日本でも近年「教育バウチャー」との名称で導入の可否が議論され始めた。

を集められない場合、あるいは費用支出をコントロールできないところは、学校として存続できないことになります）。

これに対して自分たちで開校した私立校の場合は、バウチャーの額面を超える授業料を徴収することも可能です。その場合、その学校を選んだ親が差額を支払わなければなりません。〔原注7〕

学校はすべて運営予算《オペレーティング・バジェット》の執行にまるごと責任を持つことになります。ですからどの学校も、たとえば雇用する教師、スタッフの数、給与の額をコントロールしなければなりません。会計士がしばしば資本的経費に計上する、たとえば事務機器やパソコンの購入なども運営予算の中で扱われることになるでしょう。

学校施設《プラント》コストに直接関わる資本的経費について言えば、新しく開校する学校は学校施設を確保するため、地元学区、州当局と話し合わなければなりません。既存の学校群を脱集権化して「理想の学校」群に転換するときは、新設される学校に既存の校舎を提供することになるでしょう。

当局側の新たな支出を伴う資本的経費の手当てについては、それが直接的な補助金支出であろうと学校債《スクール・ボンド》の発行によるものであろうと、さまざまな政府レベルでの決定、あるいは住民全体の投票によって決定されるべきです。

■《学校の入学許可に関して、どのような条件が必要とされるか?》　親も子どもも、自分が希望する学校を自由に選べなくてはなりません。これに対して学校側は、入学したい子どもたちのすべてを受け入れなければなりません。ただし以下、二つの例外があります。

その学校の教育プログラムが生徒に特別な技能や能力を求める場合（たとえば、ダンサーとして踊れるようになることを中心に置くような）、そのプログラムが定めた最低の基準を満たす者に入学者を限ることは、あり得ます。

これと関連することですが、基準を満たす者が多すぎたときは、くじ引きで入学を断ることがあるということです。〔原注8〕

三つ目の例外は一般的に、学校の容量が入学希望者を収容し切れない場合に関することです。この場合でも、入学許可はくじ引きで行わなければなりません。学校の定員については、行政担当部局が考える建築安全上の判断と、学校側が教育プログラム上、必要と考えるスペース的な判断の両面から決定されるべきです。

■《通学費はどうするか?》公立校では一定以上の遠距離を通うすべての生徒に対して通学の足を提供することになっています。これは広く受け容れられて来たことです。バウチャー校に対しても、関係する当局は最も効率的かつ費用のかからないかたちで、これを継続すべきです。

■《特別なニーズ《スペシャル・ニーズ》をもった子どもたちについてはどうするか?》まともな《ディーセント》社会といわれるところは、どこでも不運な子どもたちをケアしています。自分には何の責任もないのにハンディをもって生まれて来た、特別な配慮を必要な子どもたちです。「理想の学校」からなる教育システムは、こうした特別のニーズを持った子どもたちのための学校を含むものでなければなりません。支給するバウチャーも特別なサービスを十分、受けられるだけの金額でなければなりません。

原注7　私立のバウチャー校の当事者は、自分の財布から自分の意志で、学校運営のためのポケットマネーを支出する自由が保障されなければならない。自分のポケットから出さずに、学校の収入を補うため、資金集めの活動をすることも自由でなければならない。バウチャー校が非営利の慈善組織になり、免税の寄付を受けとれるようになることも有効な方法と思われる。

原注8　入学者を差別しない、くじ引きでの入学許可は私立のバウチャー校にとって絶対要件である。

この点に関して一言付け加えれば、厄介な問題がわたしたちの教育環境に蔓延《まんえん》しています。「特別なニーズ」が必要とされる子どもたちが爆発的に増えていることです。

この問題の根を辿ると現行の制度下、そうした子どもが増え続けることが自分たちの利益につながる諸集団が手を組んでいることに行き着きます。

この国の今の制度下では、「特別なニーズの生徒《スペシャル・ニーズ・ステューデント》」たちは学力標準《スタンダダイズド》テストから除外されます。そうした学力テストが実施される普通教育の枠組みの外で教育を受けることになります。そしてその標準テストの結果で、教師や教育行政当局者に対する評価、財政支援、給与の額が決まる仕組みになっています。

結果として、学力標準テストを受けさせる被験者の母数から、点の取れない子どもたちを、クラスの規律を乱して他の子の学習を妨げる子どもと一緒に外そうとする直接的な動機が生まれて来るわけです。「特別なニーズの生徒」とレッテルを貼って除外するわけです。このレッテル貼りに格好の言葉が「学習障害《ラーニング・ディサビリティー》」であり、そのリストに載せられる子の数がどんどん増えているわけです。

それだけではありません。「特別なニーズの生徒」たちには、そのための特別な専門職が必要とされているのです。その結果、専門職に就く人の数も増え、専門職の種類もサイコロジスト、チューター、教育スペシャリスト、セラピスト、ソーシャルワーカー、医師など実にさまざまです。「特別なニーズの生徒」がすこしでも増えれば、それだけ関係分野での雇用の機会も増えます。さらには、そうした人を養成する教育プログラムへの需要も、その分強まるわけです。

製薬会社もまた、さまざまなタイプがあるとされる「学習障害」を「治療」または「緩和」する「医薬品」の開発に大きな関心を示しています。

「特別なニーズの生徒」を名指しして特定する人が、そうした子が増えることで利益を得ている限り、こうしたレッテル貼りによるコスト増大の解決策は出て来ません。とてもお金がかかる仕組みになっているので、たいへんな財政負担になっているわけですが、それ以上に人間的なコストの浪費にもなっています。わたしたちの学校教育をくぐり抜ける子どもたちのかなりの部分が、それによって自信を突き崩され、自己像《セルフ・イメージ》を破壊されてしまうからです。

こんなにも多くの子どもたちを台無しにしている今の状態を今後とも許していけば、わたしたちの社会はいずれ、人間の潜在的な可能性をとてつもない規模で失い続けたことに対するツケ払いを強いられることになります。

バウチャーは「特別のニーズ」を持つ子どもたちのため「理想の学校」をつくる唯一の道かもしれません。バウチャーが進化を促し、失敗から学んでいくことができるかもしれません。

いずれにせよ中央集権化したコントロールは革新や創造的な解決を励ますものではありません。わたしたちがこれまで議論してきた「理想のデザイン」はその核心において、そうした中央集権コントロールから学校を解放するものになるでしょう。バウチャーが学校財政を中央集権コントロールから解放するのです。

それは「理想の学校」のヴィジョンを現実化していくのに必要な、教育の完全な脱集権化という最も重要な第一歩を踏み出すものになるはずです。

付録　サドベリー・バレー・スクール物語

「理想の学校」を構想する――これは、サドベリー・バレー校が開校する前、この学校をつくろうとした人びとが最初に取り組んだことです。

始まったのは、一九六五年のこと。「理想の学校」を根本的な原則から組み立て、教育環境のあるべき姿をデザインしようと話し合いを始めたのです。

議論は教育とは何かというところから始まりました。どうしたら、それを最善の姿で実現できるか考えたのです。

さまざまな分野から人が集まりました。大学、公立校、私立校、専門職、実業、芸術、家政《ホームメイキング》……学校づくりのプロジェクトで初めて知り合った人たちでした。そのころ「ネットワーキング」といわれていた手法で繋がり合ったのです。

プロジェクトに参加した動機はさまざまでした。子どもが学校にあがる年齢に近づいた親たちもいました。従来型の学校に我が子を通わせたくない親たちです。従来型の学校で教えて来た教師たちもいました。本書ですでに述べたような学校の過ちの多くに気づいていた人たちです。自分が受けた学校教育を振り返り、ほとんど役に立たなかったと結論付けた人たちもいました。〔原注1〕

しかしプロジェクトに参加した人は以下のような原則を共有していました。

■「学び」とは「教える」に依存するものではなく、学び手自身の自己動機による好奇心、自発的な行動から生まれるものである。

■人は誰でも生来《バイ・ネイチャー》の学び手である。

■子どもたちとは最も勤勉で上手な学び手である。

■子どもたちがリベラル・デモクラシー社会で立派な市民に育っていく環境は、それ自体が大人と同じ権利を享受《きょうじゅ》できるデモクラティックなものでなければならない。

■そうした環境を体現する学校は、恣意的な権威主義がはびこるエア・ポケットを内部に隠し持つものであってはならない――。

これらの原則は本書においても、すでに議論を重ねて来たところであります〔原注2〕。

サドベリー・バレー校がマサチューセッツ州の、それもフラミンガムという町で開校を目指したことは、

原注1　こうして集まったサドベリー・バレー校の創設者たちがどのようにして開校資金をつくったか、その詳しい経過については、以下を参照。*Announcing a New School* (Framingham, MA: Sudbury Valley School Press, 1973, 2007)

原注2　サドベリー・バレーの土台となっている諸原則、およびその現実化については、サドベリー・バレー校出版会から、さまざまな著作が出ている。同校のホームページ（www.sudval.org）の「ブックストア」欄を参照。

あくまでも偶然のことです。しかしそれによって運命的な幸運に恵まれることになったのです。

マサチューセッツ州では、各学校行政当局にその町、あるいは市での私立学校認可権を与えているのです。アメリカの他の多くの州と違って、州政府が私立学校をコントロールすることもないのです。独自の目標と運営法を持った、さまざまなタイプの個性的な私立学校の一群が出現しうる可能性を秘めた場所であるわけです。

このため、学校をつくるうえで次の二つのファクターが決定的なものになりました。ひとつは、学校をつくろうとする人たちが、自分たちの使命《ミッション》をどれだけハッキリしたかたちで打ち出せるか、ということ。もうひとつは、新しくつくる学校の持つ使命について、その価値をどれだけ地元学校行政当局者に伝えられるか、ということです

私立学校の生徒は、その教育プログラムに自発的に参加する家庭の子に限られます。地元の当局としては、そうした新しい私学の創設を妨害する理由はありません。自分たちの私立校づくりに取り組もうとする地元の人びととの間で摩擦が生まれるのは、彼らの望むところではありません。

サドベリー・バレー校の創始者たちは、この二つの課題に努力を傾けました。学校哲学とヴィジョンを明確なものにしました。パンフレットに書き、メディアで説明し、講演会で語り、少人数の集まりで話したのです。地元の教育委員会とパイプをつくり、その協力を得て一九六八年の開校許可にこぎ着けたのです。

こうして誕生したサドベリー・バレー校が直面した最大の困難は、創始者たちの考えと外部の人たち（たとえば、入学を検討する子どもや親）が考えている「学校」との間に横たわる溝《ギャップ》に、どうやって橋を架けるかということでした。

それは溝というより深い裂け目というべきものでした。そういう認識のギャップを埋める難題が開校当初からあったわけです。

サドベリー・バレーのような学校は——あるいは、わたしたちが本書で「理想の学校」として語って来た場所は、世間で「学校」と呼ばれ、一般に受け入れられているものと違いがありすぎます。このためサドベリーについて何を語っても、言葉の一つひとつが外部の人の誤解に曝される状況が続いたわけです。

たとえば「やりたいと思う、どのような活動でも好きに選べる自由」といった簡単な言い回しにしても、「生徒たちに提供される、さまざまなクラスの中から、自分の好きな授業を選ぶことのできる自由」と受け取られる場合が多かったのです。大半の人は、この「活動《アクティビティーズ》」という言葉の中に「学校的ではない《アン・スクール・ライク》」もの——すなわち、遊ぶとか、おしゃべりをするとか、テレビを観るとか、ビデオゲームをするとか、ハイキングに出るとか、自転車を乗り回す、といった「異端の活動《アンオーソドックス》」が含まれることに想像をめぐらすことさえできないでいます。

これは従来型の教育法が「教育」実践の面に及ぼしている独占状況を考えれば仕方ないことです。責めるわけにはいきません。〔原注3〕

しかしこうした現実があるにもかかわらず、サドベリー・バレーの教育活動の影響力は世界的に広がっており、影響を受けた人びとの数も際立って増えていることも事実です。

サドベリー・バレー校出版会から出た著作は、多くの言語に翻訳されています。そして一九九〇年代の初め以降、同じような考え方に沿った学校が米国内ばかりか、オーストラリア、ベルギー、カナダ、デンマーク、ドイツ、日本、オランダといった諸外国でも創設されています。サドベリー型の学校を開校しようとする人びとの集団は年々増える一方です。

これが現実

サドベリー・バレー校では、理想とする原則がどのように具体化されているのでしょうか。サドベリーでは創設メンバーのうちの四人が四〇年経ったいまもスタッフをしているのですが、そのうちの一人、ミムジー・サドゥスキーは、この学校の姿を以下のように描いています。

彼女の説明に、しばし耳を傾けてください。〔原注4〕

この学校がどのようなところか、ということですね？　では、わたしに説明させてください。

サドベリーは四歳以上の子どもたちを受け入れています。年齢に上限はなく、年齢《とし》が取りすぎている、ということもないのですが、だいたいが一九歳、あるいはそれ以下です。ここでは年齢にかかわりなく、誰でも自分の好きなことをしています。

たいていは何人かで一緒に、自分たちの好きなことをしています。同じ年齢の子だけでなく、いろんな年齢の子が一緒になって。

もちろん、自分ひとりで好きなことをしている子もいます。

たいていは、ほかの学校にはないことを、しています。

でも、ほかの学校でしていることも、しています。それも、ほかでは見られない真剣さと集中力で。

それより、もっと目につくことがあります。それは子どもたちがわたしたち大人に、いろいろ教えていることです。大人が子どもたちを教える以上に。

でも、いちばん多いのは、とにかく子どもたちが学んでいることです。

それも、「学習」が成立しているかどうか意識しないかたちで、です。

自分がこれをやりたいと選んだことをする。それがここでの共通テーマです。学びはそこから生まれる副産物《バイ・プロダクト》です。

サドベリーは何よりもまず、生徒たちが内なる声《インナー・ディクテート》に自由に従える場所です。

わたしたち大人も時間のあるときは自分の好きなことをしますが、サドベリーの子どもたちもまた、

原注3　この、人によって受け取り方が違う「言葉の意味の分裂《ダイカトミー》」に対して、サドベリーの子どもたちは、どんなふうに対応しているのか。この点に関して、以下のようなとても愉快な卒業生の回想文があるので紹介しておく。

「わたしたちは特別（スペシャル）な場所にいることをちゃんと知っていました。違っていることに気づいていました。だから、わたしたちはサドベリーで『学校ごっこ』（プレー・スクール）で遊ぶことができたのです。みんな自分のことで忙しかったけど、このゲームを楽しむ時間だけはとっておいていたのです。『さあ、これから授業時間よ、そのあとは休み時間』……わたしたちは『公立学校』のことをあれこれ想像して遊んでいたのです。仲間のサンドラは公立学校にいたことがあるので、そこがどういうところかわかっていました。ルシアも知っていました。わたしはサンドラと一緒に生徒役。先生はルシアです。ルシアはなんと、まだ読めないわたしに字の書き方を教えてくれました。わたしは彼女が書いた通り、なぞって、字を覚えました。そんな学校遊びを一時間くらいして、あとはいつもの、あの夢中な時間のなかに戻っていくのです」

サドベリーの創始者たちも実は、こうした子どもたちの姿を目の当たりにしながら、何十年もかけて「遊び」という言葉の意味の理解を深めて来た。

原注4　"A School For Today,"in *The Sudbury Valley School Experience, 3rd ed.* (Framingham, MA: Sudbury Valley School Press, 1992) p.209

自分の好きなことを自由にしているわけです。

わたしたち大人が自分で満足したいことをするように、子どもたちもしています。そう、子どもたちもまた遊びを楽しんでいるわけです。遊びは、サドベリー・バレーで最も真剣に探究されていることです。

ゲームをして遊んでいる子もいます。それから、わたしたちのような従来型の教育を受けた者が安心できることで遊んでいる子もいます。作文、アート、数学、音楽で。

サドベリー・バレーのわたしたちは、自分がしたいことをする、それこそが大事なことだとハッキリ分かっています。

カリキュラムも設けていません。やることに価値づけもしていません。

こういうことをしていて、わたしたちは大丈夫だと思っています。それには理由があります。

それは、子どもたちがゲームを遊ぶにしても、どんどん難しいゲームに挑戦し、より深く探究し、この世界に関する知識を常に拡大し、それを自分で扱う能力を高めているからです。そんな姿をいつも目の当たりにしているからです。

いつも遊んでいる子どもたちは、「勉強《ワーク》」と「遊び《プレー》」の間に人工的な線を引いて区別しません。いつも遊んでいる子どもたちの姿に余技《アヴォケーション》の追求に伴うあの喜びようを見なければ、いつも勉強していると いうことになります。

サドベリーには、子ども一人ひとりがかけがえのない個人であることを励ます雰囲気があります。そのいくつかの側面についてお話ししたいと思います。

この学校は活動で満ちています。部屋があります。小さな部屋、大きな部屋。特別な目的のための部屋も数多くあります。でも大半がふつうの家の、粗末な居間や食堂というような感じです。ソファーや安楽椅子、テーブルがたくさんあります。

みんなで座って、おしゃべりをしたり、本を読んだり、ゲームを楽しんでいます。雨の日はたいてい大半が中で過ごします。急に雪が降って来た美しい冬の日、あるいは暖かな春の日、秋の日は、外に飛び出していきます。雨の日でも、外にいる子どもたちもいます。けっこうな数です。ずぶ濡れになって帰って来ます。この学校には濡れた子を乾かすドライ・ゾーンがあるべきだ、などと思うごく少数派の忍耐心が試されるときです。

写真の暗室で現像している子どもたちもいるでしょう。空手のクラスで稽古している子どもたちもいるはずです。ダンスの部屋のマットの上で遊んでいる子どもたちもいるはずです。本棚をつくっている子どもたちがいるかと思えば、鎖かたびらで鎧《よろい》をこしらえながら、中世の歴史を語り合っている子どもたちもいるはず。

ほとんど必ず、音楽を演奏し音楽を聴いている子どもたちがいます。大人は子どもたちと一緒にいます。ときには一対一で話し合ったりしています。コンピューターゲームやチェスをしている子が見当たらないときは、最も例外的な瞬間です。事務室では、学校の仕事に携わる数人の子どもたちの姿を見ることができるでしょう。

子どもたちはステッカーを交換します。お弁当《ランチ》も交換します。何かを売る子も出て来ます。家で焼いて来たクッキーを売る子もいます。そんな場面に出会えたら、うれしいですね。

料理する子どもたちもいます。自分たちの活動のための資金稼ぎです。それでたとえば新しい窯《キルン》を買います。旅行に出かける資金を稼ぎます。

校内に設けてある喫煙コーナーのような人気のない場所に行って、まわりを気にせず、声高に議論し合っている子どももいるかもしれません。台所では、ピザやアップルパイをつくっています。アートの部屋には裁縫や絵を描く子どもたちがいます。黙って轆轤《ろくろ》を回し、手でペタペタやりながら、粘土細工に集中している子もいます。

ここではいつも、子どもたちがおしゃべりしています。そして至る所で、無言で本を読んでいます。サドベリーに来た大人たちが最初に気づくのは、ここでのコミュニケーションの気安さです。子どもたちはどんな年齢の子も相手の目を見て、じっくり考えながら、互いに相手のことを軽く尊重《イージィー・リスペクト》しながら、コミュニケーションを取り合っています。

サドベリーには恐怖がないのです。自分を信じることができる気持ちのよい空気が広がっています。自分で決めた目標を追求するときに漲《みなぎ》る自信が広がっています。静粛さはほとんどあり得ません。（外部の人なら）疲れてしまいそうな強さ《インテンシティー》がみなぎっています。

しかし、だからといって混乱しているわけではありません。狂騒状態にもありません。サドベリーに来た人は、熱中だらけのこの場所に、ある種の秩序を感じると言ってくれます。

サドベリー・バレーの生徒たちは「自然に自分に来たことをしています《ドゥーイング・ホワット・カムズ・ナチュラリー》」。しかし、かんたんなことだけ選んでいるわけではありません。注意して見ていると分かりますが、生徒たちはみな自分自身に挑戦しているのです。子どもたちは自分の弱点と長所に鋭く気づいていて、自分の弱い部分で一生懸命になるのです。それはもう確実にそうだと言ってよいほど、そうなのです。

たとえば、自分は人づきあいが下手なところがあって、それが自分の弱みと分かったとき、本を持ってどこか静かな部屋に閉じこもってしまうようなことは、ここではほとんどありえません。運動が苦手でも、だからこそ外へ野球をしに行くのです。

そこには、あふれるような覇気とともに真剣さが流れています。六歳の子でも、自分の教育に責任を持つのは自分であり、責任は自分にしか持てないとちゃんと分かっているのです。子どもたちは、自分たちにはとてつもない信頼《トレメンダス・トラスト》という贈り物が与えられており、それは喜びと同じだけ責任を伴うものだと分かっているのです。

サドベリーの子どもたちは鋭くも気づいています。世界のほとんどの場所の子どもたちは、ここサドベリーと同じだけ自由と責任を手にしていないことを敏感に察知しているのです。

責任を自分で背負って育つことで、自分自身の能力に対する非常に大きな信頼が早いうちから生まれるのです。サドベリーの卒業生の一人は、それをこんな一言で表しました。「自分で自分の競技記録《トラック・レコード》をつけて来たわけだから」と。

自己動機《セルフ・モチヴェーション》は、それって何だと問うべきことではありません。それはもう、すべてそこにあるものだからです。卒業生の一人は自己動機がもたらす効果について、こう語っています。

> サドベリー・バレーではいろんなことが、その子の個人的なレベルで起きていると思う。サドベリー・バレーには、その子の性格をつくるものがあると思う。うまく学べるようにしてくれるものがあると思う。ふつうの公立学校の生徒たちには絶対、持てないチャンスがある。
>
> 自分の時間に責任を持ち、自分のやりたい仕方で自分の時間を使うとき、自分のしていることに熱い気持ち《エンシュージアズム》を込めることができる。型にはめられ、こういう方向に行けと急き立てられるときのような、だるさのかたまり《レサルジック・ランプ》にならなくてすむ。そして自分が行き着きたいと思ったところへ行

き着いたとき、自分はこのことに責任があるんだということがわかる。だから報われることが大きい。誰かにそうしろと言われて嫌々、何かをしたときよりもね。

サドベリーの子どもたちは、どのような子どもたちでしょうか。創造性とか知性とか、あるいはそれ以外の基準でもって選ばれ入って来る子どもたちでしょうか。サドベリーも私立だから、裕福な家庭の子どもたちしか相手にしないのでしょうか。

入学許可は申し込み順です。そしてサドベリーは満席《フル》になったことが一度もありません。つまり親たちが許す限り、誰でも通える学校です。頭脳的《セレブラル》な子、活発すぎる子《スーパー・アクティヴ》、「ふつう」《レギュラー》の子、「一点集中型」《ゼロゥド・イン》の子……あらゆる子どもたちが来ています。ほんとうは公立学校に通わせたいけれど、そこには子どもたちが自分の時刻表と自分の望みに従って育つ自由がないから、それをこのサドベリーに求めて我が子を通わせている親がほとんどです。

サドベリーはそれで完璧にうまくいっているか、ですって？　とんでもありません。しかし、それがまた刺激的で、わくわくするところなのです。

サドベリー・バレーはデモクラシーで動いている社会です。週一回、全校集会《スクール・ミーティング》を開いています。学校運営のすべてを話し合います。生徒たちが直接、自分たちですることもあれば、代表にゆだねることもあります。子どもたち一人ひとり、そしてスタッフの一人ひとりが同じ一票を持っています。集会は、きわめて秩序立ったかたちで進められています。

毎年の学校予算も、この全体集会で決まります。予算の配分は慎重に行われます。サドベリーは学費が安いので、予算に限りがあるからです。倹約が大事です。必要のないところにお金を使いません。〔原注5〕

学校の決まりもすべて、全校集会で決めます。ときに数週間も、それぞれ自分を省みる《ソウル・サーチング》話し合いが続くこともあります。

そこでどのようなことが決まっているかというと、たとえば「ポイ捨ては一切禁止《ノー・リタリング》」というのがあります。それから〔敷地を流れるサドベリー川の支流を堰でせき止めた広大な〕「池には足を踏み入れない」決まりもあります。食べていい部屋はどこか、ラジオをつけていい部屋はどこか、という決まりもあります。個人の権利を守るルールもあります。

子どもたちがグループをつくって、自分たちが計画するプロジェクトのために予算とスペースを求めて来た場合、それを認めるかどうか決めるのも全校集会の役目です。

子どもたちは自分たちの問題を自分たちで決められるほど賢くはないと思う人は、二、三度、サドベリーの全校集会を覗くだけで認識をあらためることができるでしょう。

サドベリーの全校集会はいくつかの仕事を、委員会《サブグループ》もしくは一定の責任を果たす選ばれた生徒たちに委ねています。わたしたちはしかし自分に課せられた社会責任《アカウンタビリティー》というものを完全に引き受け、常に完全に意識しています。

全校集会はスタッフになりたいと応募して来た志願者についても話し合います。まる一日かけて全員による無記名投票を行い、その結果をもとに雇用を決めた人との間で、子どもたちのニーズに応じた雇用契約を交わすことになります。サドベリーには終身雇用《テニュア》はありません。

全体集会の下に、ルール違反に対処するためにつくられた委員会があります。司法委員会《ジュディシャル・コミティー》と呼んで

原注5　サドベリー・バレー校はもしかしたら、過去四〇年間、生徒一人当たりのコストの上昇が物価上昇率の範囲内にとどまった世界で唯一の学校かも知れない。

います。ルール違反の可能性が文書での訴えで分かったとき、調べを開始します。規則に従い《デュー・プロセス》公正な判断を下します。

うまくいっているか、ですって？　はい、そう思っていただいて結構です。「仲間同士の裁き《ピーア・ジャスティス》」は驚くほど、うまくいくものです。

サドベリーでもルール違反はしばしば。違反したことを素直に認め、罰を受けるのが普通です。

わたしたちはカリキュラムというものを持っていません。しかし、こういうサドベリーに入っても、ちゃんと学ぶことが待っています。

議論の仕方を学びます。してほしいことの頼み方を学びます。集中の仕方を学びます。大人にもちょっとできない集中の仕方です。そこから結果が出ています。

焦点を絞って取り組みます。五歳の子が砂場でお城をつくるのも七歳の子が絵を描くのも、その子の焦点です。一一歳の子がお菓子の家《ジンジャーブレッド・ハウス》づくりをするときの心の集中の仕方も、九歳の子がチェスの盤上に注ぐ集中心も、一二歳の子がＤ＆Ｄ《ダンジェオンズ・アンド・ドラゴンズ》〔原注6〕のロールプレーに集中する心も、八歳の子が高さ一二メートルものブナの樹によじ登るのも、一七歳の子が鎧づくりに励むのも、一八歳の子が卒業準備を始めるのも、みな同じことです。

これらはみな、子どもたちが大人に育ち、いよいよ自分の人生を選び、追求していく段になって生きて来ることなのです。

一二歳から一九歳まで八、九人のグループがなんと二年がかりで鎖かたびらの鎧《よろい》を製作したことがあります。数年前のことです。サドベリー・バレーで何が起きているかを説明する完璧な事例なので紹介しましょう。

大人のスタッフに言われて始めたことではありません。誰の助けもかりずに、自分たちだけの力で成し遂げたことです。

兜《かぶと》も胴も籠手《こて》も、すべて。

彼らは、ぐるぐる巻きの針金の束を手にいれるところから始めました。針金を切って、一カ所だけ開いた《オープン》リング《サークル》をこしらえました。なんと数千個も。

そしてそのリングを、細い金属製のダボ（合わせ釘）の周りに巻いていくのです。細長いダボの口径もさまざま。それに合ったリングを針金の束を切り出してつくり、巻いていくのです。

それができたところでいよいよ編み上げです。プライヤーを使って鎧に編んでいきます。忍耐力のいる作業です。銀色の針金だけでなく金色の針金を編み込んで模様をつくっていきます。

彼らは中世の歴史のこともいっぱい学んだのですが、自分たちのやりたいこと、つくりたいことを見定め、それを独力で仕上げることも学んだのです。時間をかけ、忍耐強く、ゴールにたどり着くことを学んだのです。サドベリーでも鎧づくりを目標とする者はさすがに限られていますが、挑戦した当人たちにとって豊かな実りをもたらすものになったわけです。

こういうサドベリーのような学校はスタッフが大勢いないと大変だな、とお思いの方も多いことでしょう。子どもたち一人ひとりのニーズに対応し手助けしなければならないので、それだけ人手が要《い》るはずだと。

原注6　D&D（『域の地下牢と竜たち』米国で一九七四年に発表された世界初のロールプレーイングゲーム。日本語版も出ている。

ところが実際はその正反対。ここでは誰もが教師であり、一人ひとりが自己教育者《セルフ・エデュケーター》であるからです。子どもたちは大人から指図されたいとは思っていません。これは誰かのアドバイスが必要だといったことに対し、すすんでガイダンスしてくれる大人がいさえすればよいのです。

同じこの世界に生きて、その人なりの関心を持ち、その人なりに何か満足できることをしていて、ここで自分の人生を捧げている大人がいてくれさえすればよいのです。

サドベリーの子どもたちはどうやら、スタッフの中に人格の深さを求めているようです。自分自身を見詰めて来た大人がいてほしいのです。同じようなプロセスを経験した大人に自分のことを聞いてもらい、理解してもらいたいのです。

年長の生徒であれ、大人のスタッフであれ、年上の、経験を積んだ友人として、自分のことを見てほしいのです。頼《たよ》りにできる人がほしいのです。特定の人に相談するよう義務付けられたくはないのです。言い換えれば、知恵こそ大事なことなのです。大人とは、子どもたちから頼りとされることで自分たちの世界観を広げる、より大きな世界観を持った人のことです。

それではサドベリーの教育はどのようなふうにして終了するのでしょうか?

学びがそこで完了したという魔法の瞬間は、しかしながら何処にもありません。

このサドベリーの隅々まで広がっている思想とは、わたしたちはみな人生が終わるときまで毎日学び続けるものだ、という考えです。

子どもたちはしかしある時点で、別の環境のなかへ移り住んでみたいと思い始めるようです。おそらく自立の翼で羽ばたこうとするのです。たぶん自分の追求するものを、たとえば大学といった教育機関の中で、さらに追い求めたいと思うのでしょう。そういう場所なら、同じ分野で関心をともにする人がほかにたくさんいるからです。

より大きな社会へ飛び出し、徒弟として修行を始める準備の整った子どもたちも出て来るはずです。自分で磨いて来た技能をフルタイムで追求する用意のできた子どもたちです。

世界貧乏旅行に出かける子どもたちもいます。プロの料理人になったり、ファッションのデザイナーになったり、音楽ビジネスというハードな壁に挑戦したり、さまざまです。

人生の次の段階に進もうと奮い立って巣立っていく彼らですが、サドベリーはまた去りがたい場所でもあります。

卒業生は成績、評価、履修科目、成績証明書といったものを持たずにサドベリーを去っていきます。代わりに携えていくのは、固い信念です。やり始めたことは必ず、やり通す、自分はそれができるのだという確信です。

わたしたちが彼らの「卒業後」を調べたところ、サドベリー・バレーを出た子は、ここでつかんだものをしっかりやり続けています。自分が決めたことを頑張ることが普通になっているからです。困難を克服することに慣れているからです。

そして彼らは、自分自身のことを、ちゃんと分かっています。自分の長所も短所も、わきまえています。長所を活かし、短所を克服する、彼らなりのやり方を身につけています。ですから新たな探求に乗り出すとき、うまくいくのです。

大学は、自分の行きたい大学に進学します。そこにはその大学に進むことを決意するに至った、その子なりのプロセスがあります。これに専念するのだと決めたテーマの、さらなる追求があるのです。

そして、それを学べる大学を選んで進みます。

サドベリー・バレーの子が大学に進むことができるのは、面接の際の彼らの気迫《インプレッション》があるからです。なぜ、その大学に入りたいか、きちんと語り、扉をこじ開けねばなりません。サドベリーで彼らは、自分にとってリアルの問題を何年もの間、考え、話し、議論して来ました。彼らは驚くほど自己を明晰に語れる人たちなのです。

そんな素晴らしい学校が、ではどうして現実のお手本になっていないの、とお思いの方もいらっしゃるでしょう。サドベリー・バレーが、いろんな場所で模範とされていないなんておかしい、と。

この疑問に対する答えは、そうかんたんなものではありません。いや、もしかしたら逆にかんたんなことかもしれない……。

子どもたちが自分たちの学びに完全な自由を持つ――これは、ほとんどの人をとても脅かすことです。そこから、こんな反論が生まれて来ます。「しかし、基礎学力《ベイシックス》というのがありますよね。子どもたちはみな、それを学んでいると、どうして言い切れるのですか」。

サドベリーのわたしたちは、そもそも「基礎学力」というものがあるかさえ、それほど確信を持っていません。確信を持って言えるのは、サドベリーの子どもたちはリアルな環境に中にいるということです。サドベリーを包み込む、より大きな社会へ完全につながっている環境の中にあるということです。そして、もしもこの世界に誰もが学ばなければならないものがあるとしたら、サドベリーの子どもたちもまた大人たちと同じように、それを確かに知っているはずだ、ということです。そしてまた、その学びを確かなものにするのは、子どもたち自身にかかっている、ということです。

たとえば、子どもたちのほとんどがその気になれば、たったの二〇時間で算数《ベイシック・マス》のすべてを終えてしまいます。

そういうものだと分かった人たちの反応で多いのは「怒り」です。なにしろ何年にもわたって、嫌でも無関心でも繰り返し勉強させられ、結局ダメだった経験があるので、なんだかだまされてしまったような気がするのです。ドリルの反復で学ばされた挙句、すっかり忘れてしまった経験があるので「そんなバカな」と怒りを覚えるわけです。

ここでひとつ、こちらからお聞きしたいと思います。こういう質問です。

それがほんとうに大事な基礎学力であるなら、忘れてしまうなんて、あり得ないことではないでしょうか、という質問です。

子どもの基礎学力のことを心配する人たちがほんとうに言いたいのは、こういうことです。「厳格な権威でもってコントロールしなかったら、手のつけられない《アウト・オブ・コントロール》子どもたちになってしまうのではないか」と心配しているのです。

これは、あの『蠅の王』〔訳注1〕という小説を思い出させる反論です。子どもたちは自由の中に放り出されると、すぐに残酷な生き物に変わってしまうから、やはりコントロールすべきだという意見です。

しかし、わたしたちのサドベリー・バレーには、そうした極限の緊張状況での敵対というものがありません。サドベリーの子どもたちは秩序ある、規則を尊重する共同体の中で自由であるわけです。

訳注1　『蠅の王』、*Lord of the Flies* は、英国のノーベル文学賞受賞作家、ウィリアム・ゴールディング（William Golding、一九一一〜九三年）が一九五四年に発表した小説（日本語版は平井正穂訳で集英社文庫に収録）。無人島で暮らし始めた少年たちを描く。

サドベリーの子どもたちはルールを作り変えることができます。しかしここでは、ルールを変えることが賢明なことだと誰もが思ったときに初めて作り変えることができるのです。

サドベリーの子どもたちは自由です。しかしその自由にはモデルがあります。サドベリーの子どもたちの自由は、自分たち全体の自由を守ろうとする周りの人びとに包まれた自由です。

理想に向かって進んでいく

サドベリー・バレー校を開校した時点で早くも創設者たちが気づいていたこと——それはサドベリーが四〇年の歴史を刻む中でますます明らかになったことですが、サドベリーとは自分たちがヴィジョンとして描いた理想の姿に向かって進み続ける、ひとつの「仕事《ワーク》」だということです。常に進歩の途上にある、終わりなきプロセスです。

それはこの学校がこれまで一貫して持ち続けて来た決意の中に、さらにはサドベリーの基本原則に照らしてすべてを再検証し、その原則の実現を阻むものを取り除いていく決意の中に、見てとることができるものです。〔原注7〕

分かりやすく具体例を挙げて説明しましょう。たとえばサドベリーでは開校当初、学びのあらゆる側面において（子どもにとっても大人にとっても）「遊び」というものがどれだけ重要な働きをしているか、実はほとんど認識されていませんでした。サドベリーの子どもたちはもちろん、開校当初から自由に遊んでいたのですが、それが学びに対してどれほど重要なものであるか、深くは認識できていませんでした。

遊びの豊かさ、遊びの深さ、創造プロセスで果たすその中心的な役割、遊びと喜びとの関係、遊びと意味の追求との関係――これらすべてのことは時の経過とともに、しだいに姿を現して来たものです。

発達心理学は最近になってようやく遊びを深く研究するようになりました。しかし生きた研究の場がないのです。サドベリーのようなところでしか、自由の中での遊びを、遊びを心の中心に置く子どもたちの姿を、ありのままの姿で観察できる場がないのが実情です。

それともうひとつ、学びを可能とし、それを高めていく上で「会話」の果たす役割がさらに明らかになったのも――自由に、多岐に流れていく会話が果たしている役割の深さに気づいたのも、こうした時間の経過の中でのことでした。

学びを成立させる会話――。それがどれだけ大事なものか、日々の学校生活の中で少し注意して見れば、分かりそうなものです。それがどうしてこうも長い間、それも子どもたち、あるいは大人たちの教育に従事する人びとの目に映ることがなかったのか、なんとも不思議なことです。

これは、サドベリーの子どもたちの学びに非常に貴重な貢献をしている「年齢ミックス」についても、あてはまることです。この「年齢ミックス」の学びへの効果は（限定的な場面でのことながら）、ロシアの心理学者、レフ・ヴィゴツキー[訳注2]が最初に気づいたことですが、学校教育の中では周縁部の認識に追いやられていた

原注7　こうしたサドベリー・バレー校自身による再検証作業の具体例は、ダニエル・グリーンバーグ著、*A Clearer View* (Framingham, MA: Sudbury Valley School Press, 2000）。邦訳、『自由な学びが見えてきた～サドベリー・レクチャーズ～』（大沼訳、緑風出版）を参照。

訳注2　レフ・ヴィゴツキー　英語表記は、lev Vygotsky。ロシア（旧ソ連）の心理学者（一八九六～一九三四年）。「文化・歴史心理学」という心理学の新分野を切り拓いた。

ものです。

サドベリー・バレーをモデルとする世界各地のサドベリー型学校に共通する雰囲気は、さまざまな点でユニークです。躍動しています。生き生きとしています。集中心と熱心さにあふれ返っています。〔原注8〕

四歳の子と大人のスタッフの間に何の差別もない平等な参加型デモクラシーによって培われた子どもたちの自力《エムパワーメント》は、自信に、失敗を恐れない心に、すすんでリスクを引き受け未知の領域に足を踏み入れる勇気に、変換されています。

サドベリーの当事者として誰もが同じ発言権を持っていることで、責任を分け合います。この学校ででできること、してはならないことのルールづくりから、規則違反を調べて裁く子どもたち自身による司法制度まで、この学校の運営、存続に関するすべてを決め、責任を共有しているのです。

以下に紹介する、サドベリー・バレーに四歳で入り、卒業まで過ごした同窓生の回想は、この学校の雰囲気をとりわけ豊かに描き出したものです。サドベリーが掲げた目標を、どう自分のものにしていったかが分かります。

わたしたちには、自分たちの小さな世界がありました。その世界の雰囲気を今、思い出しています。その雰囲気を一言で言えば「大きな挑戦」です。毎日がわたしたちにとって挑戦でした。

今のわたしが子どものころに返ってサドベリーに通い始めたら、サドベリーの建物のなかを平気でブラつけますが、当時はそんなことも不安だった。だからわたしたちは仲間を組んで、そんな挑戦に立ち向かったのです。

とにかく忙しくしていた。たいていは難しいことに取り組んでいた。サドベリー・バレーでは、年下の子が何かをやろうとすると、それを経験済みの年上の子が、そこにいつもいたの。だから、当然わたしたちも、自分もやれるようになってみたいと思ったわけです。だから、やれるようになるまで、やり続けたのです。

つまり、こういうこと。いつも「さらにもう一歩、前へ」。

なんだかよく分かりませんが、何かがわたしたちの肩を押し、何かに挑戦させていたのです。じっとしていることなんか、いちどもなかった。すべてが挑戦だったから。

つまんない《ボアリング》、ということもいちどもなかった。それはいまでも同じです。一日だって退屈な日はないけれど、サドベリーではとにかく、ほんとに夢中《ビジー》だった。

卒業生がサドベリーに顔を出して〔卒業したあとの、厳しい実社会での〕人生ってどんなものか、わたしたちに教えてくれるかって、参観に来た人から在学中よく聞かれたけど、答えは「いいえ、一度もなかった」。

だって、このサドベリーでわたしたちは、わたしたちの人生の中にいたのよ。だから「その先の人生」なんて考えもしなかった。

みんな小さかった頃のこと話したがるけど、わたしの子ども時代は素晴らしかったわ。一一歳のときのことだけど、もう永遠に一一歳のままでいたいと思った。ほんとうに素敵な時間を過ごしたの。ほかの人は子どものころ、自分がしたいことをするチャンス、一度もなかったと言うけど、わたしの場

原注8　*Kingdom of Childhood*（Framingham, MA: Sudbury Valley School Press, 1994）より。この本は、いろんな関心、さまざまな性格を持つ、五〇人近いサドベリーの卒業生たちの回想をまとめたもの。

合は、一八年間、自分のしたいことをして来た。

わたしは自分がしたいことができなくてイラつくこともいちどもなかった。でも、怒りっぽい人って、ほんとに多いわよね。

わたし何年も、サドベリー・バレーってところは責任というものを教えるところだと聞かされて育ったの。だからわたし、いつの間にか、こんな素敵な文章をソラで言えるようになっていたの。「サドベリー・バレーは、自分自身に責任を持つ自由でもって責任というものを教えるところ。社会にある法律のように、守らなくちゃならない基準を自分でつくることで責任を教えるところ」——と。

そして、そのあと——。あれは、九歳か一〇歳のときだった。その日、わたしの心に光が灯ったの。「責任」という言葉の意味がどういうことなのか、わたし、その時初めて分かったの。

それまでわたし、「責任」という言葉を、なんかの名前のような言い方で使っていたのね。たとえば、自分についた名前のように。だから「責任」も、この学校のことを言うときの言い方だと。

それが自分のこととして、わたし、そのとき理解できたの。それは自分自身に対する祝福だったわ。「神様、責任って、そういうことなのね！」と思った。

それまでもわたし、責任をもった行動をして来たつもりでいたけど、それが自分のしていることそのものを意味する言葉だとは気付いていなかった。

たぶんわたし、この学校のことを聞かれていろんな人に説明しているうちに、それがどういうことか、どういう結果をもたらすものか、ということを自分で考え続け、その意味に近づいていったのだと思う。そしてその日、とうとうその意味を摑んだ！

学校で学ぶって、そういうことじゃないかしら。わたしたちはサドベリーで、いつもスタート台に立って、自分から駆け出していた。

誰にも責任を転嫁できないから。大人の人たちからすれば、それがサドベリーで一番、難しいことかもしれない。

でも、わたしたちは子どもだったの。子どもというのは、そういうのが当たり前なの。

小さな子だって、自分自身に責任を持ちたいものなのよ。六歳の子でも、自分のやりたいことを知っている。世界を吸収したがっている。夢中になりたがっている。新しいことを、したがっている。前の日、飛び越えてしまった谷間を、もう一度飛びたいなんて誰も思わないわ。

でも、それが一〇代の、もっと年上の子になると、自分自身に幸せじゃなくて、自分が何者なのか必死になって自分探しするようになると、大変。自分のことを嫌いになると、それを他人のせいにしたくなる。自分がどの方向に進みたがっているか分かっていないから、自分で責任をとらなくちゃいけないとなると、キレてしまうのね。不安になるから。

でも、サドベリーに小さいうちから来ている子は、それがどういうことなのか別に考えもしないで続けているうちに、ある日その意味を、ゼリーが固まるときのように理解するのね。だけど途中から転校して来た子は、たとえば全校集会を見たりすると、変なことしているな、と思う。

反対に、サドベリーでずっと過ごして来た子にとっては、それけ普通のことなのね。それがどういうことかわからないけど、普通のことなの。そしてある日その意味が、ゼリーが固まるようにわかる。わたしはこれって、正しい分かり方だと、いつも思っていた。

サドベリーに通い始めた四歳のときから、わたしにも一票があるとハッキリ分かっていた。全体集会にみんなが集まって学校の運営を話し合い、投票する。司法委員会で解決しない大きな問題を話し合う。これはわたし自身の問題で、なんとかしたいと思ったら前に出ていく。だからわたしたちはまだ六、七歳のころから、自分たちがこうしたいと思うことをキャンペーンしてました。

わたしたちはスタッフ採用の投票もしていました。サドベリーでは、スタッフはそうやって選ばれているんです。子どもたちは、この人がいいなと思う人に一票を投じます。ほんとに真剣に投票します。そう、たとえ六歳の子でも真剣に。

わたしたちはみんなで、スタッフの誰に投票したらいいか考えたものです。話し合いました。どうなるのか、心配しました。

ほかの人にもある選考の権利が、自分たちにもあると思っていました。一二歳の子とすこしも違わないと思っていました。

わたしは、ここで自分は育っているんだと、いつも思っていました。

誕生日が来るたびに、ひとつ年を取ったっていうんじゃなくて。

わたしという人間が育っている、というような感じ。

からだがまだ小さいとか、ただ背が伸びた、という感じじゃなくて。「わたし」が育っているって感じ。〔原注9〕

「六歳のわたしじゃなくて、一票の権利をもった、この『わたし』が……」というような感じでした。

サドベリー・バレー校からは開校以来四〇年、数多くの卒業生が巣立ちました。そうした卒業生たちが世界の中で自分の居場所をつくる姿を、わたしたちは目の当たりにして来ました。

卒業生たちが選んだ職業的なキャリアは、この国のありとあらゆる種類に及んでいます。学者、実業家、専門職、芸術家、農業者、事務員、マネージャー、事業家……。多彩な分野の仕事に就いています。

サドベリーの卒業者のその後の人生について、これまで二度、大がかりな調査が行われました。その結果、サドベリー出身者たちがどのような多様な人生を歩んでいたかが、詳しく明らかになりました。〔原注10〕

これらの追跡調査が突き止めたサドベリー同窓生たちの人生に豊かさを、それを損なわないかたちで要約することは不可能なことです。しかしながら以下に紹介する同窓生三人に対するインタビューの抜粋《ばっすい》は、すくなくともサドベリーの同窓生たちが全体としてどのような感じの人なのかを伝えるものです。

わたしはいま、とても幸せです。

幸せじゃないときって、ちゃんとやれていないとき。それがわたしの哲学なの。

だから、これって幸せじゃないな、と感じたとき、わたしは切り替えるの。自分の歩いていく道筋を自分で動かして確かめるのよ。

自分がしていることが、ほんとうに楽しんでやれる正しい選択肢なのか、と。

だから、そういうふうに進んでいるかぎり、結局は自分の選択肢に行き着く道を歩んでいくことになるの。自分がいやだと思うことに行き着かないですむ。

トラブルに巻き込まれ、嫌な経験をしたことは二度と繰り返さない。でも、意識的に避けているわけじゃない。自分で何かをして学んだときほど意識的に、嫌なことを避けているわけじゃないのね。

原注９　前掲書、第一章を参照。

原注10　*Legacy of Trust*（Framingham, MA: Sudbury Valley School Press, 1992）and *Pursuit of Happiness*（Framingham, MA: Sudbury Valley School Press, 2005）前書には、それ以前に実は二度行われていた卒業生調査の結果が付録として収録されている。

これは楽しくないと思ったことを、不快だと思ったことを知らず知らずに避けているだけなの。

わたしは自分でこうしたいと思ったことをしているけれど、思った通りになったことは一度もないですね。子どものころ、わたしはこんな人生を、と思い描いていました。今、三九歳。子どものころのヴィジョンと、まるで違った生き方をしています。

人生って計画通りになるものじゃないのだと、ある段階になると気づく。でも、それでOKなんですね。

自分の人生を完璧にコントロールするなんてできないし、できないことが楽しいことなんです。

わたしはとにかく動き続けて来ました。どこにいくのか自分を見守りながら、その時々の居場所を楽しんで来たのです。

わたしの場合は自分の人生を、相当な程度コントロールして来ました。自分で立ち上がって何かをやるか、それともじっと座ったままでいるか。すべては自分しだいです。

自分の人生の生き方に、自分が学んだことの結果に、ほんとうに影響を及ぼすことができるのは、自分だけです。

責任は、自分自身の両肩にかかっている。それがサドベリー・バレーですから。

そう思って生きて来たら、うまくやれた。でも、投げ出したくなったときも何度かありました。「このわたしが、どうして」と思ったことも。

でも、投げ出すことはできないのです。何か予見できない外部の力で起きたこと以外のすべてに、

わたしたちは自分で責任を持たなければならないのです。〔原注11〕

このアメリカで、そして世界中のどこでも、教育をつくり変えるこの大仕事を前に――大きな壁となって、わたしたちの前に聳え、待ち構える、この大仕事を前にして、立ち竦《すく》んだままでいる理由はひとつもありません。

理想の教育は、そして人生を通した学びは、完璧な実現はあり得ないという意味で完璧な目標であり続けるものですが、現実に存在する教育機関の自己改革によって近づくことも可能です。

しかし二一世紀の文化はこの変革を、教育世界の権力の座にあるものの協力がなくても現実化する方向へ、推し進めています。いや、彼らの頑強な反対を押し切ってでも変革を実現しようとしています。コストばかりかかる漸進的な弥縫策《グラデュアリズム》は、子どもたちの人生を台無しに、彼らの主体性を鈍らせるだけで、正当化も擁護もできません。専門職の教育者や政治家、ビジネス・リーダーたちが積極的に力を合わせ、協働することによってこの変革が加速することになれば、わたしたちが生きるグローバル社会は言葉で言い尽くすことのできない、計りしれない恩恵を受けることになるでしょう。

原注11　*Pursuit of Happiness*（Framingham, MA: Sudbury Valley School Press, 2005）pp.232,334,335.

あとがき

わたしたちはこの国の教育システムを根本から再設計するための理論的な根拠《ラショナル》を提示しようと努めて来ました。新しいデザインを、この社会の退化傾向《デヴォルーショナリー・トレンド》を逆転するデザインの理論的根拠を語って来たわけです。

わたしたちがデザインしようとしたシステムとは、自ら自己を発展し続ける、責任と創造性を持った、新しい市民の姿《シチズンシップ》を生みだすものであります。

理想的なデザインを完璧に現実化することはほとんど不可能なことです。しかし、それに近づくこと――それだけは、できます。近づき、その先の理想へ向かうことはできます。

本書で描いたデザイン要素のすべてを、最初から実現できる人はいないかもしれません。しかし今後、時間が経過する中で、より理想に近いものを実現することは普通にあり得るものになるでしょう。

本書が提起した新しいデザインは、あくまで理想を追求したものです。しかし、これらの理想の姿のあらゆる側面はすべて実際に成果を出しているものです。ただ全国的なニーズに応えるかたちで、まだ広がっていないだけのことです。

このスケール・アップを、なんとか実現したい——そんな願いの中でわたしたちは本書を書き上げました。わたしたち自身、大きな刺激を受けながら本書を書き続けました。読者のみなさんがわたしたちと同じような刺激を受け、本書を読んでいただければ幸いです。

訳者あとがき

訳者であるわたしたち（呉春美、大沼安史）が本書の共著者のひとり、米国マサチューセッツ州フラミンガムにあるデモクラティック・スクール、サドベリー・バレー（Sudbury Valley）校の創始者、ダニエル・グリーンバーグさんを東京駅の新幹線ホームに出迎えたのは、一九九九年四月のことでした。

その三年前、本書の訳者の大沼がグリーンバーグさんの主著のひとつ、***Free at Last***（邦訳新版は『世界一素敵な学校～サドベリー・バレー物語』〔緑風出版〕。ドイツ語、中国語などにも訳されている。絶版となった邦訳旧版のタイトルは『超学校』〔一光社〕）を邦訳したことで、サドベリー・バレー校に対する関心が日本国内でも一気に高まり、兵庫県高砂市で「グローバル・ヒューマン・ブリッジ・センター（GHBセンター）」を主宰する児島一裕さんらの尽力で、日本での講演ツアーが実現しました。

東京講演はツアーを締めくくるもので、上智大学で行われました。本書の訳者の呉はその際、講演の通訳を担当しました。グリーンバーグさんに同行したハンナ夫人とも親交を深め、大沼ともども夫妻とファーストネームで呼び合う間柄がいまも続いています。

さて、その日本講演ツアーの翌年のことです。ちょうど一年後の二〇〇〇年四月に、グリーンバーグさんは米国内で開かれた国際会議「二一世紀の学び」で講演し、その席で本書の共著者となるラッセル・エイコフさんと出会うことになります。

ラッセル・エイコフさんは世界トップクラスのビジネススクール（経営大学院）、ウォートン校（ペンシルベニア大学 The Wharton School of the University of Pennsylvania）の看板教授（当時は名誉教授）で、システム理論にもとづく問題解決の権威、「問題解決のアインシュタイン（Einstein of Problem Solving）」（ハフィントン・ポスト紙）と呼ばれた人です。

世界各地に「サドベリー・モデル」の新タイプの学校、「デモクラティック・スクール」を広げる学校改革の世界的なリーダーでもあるグリーンバーグさんと、（日本的な（？）言い方をすれば）「ウォートン・ビジネススクールのカリスマ教授」であるエイコフさんは、初対面で意気投合し、さっそくメールで意見を交換し合うようになりました。

時にグリーンバーグさん、六六歳。エイコフさん、八一歳。

それぞれ独自の道を歩み、独自の高みに達した二人の経験と蓄積、知見と情熱がそのとき交差し、共鳴が生まれたのです。メールのやりとりは教育の現状批判から「理想の教育環境」のデザイン（設計）へと進み、本書のかたちで結実するに至りました。サドベリー・バレー・スクールの魂とウォートン・スクールの魂がひとつになって本書が産みだされたのです。

二人の出会いから生まれた本書、*Turning Learning Right Side Up: Putting Education Back On Track* が米国の「ウォートン校出版会」からハードカバーで出版されたのは、二〇〇八年六月のこと（その後、プレンティス・ホール版の）ペーパーバック、電子版が出版されています）。エイコフさんは翌二〇〇九年に九〇歳でお亡くなりになり、本書はエイコフさん、生前、最後の出版になりました。

エイコフさんの「カリスマ講義」はユーチューブなどにアップされていますが、本書の文章からも、整然と「理想のシステム」を設計し問題を解決して行く、エイコフさんのひたむきさが、肉声の響きとして伝わって来るような気がします。

本書の内容は、これまでの「教育の常識」からすれば実にラジカルなものです。それは本書のタイトルを見るだけでも分かります。

Turning Learning Right Side Up ——正確を期して少々くどい訳し方をすれば、「裏に隠されていた学びの正しい側《サイド》を、逆転して表に出す」ということになります。

正しい側が裏返しになっており、間違った側が表に出ているのが、今の教育だというわけです。本末転倒した今の学習の姿を逆転し、一八〇度転換して、「教育を正しい軌道に戻さなければならない（*Putting Education Back On Track*）」というのです。

本末転倒の実例は、「学び」が「教え込まれる」ことによって成立する（あるいは、「教えないと（子どもたちは）学ばない」という）現行の「学校神話」の中に端的に見られますが、本書の鋭くも徹底したラジカルな視点は、（日本のわたしたちの盲点にもなっている）「学校の倒錯」にも強烈な批判を投げかけます。

たとえば、こういう指摘です。

教室の外の世界、つまり現実世界では、人の能力《コンピタンス》を試験《エグザミネーション》で決めることはほとんどありません。雇われた人はふつう、どのような仕事ぶりかで評価《エヴァリュエート》されます。リアルな状況に対処して知識を使いこなす力こそ、人びとが評価されるふつうの方法です。教え込まれたことをどれだけ吐き出すかで評価されるわけではありません。

学校というものはあらゆるレベルで、生徒・学生がどれだけ学んだかを試験（「測定」という言い方が嫌なら）でもって決定します。だから生徒・学生には、答えるべき設問《クエスチョン》が、完全にこなさなければならない練習問題《エクササイズ》が、解決すべき問題《プロブレム》が与えられるわけです。

与えられたものを自分の頭で、ほかの学習資源《リソース》にアクセスしないで答えろ、と迫られるわけです。人の答えを見るなど（カンニングだとされて）は一切、許されません。生徒・学生は事実上、独房の監禁状態の中で試験されるわけです。

このように教育世界で繰り返し演じられているシナリオは、現実世界で期待されていることの真逆を行くものです。

大人が問題を与えられたとき、人の助けや外部資源を使わずに問題を解決することはほとんどありません。大人に期待されているのは、問題を解決するのに必要なものは何であれ、それを見つけ出して使いこなすことです。

学校での「ズルする」は、学校の外に出た途端、「外部資源の有効活用力」として非常に価値あるものと見なされます。自分ひとりでは問題をあまり解決できなくても、ほかの人の助けさえあれば問題を数多く解決できるなら、そういう人のほうがその逆の人よりも価値がある、とされます。

学校の子どもたちは、外部資源を利用してリアルな問題を解決する機会を与えられていません。こっそり学ぶしかないのです。

これだけみても、次のことが言えます。学校は「現実」に対処する外部資源の活用法を学ぶことを奨励し促進すべきです。（本書　六二～六四ページ）

長い引用になりましたが、グリーンバーグさんとエイコフさんが「真逆なかたち《ダイアメトリカリー・オポーズド》」で現れているとする教育における倒錯現象は、「学び」だけでなく「教える」面にも見られることです。米国に限らず、わたしたち日本の「教育神話」でも、「教える」人は教え込む教師でなければなりませんが、学生（生徒）は教えることで実は学ぶ人になるのです。言い方を換えれば、教えることは本来、当人が学ぶことであり、学生や生徒たちは教えることで最も学ぶのです。

ややこしい言い方をしてしまいましたが、本書が紹介するウォートン・ビジネススクールでのエイコフさんの経験を知れば、その意味が分かります。

ある日、ペルーとブラジルの院生が二人そろって、わたしの部屋にやって来て、中進国向けの発展計画策定プログラムを開講してほしいと言いました。学科には中進国で計画策定に携わった経験のある教員が五人もいる。一方、中進国出身の院生は一三人いて、この二人を含む全員が開講を切望している、というのです。そこでわたしは院生代表の二人に、こう言ったのです。「開講しましょう。ただし、教えるのは君たちだ。君たち一三人で教えてもらいます」。代表の院生二人はビックリして固まってしまいした。そしてわたしにこう聞き返したのです。「じゃあ、誰に教えることになるのですか？」。わたしは答えました。「その五人の教員たちに教えるんだよ」。院生代表、「でも五人の先生はもう十分、分かっていますけど」。わたし、「なら、その五人は君たちの講義を聴くことで、自分たちが実はどれだけ自分のコースのことを分かっていたかチェックできることになるね」。

院生代表はまだ不安げに、わたしにこう言いました。五人の先生たちはちゃんと宿題をやるだろうか、毎回、出席するだろうか、学生としての務めをちゃんと果たしてくれるだろうか。

わたしは確約しました。君たちの講義が受講に価するものなら、五人の教員たちはみな、君たちの「よき学生になるであろう」と。

院生たちは開講準備に一学期をかけたいと言って来ました。許可しました。

講義が始まりました。一三人の院生がそれぞれ祖国の開発計画についてプレゼンしたのです。わたしも受講しました。それはわたしが参加した講義の中で最高のものの一つでした。

コースを組織したペルーの院生は世界銀行の首席戦略プランナーになり、その後、ペルーに帰って同じような役職に就きました。そのペルーの院生の「代理」を務めたブラジルの院生も帰国して、ブラジルの主要州政府の首席プランナーに就任したのです。その他の学生もみな、大学院を出たあと帰国し、開発計画の仕事で活躍するようになりました、彼らは教えることで十分に学んだのです。教えられて学んだのではなく、自分が教えることで学んだのです。（本書二五四～二五五ページ）

ここでも真逆にされていたことが逆転され、結果を出しています。

エイコフさんのウォートン校では大学院生たちが自分で自分の教育を編成するコースもあって、自分の学びを学んだ人が最高の人材として社会に巣立ったそうですが、この自分の関心に基づく活動、遊びを含む自学自習――自己動機による学びは、サドベリー・バレー校の子どもたちが日常的に続けていることです。

こうした学校や教育をめぐる倒錯の数々は本書本文の記述に譲るとして、グリーンバーグさんとエイコフさんの二人は、こうした本末転倒をひっくり返す「理想の教育環境」の姿を設計、デザインしています。それも遠い先の夢物語ではなく、現実的に可能なものとして描き出しています。

既存のものが昨夜、いっぺんに消滅したけれど、既存のものを出現させた状況は今朝も手つかずのまま残っている、そうした状況の中で、どんな「理想の教育環境」を産み出せるかという問題意識で、具体的な提案を行っています。

エイコフさんはこれまで、（病気の治療ではなく）健康維持・増進に対して報酬が支払われる真逆の保健医療制度や、国連を「デモクラティック国家連合（The Union of Democratic Nations）」につくり変えるラジカルな提案を発表するなど、さまざまな社会システムの改革案を提言していますが、教育全般の改革提言はこれが初めてのようです。「システム理論」の権威としての実績と経験が、グリーンバーグさんの実績、経験と融合し、研究者人生の最終ステージにおいて、「理想の教育」を語り遺してくれました。

二人が「一つの声」となって提唱する「理想の教育環境」のデザインの中身については本文でお読みになっていただくとして、本書の注目点としてひとつ挙げておきたいことがあります。

それは社会システムとして「理想の教育環境」を現実化する財政的な裏付けとして、「バウチャー」の導入を提唱していることです。子どもたち（家庭・保護者）、若者に学費を金券（バウチャー）として交付することの制度は、教育の主体者を教育官僚制から学習者当人にひっくり返し、財政的に公費で支えるものです。

この制度は、米国の市場原理主義の経済学者、ミルトン・フリードマンが推進の側に立ったことで一時、警戒心を呼び覚ましたものですが、グリーンバーグさんとエイコフさんは、「リベラル・デモクラシー」の枠組みの中で、あくまでも「リベラル・デモクラシー」を守り育てていくために、その担い手になる市民を育てていくために、その導入策を具体的に提案しています。

体制の頂点から財政でコントロールし、教育現場を縛っていく従来の手法は、米国ばかりか日本でも改められるべきです。その点で一考にあたいする提案ではないでしょうか。

訳者であるわたしたち二人が、グリーンバーグさんから本書を寄贈されて、七年の歳月が流れました。この間、大沼は二〇一一年三月十一日の「東日本大震災」を宮城県仙台市で経験するなど不測の事態も重なり、共同の訳出作業は遅れに遅れました。しかし、本書日本語版の出版の意義は、ある意味でとても不幸なことでありますが、この間、ますます高まったと言えます。

たとえば学校での「いじめ自殺」が止まりません。文科省など、もうどうしてよいか分からず手を上げてしまったようです。教師たちも表面は取り繕っていますが、苦しんでいます。だから、仙台市の中学校で実際あったように、自殺した生徒を「転校した」と言ってしまうようなことが起きているのです。

学校で子どもたちを死なせてしまって、どうするつもりなのでしょう。学校は子どもたちが生きて育つ場所であるはずです。その「生の学校」が、いつの間にか本末転倒し「死の学校」になってしまっている……。残念ながらこれが、今のわたしたちの教育の現状ではないでしょうか。

だからこそ、わたしたちもまた、学校を正しいかたちにひっくり返さなければなりません。

グリーンバーグさんとエイコフさんは「理想の教育環境」のデザインの土台に、子どもたち（そして大人たち）の基本的人権と自由を据えています。そしてそれが学校の「リベラル・デモクラシー」をかたちづくるものだとしています。子どもたち一人ひとりの人権と自由が擁護される教育環境がそこにあれば、陰湿ないじめがはびこることもないはずです。

グリーンバーグさんのサドベリー・バレー校には「司法委員会（JC＝ジャスティス・コミティー）」という校内組織があります。子どもたちが運営しています。ルール違反、人権侵害などの問題が提起されたときに解決に動く組織です。

「ジャスティス」とは本来「正義」を意味します。サドベリー・バレー校では、このＪＣシステムでもって校内の社会正義が維持されています（『世界一　素敵な学校』の「自由と正義」を参照）。日本の学校にも同じようなシステムがあれば、「いじめ自殺」のような悲劇もなくなっていくのではないでしょうか。

それに加え、わたしたちには「少子化」という、この国の将来にかかわる大問題があります。希少化する子どもたちの創造性、多様性を画一的な管理教育でつぶしてはいけません。子どもたちをつぶしたら、輝かしき未来はこの日本に生まれないのです。

訳者のわたしたちはともに教壇に立った経験のある（あるいは今も教壇に立つ）教育者の端くれですが、共訳作業を通し、つくづく思ったものです。反省しながら思ったものです。

今の日本の学校教育を、これ以上、放置してはならない。わたしたちはわたしたちなりに「理想の教育環境」を設計して、現状を打破しなければならない、と。

エイコフさんと同じ年、二〇〇九年の暮れにお亡くなりになった評論家の加藤周一さんは、その最後の新聞コラムで「さかさじいさん」というキャラクターを登場させました。物事を逆《さか》さまに眺めて世の真実を引き出す、「話し好きな、さかさじいさん」なる隣人です。

加藤周一さんの分身といえる、その「さかさじいさん」が今の日本の教育の惨状をとくと眺めれば、おそらくはグリーンバーグさん、エイコフさんと同じ結論に達し、「さかさまに、ひっくり返しなさい」と一喝するような気がしてなりません。

日本の教育は、巨大な逆三角のピラミッドが、あらゆる重圧を教育現場の一点に集中させています。教室の子どもたちが、教師たちが、その重圧にさらされ、もがき苦しんでいます。その構図を逆転し、「正しい学び」が生起するかたちに教育環境をつくり変えるべきです。

子どもたちがそこに生き、そこで育つ教育環境を、その子の独自性を認める権利と自由を保障するものにつくり変えれば、そこから巣立った世代が次々に生み出す社会は、「死ぬまで働け」とか「雇い止め」といった、いまのような殺伐としたものではなくなっていくことでしょう。本書の中でエイコフさんは、「失敗」が「学び」を成立させるものだと（「成功」が「学び」を産むという一般に信じられた「教育神話」とは真逆に）説き、失敗にひるむなと社員を励ました米国の某大企業の最高経営責任者の言葉を紹介するなど、企業、あるいは働く現場の今度あるべき姿にも触れていますが、倒錯を正しく逆転した「理想の教育環境」は、そうした新しい職場環境をつくる人びとを社会に送り出すものになるでしょう。

グリーンバーグさんとエイコフさんのメールでの対話が始まったばかりの頃、グリーンバーグさんのサドベリー・バレー校に、珍しくもブラジルから、一通のメールが届きました。発信人の名前は、「リカルド・セムラー（Ricardo Semler）」。

それを見て、グリーンバーグさんはすぐにピンと来たそうです。それでさっそく、こんなメールを返したそうです。「あなたは、あのマーヴェリック（異端者、一匹狼の意）だね、白状しなさい」と。

リカルド・セムラーさんは親から引き継いだ倒産寸前の会社を、サドベリー・バレー校のような、自由と権利が尊重された、平等で上意下達のない水平の企業形態に切り替え、闊達な企業文化をつくることで見事再生した、立志伝中の人物です。そのセムラーさんが当時、米国で出したばかりの本のタイトルが、実は

『マーヴェリック』でした。グリーンバーグさんはその本をたまたま読んでいて、セムラーさんのことを知っていたのです。それで、「あなたはマーヴェリック（異端者）であるに違いない。自分がマーヴェリックであること（異端者であること）を、まずは認めなさい」と茶目っ気たっぷりに、メールで返したわけです。（米国でベストセラーになったこの『マーヴェリック』は、邦訳が出ています。『セムラーイズム 全員参加の経営革命』（ソフトバンク文庫）岡本豊訳）

これに対するセムラーさんの返事がふるっていたそうです。「いや、わたしは最早、マーヴェリックではありません」。

セムラーさんはつまり、社員の人格を否定するような企業文化を維持するほうが時代遅れで、社員が主体性を発揮できる自分の経営法は今や、異端でもなんでもなくなっている、と言いたかったわけです。

日本でも、たとえば岐阜県には故・山田孝男さん（一九三一～二〇一四年）が劇団仲間と立ち上げた「未来工業」という会社があり、「全員正社員（非正規雇用なし）・残業なし・脱ノルマ主義」を徹底して業績を上げ、注目されています。「人間尊重」がモットーだそうです。

そして日本にも、実はすでに、子どもたちの自由と権利を尊重する、サドベリー型のデモクラティック・スクールが各地に出来ています。沖縄、兵庫、愛知、岐阜、山梨、神奈川などにフリースクールの形態で続々と誕生しています。

今や異端でもなんでもない、ラジカルでもなんでもない、当たり前のこと、普通のこととして、日本の風土に根付き出しているのです。

異常なのは、現状です。本来の自然な、当然の学びが裏返しにされ、封印されています。それを逆転し、変えていかねばなりません。

本書は「逆転の教育」で「理想の学び」を現実化していく、基本設計の書です。改革を志す教育関係者の方々に、教職を目指す若い学生たちに、倒錯した学校のなかで苦しんでいる生徒のみなさんに、ぜひ読んでいただきたい本です。

なお本文中、用語や難しい漢字にルビ（ふりがな）をうるさいくらいふったのは、研究者の方が原書にあたって原語をたしかめる手間を省くためと、なるべく若い人たちに本書を読んでもらいたいがためです。ご理解のほど、よろしくお願いいたします。

二〇一六年三月

呉春美　大沼安史

〔訳者紹介〕

呉　春美（ごはるみ）

1954年生まれ。神奈川大学経済学部特任教授。イギリス・ランカスター大学卒業、サセックス大学修士課程修了(宗教哲学)。専門は比較文化論、国際ビジネスコミュニケーション学、教育学。

主な著書に『英文ビジネスレター＆Ｅメール』(新星出版)、『会社の英会話』(マガジンランド)、訳書に『宇宙意識と波動』(ラビ・バトラ著、ＰＨＰ出版)、『ブルース・リー』(フォレスト出版)などがある。

大沼安史（おおぬま やすし）

1949年、仙台市生まれ。東北大学法学部卒、北海道新聞社に入社し、社会部記者、カイロ特派員、社会部デスク、論説委員を経て、1995年に中途退社してフリー記者に。2009年3月まで東京医療保健大学教授。

著書に『世界が見た福島原発災害』(シリーズ・第4巻まで既刊、緑風出版)『教育に強制はいらない』(一光社)、訳書に『イスラム国の反乱』(パトリック・コバーン著、緑風出版)『戦争の家――ペンタゴン』(ジェームズ・キャロル著、上下2巻、同) など。

[著者略歴]

ラッセル・L・エイコフ（Russell L. Ackoff）

1919年生まれ。世界トップクラスのビジネス・スクール（経営大学院）、米ペンシルバニア大学ウォートン校（the Wharton School）教授などを歴任。国際システム科学協会の会長、米オペレーションズ・リサーチ学会長なども務めた。

「システム思考」のパイオニアで、「問題解決のアインシュタイン」（ハフィントン・ポスト紙）との異名を持つ世界的な経営学者。友人でもあるピーター・ドラッカーとともにアメリカ経営学研究の第一線に立ち続け、2009年、90歳で死去。

米国の医療保健制度の抜本改革案など社会システムの再設計も手掛け、数々の提言を遺した。

The Democratic Corporation（Oxford University Press, 1994）など著書多数。邦訳に『創造する経営（*Management in Small Doses*）』(牧野昇監訳、村越稔弘・妹尾堅一郎訳、有斐閣）がある。教育システムを根底から再設計した本書は、生前最後の出版。


ダニエル・グリーンバーグ（Daniel Greenberg）

1934年生まれ。米マサチューセッツ州フラミンガムに「サドベリー・バレー・スクール（Subury Valley School）」を開設。デモクラティック・スクール運動の世界的な指導者。サドベリー型の学校は、米国内はもちろん、ドイツ、オランダをはじめ、世界各国に広がっている。

1999年に来日し、東京など各地で講演。以来、日本でも沖縄、兵庫、愛知、岐阜、山梨、神奈川などにフリースクールの形態での開校が相次いでいる。

元々はニューヨークのコロンビア大学で、理論物理学・科学史を教えていた研究者。同大学の准教授職ポストを捨て、生化学者でもあるハンナ夫人らと、1968年、リベラル・デモクラシーを土台とするサドベリー・バレー校を立ち上げた。

著書は『世界一素敵な学校（*Free at Last*）』『自由な学びが見えてきた（*A Clearer View*）』『自由な学びとは——サドベリーの教育哲学（*Worlds in Creation*）』（以上、大沼安史訳、緑風出版）など多数。

逆転《ぎゃくてん》の教育《きょういく》

——理想の学びをデザインする

2016年4月25日　初版第1刷発行　　定価2400円＋税

著　者　ラッセル・L・エイコフ／ダニエル・グリーンバーグ
訳　者　呉春美／大沼安史
発行者　高須次郎 ©
発行所　緑風出版
〒113-0033　東京都文京区本郷2-17-5　ツイン壱岐坂
［電話］03-3812-9420　［FAX］03-3812 7262［郵便振替］00100-9-30776
［E-mail］info@ryokufu.com［URL］http://www.ryokufu.com/

装　幀　斎藤あかね
制　作　R 企 画　　印　刷　中央精版印刷・巣鴨美術印刷
製　本　中央精版印刷　　用　紙　大宝紙業・中央精版印刷　E1500

ISBN978-4-8461-1605-7　C0037

◎緑風出版の本

世界一素敵な学校
サドベリー・バレー物語
ダニエル・グリーンバーグ著／大沼安史訳
四六判上製 三一六頁 2000円

カリキュラムも、点数も、卒業証書もない世界一自由な学校と言われる米国のサドベリー・バレー校。人が本来持っている好奇心や自由を追い求める姿勢を育むことこそが教育であるとの理念を貫くまさに、21世紀のための学校。

自由な学びが見えてきた
サドベリー・レクチャーズ
ダニエル・グリーンバーグ著／大沼安史訳
四六判上製 二三二頁 1800円

本書は、自由教育で世界に知られるサドベリー・バレー校を描いた『世界一素敵な学校』の続編で、創立三十周年のグリーンバーグ氏の連続講話。基本理念を再検討し、「デモクラシー教育」の本質、ポスト産業社会の教育を語る。

ドイツ環境教育教本
［環境を守るための宝箱］
ティルマン・ラングナー著／染谷有美子訳
四六判上製 三五六頁 2800円

環境教育の重要性が叫ばれているが、子ども達にそれを認識させるのは、難しい。本書は、環境政策先進国、ドイツの教本であり、きっかけ作りから、ねらい、準備と実施、経験と成果というように、具体的な授業内容になっている。

自由な学びとは
サドベリーの教育哲学
ダニエル・グリーンバーグ著／大沼安史訳
四六判上製 四八〇頁 3400円

本書は、著者の「サドベリーの教育哲学」を全面的に展開したものだ。物理学者であり、科学史家でもある著者が、独自の視点で、自然哲学、言語、経済など様々な領域に分け入り、「自由な学び」をデモクラシー教育に再構成する。